教育部哲学社会科学研究重大课题攻关项目"中国流动人口社会融合研究"
（项目批准号：13JZD024）

21世纪人口学研究系列

跳出农门：农民子女的
职业非农化与身份市民化

Peasant Life Chances in China:
Occupation Change and Citizenship Acquiring since 1970

李 丁/著

社会科学文献出版社
SOCIAL SCIENCES ACADEMIC PRESS (CHINA)

自　序

社会分层流动研究的新一代学者已经成长起来，这得益于国内前辈学者的探索以及回国授业的华人学者的方法培训。本书改自我 2011 年完成的博士学位论文，是我参加这些量化方法培训的初步成果。2007～2015 年，每年暑假我都会花大量时间参加北京大学－密歇根大学联合举办的量化方法暑期课程。这些课程，部分注册了，部分是蹭学或给老师做助教时偷学的。得益于这些课程，我成为当时北京大学社会学研究生中量化研究工具掌握较好的几个人之一。当我决定博士学位论文用量化方法来呈现某个群体经历的社会变迁时，农民子女的分化和流动最终成为我的选择。它起源于我的个人困扰和成长经历，我试图将它与某个公共问题联系起来。

2002 年通过高考进入北京大学中文系以后，我发现自己对大学一点儿概念都没有，啥也不会，连基本的课程都应付不了，现代汉语、古代汉语考试接连得了六十多分。高中时我十分自信的数学，学起来也觉得压力很大。几百人的大教室里，我极端孤独和不安，因为跟不上老师的节奏和一些同学的反应。那时，我没有学过电脑，社团里的小头目让我申请一个新浪邮箱，方便以后联系，我跑到计算机房折腾了大半天才搞定，痛苦至极。更不用说每次参加社团活动时的拘谨和茫然。而身边有些同学文学功底惊人，思想深刻，有的甚至已经出书，在社团活动中如鱼得水。我开始问自己为啥这么落后？适应得这么差？辛辛苦苦考上北大又如何？思来想去，觉得与自己的成长条件有局限、打下的基础过于单薄有很大关系。为了考上好大学，过于将自己的精力集中在了几本简单的教材上。

反思的结论是，只有继续加倍努力并且做自己具有相对优势的事情才能让处境有所改变。我立马推掉了所有社团活动，集中精力补读各种文学经典和基础知识，加强练笔，学着做个有文学素养的人。后来看到自己的两个室友都准备换专业，才知道在北大有转专业的制度。于是，我随着他们一起去旁听了北大社会学系刘爱玉老师的社会学概论。没想到，不仅听懂了，还觉得很对胃口。我迅速从图书馆借了几本社会学的书通读了一遍，很喜欢。就这样，大二，我申请转到了社会学系。在社会学系，我学得确实很开心，成绩也好起来，并通过社会调查论文拿到了挑战杯比赛的名次，最终保研成功。我的自信心慢慢地恢复了。特别是从社会学系学到的统计分析技术让我觉得自己和做木匠的父亲一样，有了一门手艺。在光华管理学院孙光辉老师的鼓励下，硕士阶段我加入了创建不久的北京大学应用统计研究会，开始自己设计和发放问卷，关注北大学生的学习和生活，特别是新生的适应情况、农村学生的发展等，给学校团委主动提交调研报告。我还写了第一篇定量的文章，发表在社会学系研究生会主编的《五音》杂志上，谈论城乡背景对大学生毕业出路的影响，呼吁有着共同背景的农民子女能够看清自己的结构处境，联合起来共同成长成才，合作行动改变自己的处境。我计划硕士学位论文关注进城创业的农民子女，看他们是如何成为小老板的，发展过程中面临着怎样的结构性挑战，我跟随卢晖临老师及硕士同学在海淀温泉镇冷泉村调查了很长一段时间。这一计划因为我后来申请社会统计学方向的硕博连读成功而中止。我将更多时间放在了量化方法的学习上。

当我决定博士学位论文关注农民子女在改革过程中遇到的机遇和障碍时，身边的理论资源成为影响本研究风格的关键因素。北京大学 - 密歇根大学暑期学校侧重方法培训，并没有在具体的社会学理论上给予我充分指导。而当时北大社会学系并没有延续的社会学量化传统和团队，也没有人从事社会分层流动研究或讲授社会分层流动课程。在北大，精深玄妙的理论和精深细致的质性研究更受欢迎。我的本科毕业论文也试图重拾马克思的经典原著，开发其社会学价值；而硕士阶段跟随卢晖临老师、潘毅老师阅读新马克思主义的作品，关注阶级政治与劳工问题。这些研究关注历史上的工人阶级如何形成，现实中又何以没有形成，并且将这群人的出路寄托在阶级意识觉醒和阶级行动上。这与我现在工作的中国人民大学社会与人口学院很不相同。人大社会学系曾经有一个小团队对社会分层和流动问题进行了深入的研究，并且在数据采集和分析过程中成长为国内社会分层、流动实证研究中坚力量，他们包括李路路、李强、郝大海、刘精明等。后来我才知道，这些前辈已经在中国人民大学出版社"社会学文库"系列中出版了各自的作品，在学生中讲解社会分层的知识和理论。而我的理论库里，制度和阶级分析的成分更多，社会分层与流动的文献有限，启蒙主要靠自学边燕杰参编的两本论文集和格伦斯基主编的教材。因此，本书理论部分对社会分层和流动的文献脉络把握显得生疏，实际更多引用了黄宗智、潘毅等关于中国农民及农民工的研究。在我看来，后者对中国社会结构与变迁的分析更为深刻，关注的是中国的实质问题。直到现在，社会分层与流动研究仍然不过是我关注中国社会变迁与发展的工具，而黄宗智、潘毅等的研究是我本土化社会分层流动研究的重要资源。

不过，量化方法训练让我在阅读劳工研究方面资料的过程中保持更深程度的冷静。它提醒我样本选择性和测量偏差带来的认知偏误。样本选择偏差在劳工研究中是很明显的。这些研究集中关注底层，带有鲜明的立场和情感倾向。他们在关注农民工时，常常忘记那些已经进入市民队伍的其他农民子女。众多关于农民工的量化研究存在同样的问题，他们关注的始终是那些仍处于农民工状态的农民子女。社会分层和流动研究虽然对这种选择性有所警惕，实际上基于城市居民的大量研究面临同样的困扰，进了城的农民子女显然不同于那些仍留在农村的兄弟姐妹。大体而言，样本选择性问题导致劳工研究者对农民子女出路预期过于黯淡，而基于城市居民样本的量化研究又高估了社会系统的开放性。

家族成员的成长分化经历也提醒我警惕样本选择性带来的偏差，要求我将自己与在不同劳动力市场奋斗的哥哥姐姐、弟弟妹妹、幼小同窗甚至父母叔伯姑嫂等放在同一个阵营里研究，看是什么决定了我们共同的处境，又是什么导致我们之间出现了多维度的分化，从而对中国社会的结构和发展有一种更为全面的认识。和很多农村同龄人一样，我的爷爷奶奶都来自大家族，生养了好几个子女，这些子女又都生养了两到三个子女，由此形成了一个很大的家族。我们在成长过程中自然存在很多的对比和学习。即使已经远离家乡，彼此仍是重要的参照群体和社会支持来源，个人的发展与大家庭紧密相关。在村民们的认知系统里，个人及其小家庭是与大家族捆绑在一起的，评价小家庭时不会忘记那个大家族，衡量某个大家族时也不会忘记远在大城市发展的青年一代。不能通过城市样本看到进城的大学生就忘记曾在富士康打工、在建筑工地卖力、在家种地务农的家人。只有综合他们全体的体验和经历，才能评价几十年的变化对农民究竟意味着什么，有何共同约束，哪些是个人际遇，他们的经历又折射出怎样的社会前景。

我希望合理地看待农民子女经历的变迁，社会转型与社会不平等的框架值得借鉴和反思。市场化转型框架足以概括相关变革吗？如果不能，该如何概括它。在撰写博士论文的阶段，我并没有得到好的答案，只是将重要的宏观变迁罗列出来，依靠二手数据初试了自己学到的量化工具，实际并没有将具体制度和结构变迁操作化进定量模型。多年后，看到郝大海老师翻译周雪光老师的《国家与生活机遇——中国城市的再分配与分层（1949－1994）》，我才意识到自己博士学位论文想写的就是这样一本"秉承抽象的理论论证、严谨的统计分析和系统的经验证据"的作品。更羡慕的是周老师在量化研究前就抓住了国家这一在其此后十多年的质性与理论研究中同样占据核心位置的结构性因素，明确社会分层不过是理解国家和个人生活机遇关系的一种视角。反观我的博士学位论文，不仅与周老师 AJS 和 ASR 论文级别的作品相去甚远，也未能给自己开启一个值得期待的学科主题。如果社会主义城市再分配体制中国家是显见的行动者，它的任何变动都影响重大，那改革后的农民子女面临的社会结构与分配机制的核心是什么呢？代际流动的强化、社会结构的固化和社会不平等扩大？如何将这种核心制度和结构的变迁与量化研究实质性地结合起来是我仍在思考的问题。

作品质量的优劣，除了眼界、天分、条件的差别，更是投入的差别。周老师的作品十年打磨，有着严格的同行评审。我用不到一年的时间完成了这部书稿，参加工作后除了将个别章节改写发表在《社会》外，改动不多，倏忽六年已过。在这期间，众多全国性调查数据发布，相关主题的高质量研究接踵发表。本研究所用数据日显单薄，理论和方法上的不足也都暴露出来。经历初职早期的忙乱后，这两年我开始尝试用更多数据进一步探讨相关问题，包括农民子女获得城市住房和大学教育入学机会的变化等，可惜这些作品尚未最终成型，无法放在当前的作品中。仓促将原作修改出版，只为"续命"。

当然，本书仍有两个主要论断值得关注。首先，农民子女的社会分化和流动是中国社会结构由倒丁字形变为橄榄形，由农民社会转变为中产社会的关键。因为，从各阶层的人口规模和生育率上看，即便老市民及其有限的后代全都变成中产阶层，也不足以支撑中国社会结构变成橄榄形结构。如果这种结构真的能够出现，中间阶层必然主要来自农民及其子女。农民及其子女的分化和社会流动就成为这个社会能否来临的关键，是可以反映中国社会开放性的重要指标。如果确实如此，那么，中国的城市社会和中产（或中等收入阶层）社会很长时间内将带有浓厚的乡土底色，会伴生众多与乡土相关的文化现象，极大地改变了我们既往的中产想象。其次，职业非农化和身份市民化以及两个进程的断裂是对我国农民子女社会分化进程的一种较好的概括。它虽然不和任何学科与分支对应，分析力还有待开发，但概括得简洁。除了透视社会系统的开放性问题外，它还可以用来观照这群人的认同和行为规律，探讨强大而有序的市民社会最终如何形成，以及乡土社会何去何从的问题。而且，实际的历史过程将相当漫长。或许未来我能将它发展得更好，用以概括自己的学术追求，正如费孝通先生愿意用"志在富民"总结自己的学术人生一样。

谨以此书纪念我的前两个聘期，鞭策自己未来做得更好。本书的出版需要感谢的人很多，除了博士学位论文后记中对亲人、师长、爱人、朋友的感谢值得再次表达外，需要特别感谢母校北京大学对我的培养以及中国人民大学诸位同事为我提供的学术环境。最后，感谢社会与人口学院人口教研室的支持，使得本书在21 世纪人口学系列出版。

李　丁

2016 年 12 月 4 日于龙跃苑

目　录

导　论

在经过长期的反对帝国主义、封建主义、官僚资本主义的革命斗争后，中国大陆已经在共产党领导下走过了 60 多年独立自主的现代化道路，经历了计划经济和市场化改革两个时期。前 30 年，以户籍登记制度、人民公社制度、统购统销制度、单位制等为主体的计划经济管理体制结合政治挂帅的社会运动建立了现代工业基础体系。然而，农业和农民的现代化问题并未得到解决，反而造就了顽固的城乡二元体制。后 30 年来，依托乡镇企业、民营经济等非国有经济的发展，大量农民实现了职业的"非农化"。但由于国家在相当长时间内片面强调经济发展和市场化，忽视政治民主化与公共服务的均等化，很多职业已非农化的农民子女不得不徘徊在"半无产阶级化"的状态，无法获得完整的工人身份或市民身份，享受不到市民保护与公共服务（潘毅等，2009）。农民的现代化已经断裂成职业非农化与身份市民化两个脱节的过程。

总之，经过 60 年的发展，中国又站在"农业和社会形态往哪里去？"的十字路口（黄宗智，2010a：1 ~ 24）。农民及其子女的出路决定着中国的社会结构转型。从职业阶层看，我国社会结构具有明显的"倒丁字形"特征（李强，2010），未来是转变为相对稳定和谐的"橄榄形"，还是保持充满张力的"三元社会结构"，或者断裂形成一个底层群体规模庞大甚至具有集体行动力的阶级社会（李春玲，2005；李强，2010；沈原，2006；孙立平，2003），关键都取决于农民及其子女职业非农化与身份市民化的长远进程。受计划生育政策和中国生育实践的影响，中产阶层或中等收入群体人口规模的扩大不可能来自既有中上阶层的自我扩大再生产，而只可能主要来自农民及其子女的流入。对农民群体发展和分化的关注是对整个中国社会结构转型保持关注的最佳切入点之一。

首先，农民子女社会流动水平与流动模式的变化是 30 多年改革是否成功的重要评判标准。社会流动因两种不平等之间的张力而产生，一种不平等是各种有价资源（物质产品、文化、教育机会、社会资本、声望等）在特定社会位置（如种姓、爵位、族群、阶级，现代分工社会主要是职位）间的分布；另一种不平等则是天赋资源和能力（身高、相貌、技能、知识、品位、道德情操等）在具体个人之间的分布。以理性化为主要特征的现代意识形态偏好较高的社会流动率，鼓励个体凭能力而非出身获得社会位置，社会优势或弱势在代与代之间的传承水平反映了社会开放或封闭程度（Hout，1988）。实际上，中国很早即有这种以后天能力为依据进行资源和职位分配的思想："国人与士大夫，本系同族，所异者职位耳……古虽行世官之制，然官家之弟子未必皆才；而草野之贤能，时或可以济变。则不得不使'卑逾尊，疏逾戚'（《孟子·万章下》）矣。"理想的状况是"王公士大夫之子孙，不能属于礼义，则归之庶人。庶人之子孙，积文学，正身行，能属于礼义，则归之卿相士大夫（《荀子·王制》）"（吕思勉，2007：270）。在 30 多年改革发展中，市场化从消费品市场、生产资料市场逐步扩展到劳动力市场和资本市场，水平不断提高（郑杭生、李路路，2004），相对于改革前，资源（包括职业位置、市民身份）配置规则发生了重大变化。从职业流动的角度看，30 多年改革中处于弱势地位且占据人口多数的中国农民及其后代的出路如何，可以相当程度上反映社会系统的开放程度。

其次，农民子女的出路决定着我国社会结构转型能否成功。经过 30 多年的发展，单一公有制（全民所有及集体所有）结构已经不复存在，非公有经济得到了迅速发展。在工业化、城市化的推动下，我国产业结构发生了巨大变化，职业结构也日趋高级化（陆学艺，2004：99~137）。"体制外"就业机会促生出大规模的新型就业群体，如私营企业主、外企白领、农民工等。其中农民工的队伍最为庞大，超过 2.5 亿并可能继续扩大。他们是中产阶层或中等收入群体的重要潜在来源。与此种剧烈变化形成鲜明对比的是城乡二元制度长期不变。在渐进式的改革发展过程中，城市管理者很多并未积极解决外来就业群体的公共服务与社会保护问题，一直将他们当作"二等公民"对待，从而使中国农民的现代化断裂为"职业非农化"与"身份市民化"两个过程。随后实现职业非农化的农民子女越来越多，其市民化要求不断增加。用李强的话说

"如果不给农民工创造一个晋升中产的渠道,社会永远是一个分化的社会"。①今后的改革能否满足这一要求,引导社会结构向更稳定、更和谐的方向转变是改革成败的关键之一。

本书试图描述改革发展过程中农民子女社会流动的机会结构的变化,对农民子女这一群体的分化流动(包括职业非农化与身份市民化)的过程和机制进行分析;探讨社会转型与社会分层流动机制变化之间的关系,把握社会结构的未来趋势,反思 30 多年来社会变革的不足。研究不仅讨论农民子女职业分化与社会流动的问题,更将这一问题放在更为长远的市民化视野之下,以数据来展现中国独特的社会转型实践,突破传统社会分化与流动研究主要关注经济地位与职业流动、忽视公民地位与身份区隔的局限。与此同时,本研究将突破相当部分研究者仅关注"农民工"群体的局限。一部分研究将农民"工人化""市民化"整合到工人阶级形成的冲突论框架中(沈原,2006,2007),将农民工面临的生存处境归结为资本扩张及国家无为的后果,并将整个群体的出路寄托于工人主体性的觉醒与工人阶级的形成。这一研究路径为我们理解农民市民化进程的艰难提供了基础,但忽视了农民子女分化的多种途径,以及农民子女内部异质性问题,从而导致了过于悲观的判断并选择了相对激进的行动策略。

本研究认为,将农民、农民工以及出身农民但已成功市民化的新市民放在一起研究是必要的,这样才能对农民市民化问题有全面的把握。本书将这些出生并成长于农业户口家庭的人统称为"农民子女"或者"农民及其子女",操作上,定义为 14 岁以前户籍类型为农业户籍的中国社会成员。

第一节　理论背景

职业分化与社会流动研究属于"不平等及社会分层"(unequality and social stratification)领域。过往研究者已对不平等及社会分层的形成与起源、当代社会的分层结构、分层的生产以及分层的后果与功能展开了丰富的研究(格伦斯基,

---

① 《李强:社会确实没有给农民工创造晋升渠道》,财新传媒,http://m.opinion.caixin.com/m/2016 - 04 - 27/100937329. html,最后访问日期:2017 年 3 月 12 日。

2005）。关于现代社会的不平等，有两种观点常被区分开来，并被总结为冲突论观点和功能主义观点（冯仕政，2008）。前者受马克思的影响，认为所有制和生产资料的占有情况是构成社会不平等的主要因素，不同社会地位之间存在"冲突性"的利益。这一派研究对资本主义、商品化及市场化有较为强烈的批评。另一种观点主要受韦伯的地位理论影响，具有较强的功能主义和理性化色彩，认为现代社会的不平等主要是由个体分工及"市场地位"决定的，职业位置至关重要，职业位置间不一定构成竞争关系而是一种功能性关系。这一流派的观点与工业化理论紧密相关。在进行经验研究时，两个流派的分层标准及测量方式存在一些差异，对社会分层和流动的趋势、社会分层后果的判断都存在一定差异。

面对我国社会阶层结构及社会流动规则的变化，本土官方学者从综合的、历史的、现代化的角度进行了概括和描述（李强，1993，2000，2004，2008，2010；陆学艺，2002，2004，2010；郑杭生、李路路，2004），为我们了解中国社会阶层状况奠定了经验基础。其他研究者主要分为两个阵营：第一是劳工研究及其与阶级理论的结合（主要研究者包括潘毅、任焰、李静君、沈原、戴建中等）；第二是社会不平等研究及其与社会主义国家市场化转型论题的结合（主要研究者包括倪志伟、撒列尼、边燕杰、华尔德、吴晓刚等）。前者主要是定性研究结合宏观分析，强调对工人群体阶级处境的描述和原因的探讨，并具有强烈的介入冲动。后者主要是定量分析结合中程理论（middle range theory），通过呈现不平等及"精英阶层"的生产与再生产来表达对不平等的关注。这两类研究为我们理解改革开放过程中不平等机制的变迁提供了理论工具。它们的历史渊源不仅涉及第一次市场化转型，也关涉社会主义再分配经济向市场经济的第二次转型（Burawoy，2000）。不同于中东欧国家的市场化转型是在工业化基本完成的条件下进行的，中国最近30多年的发展实际上混合了工业化、市场化和全球化三个相对独立自主的宏观机制的作用。

一 工业化与社会系统开放性

社会结构是资源与机会在不同人群间进行分配的稳定性模式，是一个社会中社会地位及其相互关系的制度化和模式化了的体系（郑杭生、李路路，2004：前言第2页）。基于关键资源和分配规则，人类历史上形成了多种形式的社会结构

（见表1）。工业革命及工业化对人类社会的职业及阶层结构产生了巨大影响。在奴隶制社会，土地和自然资源丰富，关键资源是作为财产的奴隶劳动力，社会的主要集团包括奴隶主、奴隶及"自由人"。封建社会则基于对土地和劳动力的控制权分化为贵族、神职人员与贫民。在工业化社会，社会分层系统日益开放，地位获得渐趋平等。相对于以往的社会，工业社会的社会流动率（rates of social mobility）通常是高的，而且向上流动（upward mobility）明显多于向下流动；流动的机会更加平等，不同社会出身的个体能够在更平等的因素上竞争特定的社会位置（Erikson & Goldthorpe，1992）。"普遍的社会流动已经成为……现代工业社会的一个基本特征。在每个工业国家，很大比例的人口找到的职业与他们的父母是相当不同的"（Lipset etc.，1959）。这是因为，工业社会不仅改变了职业结构，而且改变了将个体配置到不同职位上的过程。

表1　八种理想型分层体系的基本参数

体系	决定性资产	主要阶层和阶级	不平等程度	刚性	固化程度	意识形态（革命中心任务）
A 狩猎和采集社会						
1 部落形态	人（狩猎和占卜技能）	首领、巫师，其他部落成员	低	低	高	论功行赏
B 种植和农耕社会						
2 亚细亚模式	政治性的（政府职位）	官僚和农民	高	中等	高	传统和宗教性原则
3 封建形态	经济性的（对土地和劳动力的控制）	贵族、神职人员，平民	高	中等偏上	高	传统和罗马天主教（个人解放）
4 奴隶制	经济性的（奴隶占有）人员财产	奴隶主，奴隶，自由人	高	高	高	先天和社会劣等说（群体解放）
5 种姓制	荣誉性的和文化性的（民族血统"纯"生活方式）	种姓和亚种姓	高	高	高	传统和印度种姓原则（群体解放）
C 工业社会						
6 阶级体系	生产资料（资本）	资本家和工人	中等偏上	中等	高	自由主义（生产资料社会化）

续表

体系	决定性资产	主要阶层和阶级	不平等程度	刚性	固化程度	意识形态（革命中心任务）
7 中央集权社会主义	组织	管理者/官员和非管理者	中等偏上	中等	高	集体主义（要求组织控制的民主化）
8 发达工业社会	技术或人力资本	基于能力的职业群体（如专家与工人）	中等	中等偏下	中等	自由主义或共产主义（要求实质的平等）

资料来源：格伦斯基，2005：7；赖特，2006：46～136。

从分工结构上看，资本积累的内在需求不断推动技术革新和效率进步，社会分工加剧，经济和社会运行对技术和专业人员、服务管理人员的需求日益增多。职业结构"高级化"，社会流动绝对比例提高且以向上流动为主。从选拔原则上看，对效率的追求使得工业社会对劳动力的选择更看重自致性因素（achievement）而不是先赋性（ascription）特征，起决定作用的是个体的能力，而不是他是谁。教育培训的增加及教育制度的变革使不同社会出身的个体获得教育的机会更为平等，进一步支持了"任人唯贤"机制的主导性。城市化与人口的频繁流动，传统部门的衰退等都有利于选拔规则的"理性化"（Erikson & Goldthorpe，1992：6）。因此，工业化 - 功能主义理论认为，伴随着工业技术的全球扩散，所有社会都会趋向于相同的社会、政治秩序。

以前的研究表明，社会流动水平并没有随着工业化发展而呈现明显的持续趋势（谢宇，2006）。在控制边缘分布的前提下，众多工业化国家，不管工业化水平的高低和时期早晚，都存在着类似的、相对稳定的社会流动比率和模式（Erikson & Goldthorpe，1992；Featherman & Hauser，1978；Featherman etc.，1975；Grusky & Hauser，1984；Lipset etc.，1959；Treiman，1970）。不过，说"社会流动的强度和广度的上升或下降没有确定的永久的趋势"也可能过于极端（Erikson & Goldthorpe，1992）。最近的分析表明，美国在 1880 年前后比英国开放得多，但到 1973 年时，两国差不多。也就是说，在工业化和经济发展过程中，美国的社会流动水平下降了（Long & Ferrie，2007）。主要工业化国家社会流动水平显著下降的观点不仅与社会流动研究领域关于社会流动无明显趋势性的"共识"不同，更与社会流动持续增加的功能主义观点截然相反，从而极大地震惊了社会流动研究界（Xie & Killewald，2010）。

但必须承认，不同阶段或不同社会制度下的工业化带来的社会分层及流动确实存在一些差异。利益集团结构、政治制度和文化意识形态会对社会分层结构与流动形成制约。欧洲各国的比较分析表明，在绝对流动比例上，流动率的发展路径是多样的。在所有工业化国家似乎并不存在任何稳定的、趋势性的变化模式（Erikson & Goldthorpe，1992；Featherman etc.，1975；Grusky & Hauser，1984）。一个国家阶级结构的历史形成不仅是工业化的结果，同样受到国际政治经济以及政府响应内外压力采取的各种战略和政策的影响（Erikson & Goldthorpe，1992）。如果将欧洲各国的经验与社会主义国家工业化实践下的社会流动进行比较，更能反映出影响流动水平的"因素的多重性"（Giddens，1973；Parkin，1969；Walder，1995）。因此，在工业化对我国社会分层结构和社会流动的影响的研究中，不仅应注意工业化的一般性影响，还需对中国工业化过程中的特殊性保持敏感。

二　市场化与阶级形成论

除工业化视角外，市场化与资本主义私有制的扩张也是理解西方社会不平等的重要视角，马克思及其追随者就是这方面的代表。他们认为在现代资本主义社会，对生产手段（尤其是资本）的占有决定了社会分化的基本方向。"整个社会日益分裂为两个地位的阵营，分裂为两大相互直接对立的阶级：资产阶级和无产阶级。……资产阶级抹去了一切向来受人尊崇和令人敬畏的职业的神圣光环。它把医生、律师、教士、诗人和学者变成了它出钱招雇的雇用劳动者。"用卡尔·波兰尼的话说，在这一资本（货币）、土地、劳动力都商品化的社会，市场已经"脱嵌"，传统的共同体和"身份群体"都在消解，社会开始出现"自我保护运动"（卡尔·波兰尼，2007）。正是基于上述剧烈的社会不平等和冲突，马克思等确立了社会结构分析的冲突论传统。

阶级论认为，由于资本追逐利润的本性，资本主义的工业化大生产，一方面会创造出两大直接对立的阶级——资产阶级和无产阶级，其中无产阶级将越来越贫困且阶级性越来越强，从而为推翻资本主义提供了组织基础；另一方面，资本主义的市场经济由于生产资料私有制与社会化大生产之间的矛盾，导致生产过剩与周期性的且日益严重的经济危机，从而为资本主义生产方式的消亡提供客观条件。马克思深刻地洞察了资本主义工业化带来的影响和矛盾，其关于无产阶级革命的论述和号召一度极大地鼓舞和推进了民主革命进程。我国社会主义民主革命及经济建设的实践受到马克思主义超越私有制、建立平等社会的理想的指引。今天仍有不少研究者继承马克思学说，对全球资本主义的矛盾及其必然灭亡的命运进行论述（王伟光，2009）。

然而，资本主义及工业化并未完全按照马克思估计的方向发展。随着资本主义的"自我调整"和"后工业社会"的来临，资本主义社会结构没有"两极化"而是"中产化"了（丹尼尔·贝尔，1984；赖特·米尔斯，1987）。20世纪八九十年代，关于劳工与阶级的研究变得过时，越来越多的研究者开始宣布阶级死亡与终结。与此同时，以"共产主义或社会主义"名义展开的工业化实践未实现"人人平等"的理想，反而被认为是威权主义且存在着普遍的不平等（华尔德，1996）。因此，后来的马克思主义者对资本主义社会的分析与批判都不同程度地对经典马克思理论做了调整和修正。例如抛弃马克思理论中的经济还原论，引进了建构论和结构主义等。对资本主义的批判矛头从生产领域及生产关系转向公民社会与消费领域。在社会分层流动研究方面，新马克思主义吸收了功能主义的部分成果，批判性大大降低，分析技术和思路有所趋同，但仍然强调权力关系在社会分层中的作用，强调社会结构之间的冲突与矛盾，较多关注阶级或相关集团的集体行动倾向与能力。

马克思主义的阶级论和工人阶级在中国的发展颇为坎坷。阶级作为"政治表述"和"主体"在不同历史阶段呈现巨大的差异。当阶级话语在主政者的推动下"热火朝天"之时，工人阶级队伍并不强大。而当中国成为"世界工厂"，市场经济和私有制大规模发展，自在的工人阶级（主要由农民工组成）正在结构性地增长并开始觉醒之时，国家与知识精英却站在了"阶级话语"的对立面（李强，2008）。阶级话语因其在计划时代造成的伤害及改革后的意识形态批判，被人们抛弃，甚至被工人主体所谴责，阶级话语在改革时代一度消逝（潘毅，2005；潘毅、陈敬慈，2008）。越来越多的劳工研究者意识到这种吊诡，关于中国工人（1990年代中后期以下岗工人为代表，今天则主要指庞大的农民工队伍）的研究重新启用了阶级分析框架（冯仕政，2008；沈原，2006）。

三 职业作为社会分层的核心

无论是从阶层的角度还是从阶级的角度对社会不平等进行分析，都面临群体的划分与边界问题（Parkin，2005）。实际划分过程面临着如下四个决策：第一，使用一个标准还是多个标准；第二，选择哪些标准；第三，划分成多少类别；第四，划分出来的阶级或阶层是否具有整体行动力（见表2）。阶级研究视角通常以群体为研究单位，认为重要的不是以个体为单位的社会流动，而是整个群体地位以及群体间关系的改变。阶层视角的研究虽然也关注社会群体之间的等级和差异，但主要以个体为研究单位，且将个体的不平等与社会位置之间的不平等区分开来。其中，社会位置为社会运行的功能性需要，相对固定，个体可以通过各种途径被安排到相应的社会位置上，并能在位置间发生流动和更替。

经验研究中，围绕社会位置或社会群体的等级与不平等进行测量和分类的几种经典方式包括：①Treiman 的职业声望测量；②Duncan 的 SEI 社会经济地位指数测量；③Erikson 和 Goldthrop 等的 EGP 职业分类框架；④Wright 依据各群体对各种资源的占有情况进行阶级划分的框架；⑤布迪厄基于文化资本和社会资本进行的阶级分析。这些测量或分类框架都试图将各个群体（特别是职业群体）归入某种等级序列或者单维连续统，从而反映社会地位（更确切地说是职业地位）之间的不平等。

表 2 不同理论流派阶级阶层划分标准

理论主张	标准个数	主要标准	划分结果	阶层是否作为共同体
抽象结构构图中的马克思主义	一个	是否占有生产资料	工人 - 资本家	具有阶级行动能力
具体事态构图中的马克思主义（后期发展者赖特）	多个	对多种生产资料或社会位置的占有情况	资产阶级、无产阶级、大土地所有者、金融寡头、农民、小资产阶级、工业资本家、上层贵族等	具有阶级或群体行动力

续表

理论主张	标准个数	主要标准	划分结果	阶层是否作为共同体
韦伯理解的"阶级"理论	一个	基于对财产、产品和服务的控制权的有无和大小划分阶级，是基于"生产"的	不同阶级处境，如财产阶级、获利阶级和社会阶级（优势特权获利者、中间群体，劣势获利阶级主要是工人）	阶级与共同体存在差异，可能产生共同行动，但阶级内不同个体的行动方向通常相互矛盾
韦伯的"地位群体"分层论（后期发展者如吉登斯、帕金、戈德索普等）	多个	基于声望或生活方式（消费）等划分地位群体。市场处境或者阶级处境只是地位群体的非充分非必要条件，并且通常矛盾	各式各样的地位群体	社会群体具有相同的生活方式、声望并具有相对明显的边界，共同体行动更可能
社会地位的等级测量（发展者如Treiman、邓肯等）	一个或多个	收入水平、教育或声望高低	少数几个阶层或者连续性的分值	不太关注群体行动

参考资料：赖特，2006：10~12；韦伯，2005。

以职业声望来对职业地位等级进行测量，就是从一个社会总体中抽取一部分受访者样本，让他们基于自己的综合判断，给各个职业的声望及社会地位打分排序，研究者基于这些打分和排序计算出每个被评职业的平均得分或其他集中趋势测量值，作为对应职业的相对声望（Treiman，1976，1986）。在职业声望测量及其国际标准化方面做出了巨大贡献的 Treiman 的研究表明，不同群体，包括不同地域的人对各种职业的评分具有高度的一致性和稳定性（Treiman，1986）。在Treiman 看来，人们的评价之所以高度一致，与不同社会的职业结构因功能及组织需要趋同，且不同职业之间的差异都建立在普遍存在的知识技术、经济控制、权威方面的差异上有关（Treiman，1986）。

Duncan 的社会经济地位指数（Socioeconomical Index，SEI）类似于依据客观指标来"再现"主观的职业声望地位，以弥补职业声望只能测量少数职业的不足，并使职业地位的测量简单化（Blau & Duncan，1967）。其基本思路是，以职业为分析单位，用各类职业从业者的平均收入水平和教育水平（分别操作化为各类职业中收入在一定水平以上的人口比例，及较高教育人口的占比）对抽样调查所获得的部分职业的平均声望做回归，然后基于回归参数估计出普查数据中

已经知道收入与教育水平但不知道职业声望得分的职业的声望得分（Blau &
Duncan，1967：119 - 120）。

上述两种测量方式具有良好的单维连续性，极大地促进了基于统计技术的地
位获得模型的发展。不过，基于这种测量较难分离出边界清晰的社会群体，群体
分析与阶级概念较难融入这一研究路径。除批判性不足外，这两种测量（尤其
是社会经济地位指数）也受到诸如概念不清、高估经济地位影响等批评（Hauser
& Warren，1997）。

Erikson 和 Goldthrop 等提出的 EGP 职业分类框架和 Wright 的职业分类延续了
人类所做的职业分类的努力，同时参考了马克思的阶级理论。只是前者并不强调
不同职业之间的冲突而将其当作一种客观社会结构，后者不仅将各类资源的占有
情况纳入社会等级群体的划分中去，而且特别强调不同等级之间的权力关系与冲
突性。Erikson 和 Goldthrop 首先将社会分为三个大的阶级（雇主、自雇者、受雇
者），然后再根据规模大小、级别高低分为 11 个类别，11 个类别又可合并为 7
个、5 个或者 3 个阶级（Erikson & Goldthorp，1992：36 - 39）。

以赖特为代表的新马克思主义者发展了具体事态构图中的马克思理论，基于
对不同资源（生产资料占有，技术/文凭资产占有以及组织资产占有情况）的控
制权和剥削关系，划分出资产阶级、工人阶级、小资产阶级以及处于矛盾地位的
管理者人员、小雇主、专业技术人员等中间阶级。根据各职业的社会地位、经济
收入等将不同职业归为少数几个具有等级性的"群体"类别，这有利于将这些
分类与实际的社会群体及这些群体的行为（如社会流动、集体行为）在直观上
联系起来。这种测量分类方法与列联表分析技术结合，成就了社会分层流动研究
中的流动分析路径。

布迪厄的后现代文化分层理论在不否认阶级在经济、财产方面差异的基础
上，更强调阶级在文化形式、品位、生活方式上的差异（李强，2008）。这为我
们将划分阶级的标准从生产领域转移到消费领域提供了支持（朱伟珏，2012）。
他提出的四种资本与社会空间理论为我们分析阶级之间的差异、阶级的变动轨
迹、阶级文化和惯习提供了启发（刘欣，2003）。尤其是其中关于制度化的文化
资本（教育及文凭）同隐蔽的阶级再生产的论述与实证化分析对分层流动研究
具有很强的指导意义（布迪厄，2015）。此外，如果中国社会确实会由当前的倒
丁字形结构转变为中间阶层较大的橄榄形结构，中产阶层必然会有相当部分来自

农民及其子女。这种阶级来源和历史惯习必将影响中国中产阶层的阶级品位。

四 评论与综合

经典的马克思主义理论与韦伯"阶级理论"关心的都是理想型的"社会集团"的划分及集团之间的关系问题，为我们分析社会结构提供了概念工具和框架体系。此后的专业研究专注对社会不平等产生的原因、过程与后果的"中层"研究，为我们深入研究社会不平等及社会分层流动问题提供了实际技术与操作化方案。不过，在应用上述理论和方法指导中国情境下的社会不平等与社会流动研究时，应该注意其不足。

从具体操作化策略来看，欧美的社会分层与流动研究中，职业结构取代了社会分层结构，而"社会流动"也被简化为职业流动或职业地位获得问题（Lipest，Bendis & Zetterberg，1959；Featherman & Hauser，1978；Hauser，1978；Grusky & Hauser，1984）。这与职业在现代社会生活中的重要性有关。在职业高度分化、分配机制充分市场化、公民权利逐步平等化的西方社会，职业位置是个体从市场及组织机构中取得财富、权力和声望的最主要依托。随着工业化和市场化的推进，社会分工的发展，中国的职业结构也与西方社会趋同，职业地位在衡量中国人的社会地位方面的有效性也越来越高。不过，现阶段的中国社会，资源分配尚存双轨制，公民实际享受的权利仍依据不同身份存在差异。除职业分化"造成"的不平等外，其他重要机制同样会导致不平等，例如，城乡户籍差异就可能导致社会福利与权利差异，而进入不同的劳动力市场（体制内外，初级劳动力市场－次级劳动力市场）会带来收入回报模式以及社会地位的差异等。因此，在对中国社会的不平等与社会流动进行研究时，职业分层以及人们在不同职业位置间的流动只是一方面，除此之外，还应该特别关注"农民－市民"身份的转换，"体制内－体制外"单位间流动。后两种社会位置和身份的改变在中国社会的重要性及其研究意义有如种族、性别、是否为外来移民在美国社会的重要性。我们应该将上述构成不平等的非职业因素与职业因素结合起来，考察中国社会的分层与不平等问题。

这种结合在工业化与现代化快速发展、经济与职业结构迅速变化，但是政治与民主改革、社会结构转型相对滞后的中国显得更为重要。今天，中国农民在城市成为一名服务员或产业工人已经相对容易，但这不足以使他们获得真正的"城市人"身份。因为市民身份不只是工作或生活在城市空间，更在于其所代表的"在城市中获得集体性消费资料——住房、教育、医疗健康、社会福利以及其他环境设施等"的权利。这种职业非农化与身份市民化之间的断裂正是潘毅等所谓的"无法获得的现代性"的本质。由于国家针对农民和市民采取不同的社会管理、福利保障制度，并长期缺位于处于农民与市民之间的农民工的集体性消费领域，从农民子女中分化出来的农民工既无法获得完整的工人身份完成无产阶级化，也无法获得完整的市民权利（潘毅、任焰，2008）。正是在这一意义上，基于职业位置的社会分层与流动分析仅仅反映了中国社会不平等的一部分，要对更为完整的社会不平等图景有所把握，必须将其置于更大的框架中。而这种断裂正是中国的社会流动区别于西方的重点之一。

　　西方分层流动研究是在基本公民权利（citizenship rights）及公共物品（civil goods）较为平等的情况下关注和讨论经济物品与政治物品的不公平分配问题的（戴维·格伦斯基，2005：4）。社会分层与流动研究之所以在 20 世纪 60~70 年代兴起并走向经验化、精细化，实际上正是战后欧美民权运动将社会公平问题推至社会生活各个领域的结果。职业分化只是欧美社会不平等的一个维度，同期展开的还包括对于不同种族、不同阶级、不同性别以及移民与非移民之间的不平等的研究。今天的中国，围绕性别不平等、族群不平等的社会分层研究越来越多（李春玲，2010；李春玲、李实，2008；李实、马欣欣，2006；王天夫等，2008；吴愈晓、吴晓刚，2008，2009；朱镜德，2005），但是围绕职业、单位性质、户籍身份、政治面貌间的不平等研究仍占主导地位（边燕杰等，2002；边燕杰等，2008；李路路等，2009；李强，2002a，2010；王天夫、李博柏，2008；吴晓刚，2006）。我国不同职业、不同单位与户籍身份之间的差异仍然引人瞩目，性别和族群差异虽然存在，但暂居其次。对于西方社会分层与流动研究的学习，不是说要以职业分层与流动取代更具普遍意义的社会不平等研究，而是要学习他们分析社会不平等问题的视角和方法，用以分析中国社会的主要不平等形式与分层。如果职业分层在中国各种社会不平等中不重要，我们也就无须投入那么大的精力关注它，大可去关心其他更重要的不平等标准。除职业差异外，城乡不平等与不同单位性质的劳动者之间的分化与不平等就非常重要。

第二节　研究策略

转型发展过程中社会不平等与分层流动问题研究涉及社会分层标准、分层流动过程与机制，分层流动影响等诸多方面，研究视角和方法也存在诸多选择。本书不可能对上述诸多领域进行全面且深入的研究，为了实现对中国社会不平等与社会结构转型的关注，分析策略如下所述。

第一，本研究的对象限定为农民子女这一特殊群体。"农民子女"这一概念试图以"社会出身"来限定一个群体，他们有着相似的"农民"背景。这种相似性可以从两个维度理解：第一个将农民看作一种职业，所谓"农民子女"就是父母职业为农民的人；第二个将农民当作一种身份，大致相当于农业户籍者，所谓农民子女就是父母户籍为农业户籍的人。由于迅速的职业非农化和相对滞后的身份市民化，大量父母职业已经非农化（甚至是在城市实现的非农化）的人在发展机遇上仍与农民子女或者"农民工子女"近似，因此仅仅从职业的角度来定义"农民子女"是不合适的。在此，我们选择从户籍身份的角度定义农民子女。具体操作时，相对广义的定义是将所有 14 岁时仍未获得非农业户籍的人定义为农民子女。对于少数年龄较大者（如 14 岁时尚未有户籍身份），补充规定只要其 18 岁时父亲为农业生产者则定义为农民（选择 18 岁是因为可用数据中仅有这个父母职业最早的信息）。此外，我们提出另一个相对严格的定义方式，将 14 岁以前没有获得非农业户籍且 18 岁时父母户籍均为农业户籍的人定义为农民子女。本书中我们将搭配使用这两种定义方式。

之所以选择农民子女这一群体作为研究对象有如下多方面的考虑。首先，改革和发展是一个复杂过程，对不同群体有着不同的影响。笼统研究"中国人"可能面临着各种可观察和不可观察的异质性问题，而且可以代表全国的调查样本直到晚近才出现。其次，以往的研究通常都是依据居住地分城乡分别进行分析。这种分析会因为人口的迁移与选择性流动而使所研究的样本存在严重的选择性问题（农村常住居民样本未能包括能力更强、更为年轻的外出劳动者，城市样本则包含了经过筛选的相对优秀的农村务工人员和大学毕业生），从而无法准确把握中国社会分层流动的趋势（Wu & Treiman，2004）。这种样本选择性偏差不仅存在于定量研究中，同样存在于对农民工群体的阶级化研究中。这些研究者仅关注了农民工的一部分，如大型现代工厂的流水线工人、建筑工人或城中村的自雇业者等，难以对一般性的社会群体进行推论。我们当然可以只关注出身为城市居民的人，从而控制城市常住居民中本地居民与外来居民的异质性问题，以研究30年工业化与市场化进程的影响。但这部分城市居民仅在反映布若威所谓第二次"大转型"（从社会主义向市场经济的转变）的影响方面具有优势（Burawoy，2000）；而对近年来中国大规模发生的波兰尼意义上的第一次"大转型"的影响反映不够（沈原，2006）。而改革发展过程中农民子女的分化流动问题既与社会主义再分配经济市场化转型，即布若威所说的第二次"大转型"紧密相关，也能反映中国近年发生的类似于资本主义早期"工业化"与"商品化"扩张过程的影响。选择农民子女这一研究对象，既可以观照中国规模最大的相对弱势群体，也可以观照目前中国最大的分割与不平等——城乡不平等。此外，以往以这种定义方式对农民社会分化和流动进行实证研究的成果较少。

第二，本研究将农民子女的社会分化与流动放置在"职业非农化 - 身份市民化"的连续统（continuum）中。在习惯思维中，人们常常认为中国的农民具有很高的同质性。实际上，即使在中国农民内部也历来存在多种多样的等级和身份。此外，通过一定的途径，农民也可以分化出去成为"士、工、商"。农民的分化和流动具有多种形式和方向。改革开放以来，国内最早以"农民的分化与流动"为题的著作是陈家冀主编的《中国农民的分化与流动》（陈家冀，1990）。他们系统地区分了农民分化的形式，将农民的分化区分为内部分化和外部分化。内部分化不改变农民作为农业劳动者的基本特征，又可分为内部的阶级分化（分化为地主和贫雇农）和内部的分工分业（分化为粮农、果农、菜农、林农、牧农、果农、渔农）。外部分化则包括农村内部的职业分化（就地非农化——离土不离乡）、农村外部的职业分化（异地非农化——离土离乡）以及劳动的分化（从体力劳动者转变为脑力劳动者）。通过外部分化，农民转变为非农民，甚至脑力劳动者转变为城市居民（陈家冀，1990：16～17）。他们认为农民的流动不同于分化，流动的形式主要包括结构性流动和区域性流动，前者指农民将一部分时间投入非农生产部门但大部分劳力仍投入在农业部门，后者指在空间上的流动（陈家冀，1990：18～19）。

本研究不严格区分分化和流动，而将它们作为可以相互替换的概念，一起用来表示农民及其子女向非农生产者、市民转变的社会过程。类似于陈家冀等所说的外部分化。值得注意的是，已有研究表明，中国的农业正发生着隐性的革命，农业生产结构、农民内部的劳动生产都发生了巨大的分化（黄宗智，2010a；卢福营，2000）。因此，采用本研究的定义方式，也就遗憾地忽视了那些留在农业生产领域的农民及其子女的内部分化问题。这种分化越来越值得重视，尤其考虑到国家积极推动土地流转、规模化经营、农业现代化，培育职业农民和新型农业经营主体过程中，农村内部的分工和阶级分化已经越来越严重（陈义媛，2013；黄宗智，2012；仝志辉等，2009；严海蓉等，2015）。不过，考虑到整个转型实践，农民及其子女向其他职业及较高社会阶层流动不仅是上述农业生产现代化的基础，也是中国社会结构转型的关键。结合目前轰轰烈烈展开的工业化、市场化、城市化实践，本研究认为，在农民的分化与流动中，最主要的分化包括职业的分化，市场地位、户籍身份的分化。在当前的改革模式下，农民的分化出现了职业非农化与身份市民化的脱节。实现了职业的非农化并不代表社会地位的根本改变，因为同样的职业位于不同劳动力市场或单位意味着不同程度的社会保护、不同的回报模式；不同的户籍身份则更代表着对城市公共资源的分享权利的差异。缺乏这些社会保护和保障的职业非农化是不稳定的，仍需要农业和农村作为补充，很多农民甚至不得不打工多年之后，重新回到农村甚至传统农业生产中。将职业非农化和身份市民化两个问题结合起来研究，能够给予我们一种更为宏观、长远的历史视野。既可对过去30多年已经发生的农民的大规模职业非农化展开分析，又可对未来几十年中国可能发生的市民化——中产化过程有所观照。

第三，本研究在对农民子女的社会分化与流动进行研究时，特别关注机会结构变化带来的影响。"机会结构 - 社会流动"框架强调在转型社会中，制度变化会通过社会位置的结构对个体分配到这些位置的渠道与机制产生影响，从而对不同社会成员的生活机会形成影响。这一研究框架得到了Featherman等以及吴晓刚的强调和阐释（Featherman & Hauser，1978；吴晓刚，2006）。社会流动除可分为水平流动与垂直流动外，还可根据机会形式分为个体渗透式流动和群体整体性流动。在社会制度和结构相对稳定的社会中，渗透式的流动为主要形式，社会存在常规的流动渠道（如古代的举荐、科举，今天的教育文凭系统与自由的职业选择与商业竞争环境），个体凭借自身资源和能力实现在财富、权力和声望地位上的流动。但是，在社会转型时期，社会分层标准、流动规则、职业结构等都在发生变化，导致个体面对的机会结构也在变化，社会流动的方式、形式与规模都发生变动。周雪光在研究城市居民的生活机遇时强调国家政策和政治过程对代际传递机制和资源的打断、改变，将社会分层看作一个动态过程，显然也有类似的原因（周雪光，2015）。因此，对结构变化以及变化结构下个体的流动进行分析是转型期社会流动研究不可或缺的两个方面。在结构变化方面，本研究特别描述和强调体制改革对社会分层标准的影响，经济增长以及体制改革对劳动力市场的影响，发展与改革对教育系统的影响，政府主导改革的基本逻辑和策略对社会保护以及农民市民化的影响，人口结构性因素对农民子女分化和流动的影响。

第四，本研究主要关注以下几个具体问题。①改革开放以来我国职业代际和代内流动水平及模式的变化。从整体上把握我国职业流动水平及模式的变化，从而对农民子女的分化和流动所处的社会结构有准确认识。②农民子女的职业非农化与具体非农职业获得机制分析。主要关注家庭背景、教育对农民子女进入非农职业的影响及其变化。③农民子女的市场归类及身份市民化影响因素分析。主要关注家庭背景及教育对农民子女进入何种就业单位、取得何种形式的雇佣关系、是否获得非农户籍身份的影响。④农民子女社会地位获得过程的综合性分析。我们试图将职业分化、市民身份的分化作为社会地位分化的指标，综合测量农民子女的社会地位。

第五，在分析方法上，为了反映改革的阶段性及其影响，本研究将采用队列比较的方式来反映改革不同时期的差异。依据研究对象初次参加工作的年份以及出生的年份，划分出几个不同的就业队列或出生队列，然后对不同队列的上述职业流动、职业非农化、身份市民化以及综合的社会地位获得过程进行比较。必须强调的是，以队列差异反映时期差异的做法存在不足。所谓队列就是在特定时期经历特定事件的一群人（刘铮等，1981：200；翟振武、路磊等，1989：28），如果"特定事件"为出生，则形成出生队列，如果"特定事件"为参加工作则为工作队列。因此，年龄、时期、队列之间存在特殊的关系。我们通常将三者的作用分别称为年龄效应、时期效应和队列效应。其中，年龄效应是指因所处年龄［广义上讲，年龄是事件（并不仅仅是出生）发生后的存活时间长度］不同而造成的差异，时期效应则是指因时期不同对所有年龄的人都具有的效应，而所谓队列效应是因为特定的年龄处于特定时期而造成"交互效应"（Yang et al.，

2004）。没有充足的条件，很难将三种效应分解开来。当前已经有不少研究者尝试使用 APC（Age-Period-Cohort）模型来分离三种效应（Yang et al.，2004；Yang & Land，2006；梁玉成，2007）。但它们对数据有一定要求，要么需要外部信息作为时期或队列的指标，要么依赖于多次重复性的截面调查（repeated cross-section）数据。在单个截面调查数据基础上以队列差异反映时期差异的做法，在严格意义上仅适用于对不同队列在相同年龄点上的特征的比较，比方说对不同就业队列的初职特征的比较（郝大海、王卫东，2009；梁玉成，2007）。当分析的特征属于不同队列不同年龄时，会因为年龄效应的存在而影响时期效应的分离。比方说，对不同队列当下社会地位的比较就会因为较早的队列存活到现在所经历的"年龄"更长，有更长时间进行社会地位的改变而不具有与年轻队列进行比较的可比性。可惜的是，横跨中国改革不同阶段（尤其是改革以前及改革早期）可以用来进行时期比较的经验调查数据很少，而外部数据的可用性也存在不足且同样容易被人质疑。面对这种难以改变的现实情况，研究者要么无所作为，要么退而求其次，在有限条件下做出最大努力。因此，本研究只是既有资源条件下的一种尝试而已。

第三节　数据来源

本研究的数据主要来自中国人民大学社会学系与香港科技大学社会科学部合作收集的"中国综合社会调查（CGSS）2006"数据。在一些地方用到了1996年的"当代中国生活史与社会变迁"（LHSCCCH）的调查数据（Treiman & Walder，1996）。

CGSS调查的抽样设计按照分层多阶段随机抽样的方法进行。以区县为PSU将全国分为5个抽样框，在每个抽样框内进行4个阶段的抽样：第一阶段，按照简单随机抽样或PPS方法从各一级子抽样框中抽选PSU（区、县行政单位）；第二阶段，根据2000年人口普查数，按照PPS抽样与系统抽样相结合的方法，从被抽中的县区中抽选相应数目的SSU（街道、镇或乡）单位；第三阶段，抽选TSU（居委会、家委会或村委会）的方法与第二阶段相同；第四阶段，根据第五次人口普查摸底册进行等距系统抽样，抽选住户作为PPS抽样的最终抽样单元，然后依据 KISH 表随机选择一个 18 岁以上、在本户居住一周以上的人作为调查对象。最终抽样单元中城市样本与农村样本之比为 5900∶4100。这一抽样设计可以通过适当组合和加权反映全国的情况，具体的抽样设计详见"中国人民大学中国调查与数据中心 – 中国综合社会调查（CGSS）项目"（2008）。在使用数据时，我们利用参照 2005 年小普查数据进行修正后的权重对数据进行了加权设置。在这一调查数据中，本研究主要关注 14 岁及以前尚未获得非农户口的"农民子女"，他们的性别、年龄、省份分布如表 3。

表 3　CGSS 2006 中 14 岁以前未获得非农户口的受访者人数分布

省份	女性	男性	30 岁以下	30～39 岁	40～49 岁	50～59 岁	60 岁及以上	合计加权	合计未加权
北京	14	8	5	4	4	6	4	22	93
天津	2	3	1	1	0	1	2	4	32
河北	297	200	94	102	104	132	65	496	319
山西	70	88	36	21	52	28	20	158	126
内蒙古	62	63	14	43	31	30	8	125	105
辽宁	119	103	31	52	58	46	34	221	243
吉林	45	30	2	20	28	14	12	76	67
黑龙江	69	65	30	30	30	33	12	134	113
上海	13	5	4	7	3	3	2	18	65
江苏	255	246	91	101	90	134	84	501	379
浙江	137	139	42	72	66	56	39	276	243
安徽	204	180	73	98	91	83	40	384	322
福建	76	104	48	75	36	13	7	180	169
江西	118	96	10	36	67	73	29	214	169
山东	260	227	101	126	109	101	50	487	504
河南	339	266	97	149	136	153	69	605	502
湖北	211	176	38	85	88	118	57	386	358
湖南	188	249	56	94	108	115	64	437	354
广东	248	253	137	100	109	92	62	501	399
广西	155	178	72	80	81	64	35	332	279
海南	39	26	6	22	22	12	4	66	52

续表

省份	女性	男性	30岁以下	30~39岁	40~49岁	50~59岁	60岁及以上	合计加权	合计未加权
重庆	50	54	17	27	21	24	16	104	76
四川	299	302	118	158	113	133	79	601	533
贵州	154	189	62	92	80	72	37	343	217
云南	163	153	65	90	66	59	37	316	230
陕西	131	112	38	60	50	61	34	243	179
甘肃	115	86	20	66	45	54	15	201	172
新疆	5	1	1	1	1	2	1	6	13
合计加权	3837	3600	1307	1812	1690	1710	917	7436	
合计未加权	3411	2902	984	1630	1461	1350	888		6313

注：研究对象被限定年龄为20~69岁。Stata中的加权设置语句为：svyset urbanpercent [pweight = weight]，strata (stratum)。未考虑第二阶段、第三阶段、第四阶段的抽样设计，对于集中性指标如均值和比例的估计不存在影响。

"当代中国生活史与社会变迁调查"采用多阶段分层随机抽样的方法，从全国（西藏自治区除外）共抽取6090个20~69岁的城乡成年人（Treiman，1998；Treiman & Walder，1996）。抽样过程中，将每个县分成城、乡两个部分，为了保证有足够的城市样本，城市部分的抽样概率是农村部分的3倍。在农村样本内，根据各县农村人口中高中以上人口的比例，所有县被分为25层，根据与各县成人规模成比例的方法（PPS）从每一层中抽出两个县，在每一个县，再根据PPS的方法抽取一个乡镇，每个乡镇里面再根据PPS的方法抽取两个村，然后根据各村的人口登记簿（常住和临时住户）随机抽取30个家庭，接着从每个家庭里随机选择一个20~69岁的成年人作为最终访问对象。如此，得到3003个农村样本。城市的抽样方法与此类似，对应各层的抽样单位被换成县级市（或大城市的区）及街道委员会、居委会等，城市样本为3087人（Treiman，1998）。

根据"当代中国生活史与社会变迁调查"的上述抽样设计，每个家庭中的成人数量不同且城乡的抽样概率不一致，因此为了反映全国的情况，本研究在进行描述和模型分析时都将采用加权的方法进行。权重的构建过程如下。首先，创建一个家庭户权重（HHWT），令其等于各家庭成年人数与家庭平均规模（城乡分开计算）之比。这一权重适合城乡样本独立分析时使用。其次，根据全国城乡人口的比重创建总体权重（POPWT），城乡人口的总体权重分别等于（1995

年的总人口/城乡样本数）×HHWT，由于 1995 年时有 29％的人口居住在城市，因此城市人口的总体权重为 （351740000/3087）×HHWT，农村人口的总体权重为 （859470000/3003）×HHWT[①]。最后，我们将权重标准化 （Normalize），保持加权后的样本规模与原始样本规模一致，WEIGHT = POPWT/Mean （POPWT）。这一权重在将城乡样本合并使用时是合适的 （Treiman，1998，Part Ⅲ.1）。

　　需要说明的是本研究尝试着将这两个不同时点的调查数据合并使用，但是由于两次调查的职业 （我们的主要研究变量之一） 分类标准存在差异，且我们缺乏 CGSS 详细的职业编码依据，合并使用可能导致难以预料的问题，因此我们暂时放弃了合并。此外，两个抽样调查数据的代表性值得评估。本研究将 CGSS 2006 结果与 2006 年国家统计局的 "就业与人口变动抽样调查" 汇总表数据进行比较发现，两个数据在分年龄段的职业构成类型、就业状态上存在一定的差异。不过，两个调查的抽样方式、对象范围、变量定义方式存在差异，且两个调查都是抽样调查，相互评价很难。但经过多年的积累，多个全国代表性调查数据的比较表明，CGSS 调查数据的代表性是可靠的 （谢宇，2010b；谢宇等，2014）。

第四节　全书结构安排

　　具体而言，本书结构安排如下。

　　第一章对我国改革发展基本过程及其对农民子女社会流动的机会结构的可能影响进行历史性的、探讨性的描述和概括。行文中强调改革过程中政治分层体制的废除、现代教育体制的建立、教育市场化改革、经济的发展 （乡村工业的发展、私营经济发展）、企业管理体制改革、劳动合同制实行以及劳动力市场分割、大城市发展、人口计划生育政策等体制与制度变革对农民子女社会分化和流动机会的影响，特别强调非均衡改革过程对农民子女职业非农化与身份市民化两个过程的不同影响。

　　第二章主要通过对不同就业队列的职业代际流动水平的比较来反映改革不同

[①]　根据《中国统计年鉴 1996》国家统计局 （第 69 页），1995 年全国农村人口 859470000 人，占总人口的 70.96％，城市人口 351740000 人，占总人口的 29.04％。

时段的职业流动水平与社会开放程度的差异，并通过辅助数据和二手数据对流动水平的变化进行支持和验证。

第三章试图对职业流动的模式进行简化和概括，并通过对不同就业队列的比较描述职业流动模式的变化。通过以上两章，我们对总的社会流动情况、职业代际关联程度有所认识，同时对农民子女所处社会的开放程度及农民子女在这一社会结构中的位置有一个相对认识。

第四章转向对个体层面的分析，探讨家庭背景因素、个体教育水平以及其他人生经历等对农民子女职业非农化的影响。我们首先将参与非农职业作为一类事件来研究，然后考虑不同职业的差异，对不同具体职业的获得机制进行深入分析和比较，找到对农民子女获得具体职业有影响的因素与机制。

第五章从体制分割、市民地位的角度探讨农民子女的社会地位分化与流动问题。主要依据工作单位性质、劳动雇佣关系形式以及户籍性质来判定农民子女所处的社会地位与市民化程度，对职业地位进行补充测量。着重分析农民子女在市民化过程中的分化机制及其在不同队列中的差异。

第六章对农民子女综合性的社会地位获得过程进行分析和比较。通过修正的地位获得模型分析农民子女社会流动过程中教育和家庭背景的作用。

第七章对可能影响农民子女出路的其他宏观过程与因素进行简单探讨，对文章的不足进行自我批评，为后续研究提供启发和方向。

第一章
农民子女分化流动的制度背景

对农民子女社会分化、流动的研究必须放在改革开放的大背景下展开。需要特别注意这一时期的重大变革、发展及其背后的基本逻辑，尤其是职业结构变化与劳动力市场发展对农民及其子女的经济地位改善、职业分化与社会流动的影响，以及市场主义发展逻辑与城乡管理体制的延续对农民子女社会地位及市民化进程的影响。

这一时期何种改革最为关键，不同的学者、学科做出的判断不一样。谢宇认为，中国在过去三四十年内的变革"在世界历史长期进程中的重要性，并不亚于14世纪意大利文艺复兴、16世纪德国宗教改革、18世纪英国工业革命"，其主要包括三个方面：第一，中国的经济产出自20世纪80年代以来经历了大规模的持续增长；第二，中国人的受教育水平明显提高；第三，中国无疑已经完成了从高生育率、高死亡率到低生育率、低死亡率的人口转型（谢宇，2016）。这种判断与谢宇的学科背景和学术关注密切相关。黄宗智对中国过去几十年甚至明清以来的社会经济发展有系统的梳理和总结。他不仅强调了经济体制改革的作用，也强调了资源约束和国家治理结构下，人民创造性带来的发展和机遇（黄宗智，2005，2009a，2009b，2010a，2010b）。其他学者或从产权结构、劳动力市场结构的变化角度，或从城市化与市场化等变迁角度来概括或解释看到的剧烈变迁。要从宏观层面上判定何种变革更为关键和重要显然是困难的。这里只能武断地将本研究认为重要的变化列举出来。

在社会主义计划经济向市场经济发展的过程中，如下变化和发展对社会分层流动的影响巨大。第一，社会分层标准由政治标准转向经济标准，改变了社会激励体系和资源分配机制；第二，教育体制及劳动就业制度的持续改革，使社会流动的渠道和人力配置规则发生相应变化；第三，农村和城市相继发生的产权制度改革与体制外经济的蓬勃发展进一步巩固了以经济为核心的社会分层体系，并改变了经济生产的组织方式；第四，资本全球化与城市化使世界经济体系与分配链条在空间上被重新组合，第三世界的普通劳动者日益处于不利位置；第五，生育水平的群体差异（尤其是城乡差异）改变了劳动力供给结构，为社会流动机会结构的变化提供了人口基础。这几个方面的发展和变化都是在持续的中央权威指导下进行的，且背后有着相对一致的发展主义逻辑。

在上述变革和发展基础上，我国职业结构日趋高级化，农民子女职业非农化的机会大大增加，但由于改革的渐进性和不均衡性，统一的公民社会及统一的劳动力市场都尚未形成，城乡分割、体制分割仍然存在，不同体制和劳动力市场中的公民与劳动者享受着不同层次的社会保护与福利，农民的"市民化"进程受到限制。本章对这些因素进行了大致梳理，从而可以更好地理解这种结构中农民子女的分化与地位获得问题。

第一节　近年来的重大变革与发展

改革开放以来，对我国社会阶层结构及社会流动影响较大的变革和发展概括起来有以下几点：社会分层标准的变化（由政治分层转向经济分层），现代社会流动渠道的建立和完善（教育系统的恢复和发展），新的流动机会的出现（从乡镇企业的发展到城市劳动力市场的变革、城市化高速发展），城乡生育水平的不同步变化等。

一　政治分层体系的衰落与二元体系的延续

改革开放改变了计划经济时代的政治身份分层体系，建起了以职业、职位为核心的经济分层体系。在社会主义改造及计划经济时期，我国实行从革命战争年代演变而来的"阶级划分制度"：在农村，按照生产资料的占有状况、是否参与剥削以及剥削的程度划分出了地主、富农、中农、贫农、雇农等阶级成分；在城市，则依据生产资料占有情况和职业特征，划分出革命干部、革命军人、工人、店员、资产阶级、工商业兼地主、小业主、手工业者、职员、自由职业者、高级职员、城市贫民、摊贩等阶级成分。由此形成了中国城乡社会的政治与阶级结构（郑杭生、李路路，2004：7）。这种阶级身份（家庭出身）在此后一波又一波的群众性政治运动（如"反右派""四清""文化大革命"）中被复查和再确认，影响到个人的升学、就业、婚姻、医疗、住房、养老、迁移等各种资源和机会的获取。被划分到不同阶层的人改变身份的可能性很小，少数流动通道（如升学、当兵提干、招工）不仅常被政治运动打断，而且竞争激烈。因此，从政治身份和阶级上讲，改革前的中国仍是一个等级严格、社会流动水平相对较低、相对僵化的社会。当然，由于平均主义意识形态及整体发展水平的影响，计划经济时期不同社会阶层间的经济不平等是相对较小的。

改革开放后，党和国家的重心从阶级斗争转移到经济建设上来，这改变了过去"以阶级斗争为纲"的革命思想，国家实行"以经济建设为中心"的发展战略。在新时期，发展和经济成就成为衡量各种制度和行为的主要标准，中国社会的分层从"政治分层"向"经济分层"转变，并在"三个有利于"和"三个代表"等政治思想的宣传和学习过程中被合理化（李强，2010：69）。在政治上，通过平反和"摘帽"等措施，弱化并逐步取消政治身份在资源分配上的作用，结束了"依据政治标准判别人们阶级归属的泛政治化时代"（陆学艺，2004：74~75）。政府鼓励一部分人、一部分地区先富起来。通过在宣传上树立典型，在政治上吸收经济、知识精英参政议政，甚至接纳新兴社会阶层成员为中共党员和干部等方式为新的经济分层标准提供合法性支持。"职业"成为奠定个人社会地位的基础之一，个体主要通过在劳动力市场中的地位来获得各种报酬和待遇。

当然，上述转变是在政府主导下渐进展开的，保持了意识形态与管理体制的连续性与稳定性，坚持了城乡二元管理体制，因此社会分层标准同样存在相当的延续性。首先，由于党和政府仍然控制着大量、核心的权力与资源的分配，因此政治身份或政治表现仍是获得某些机会，特别是党政职务的条件，基于党员身份的机会分配仍然存在。其次，公有制经济仍然占有重要地位，各单位和行业在市场中的地位仍受其与党和政府的亲疏关系的影响，不同性质的单位和行业中的相同职业的待遇和福利存在巨大差别，垄断行业及大型央企占据更高的市场地位。

单位性质在改革前后都是标示个体社会地位的重要指标（李春玲，2005：102～106；边燕杰、张展新，2002）。最后，以户籍制度为主要表现形式的城乡二元管理体系仍然延续，不同户籍身份的居民所能享受的社会保护和集体性消费资源（如教育、医疗、养老等公共服务）存在量和质的差异。即使在同一个单位从事相同的工作，不同户籍身份和聘任形式的工作者依据自身"身份"和资历从单位及社会管理体系中获得的福利和待遇都可能存在巨大差异。"个体在制度分配中所处的位置——体制内或体制外、体制内的核心或者体制内的边缘，影响了他拥有资源的种类和数量。"（李春玲，2005：106）

二　教育体制改革与教育资源的配置

社会分层标准的转换以及经济发展的需要，使得人才选拔标准及人才培养的方式在改革前后发生了变化。"文化大革命"时期，教育系统主要承担思想改造与培育"无产阶级革命接班人"的政治教化功能。"文化大革命"之后，现代教育体系逐渐恢复和完善，虽然意识形态教育仍是其重要功能，但提高劳动者文化素质、专业技能，培养社会主义劳动者成为教育的主要功能。和其他地区一样，教育成为人力资本投资的重要渠道，其在阶层流动与阶层再生产中的功能逐渐恢复起来（郭丛斌，2008）。教育在社会分层与流动研究中的重要性不仅体现为其在地位获得模型中的中介作用（Blau & Duncan，1967）以及相对于先赋地位的后至性所代表的公平性，也体现在各种流派的社会地位测量方法中（Treiman，1976，1986；赖特，2006；布迪厄，2015；格伦斯基，2005）。自"文化大革命"结束以来，我国教育领域的主要变革包括以下几个方面。

首先，高等学校招生考试的恢复与变革影响着底层社会向上流动的机会。高考制度恢复使工人、农民、上山下乡和回乡知识青年、复员军人、干部和应届毕业生，凡符合条件者，不管家庭出身如何，都具有了报考大学成为"干部"，进入"体制内"的机会。而且相当长一段时间内，考试分数是高考录取的唯一决定因素，一旦录取，国家会提供相应的助学金（陆学艺，2004：79）。这从两个环节上削弱了家庭背景的影响：第一，当时家庭投资于教育的渠道比较单一，教育市场化水平低，家庭条件难以成为影响考试成绩的重要因素；第二，有了国家助学金作为基础，家庭经济条件对被录取学生大学生活与发展的影响相对较小。

此后高考和大学招生制度经历了不少调整和改革，不同阶层的子女进入大学的机会也有所变化（梁晨等，2013）。

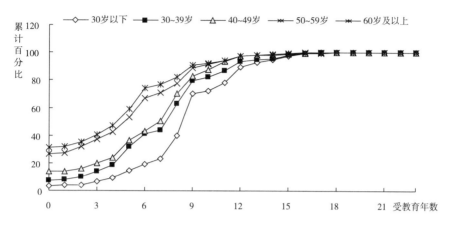

图1-1　不同年龄组的农民子女受教育年数的累计百分比

数据来源：CGSS 2006。

　　其次，义务教育的发展与普及使绝大多数新生劳动力具备了实现职业非农化的基本素质和能力，有力地推动了我国人口的流动与城市化，支持了我国低端制造业的大规模发展。如果说高考制度的恢复使底层群众有了进入上层社会的渠道的话，义务教育的普及则使更多农民子女获得了进入非农生产领域的基本素质。仅仅与2000年相比，2010年我国每10万人中具有大学文化程度的人数就由3611人上升为8930人，具有高中文化的人数由11146人上升为14032人，具有初中文化程度的人数由33961人上升为38788人，具有小学文化程度的由35701人下降为26779人①。年轻的农民子女受教育水平快速提高。通过教育，他们不仅具有了跨地域迁移所具备的语言能力，更习得了现代工业生产所需要的纪律与顺从精神。这种纪律和顺从在英国工业化时期是通过诸如教会教育、济贫法、习艺所、警察等社会规训机制实现的。

　　最后，教育市场化和教育资源供给结构对社会流动产生了较大影响。教育所具备的思想改造或社会化功能被淡化之后，日益被当作"商品生产"系统看待，

---

① 《第六次全国人口普查主要数据公报》，国家统计局，http：//www.stats.gov.cn/tjsj/tjgb/rkpcgb/qgrkpcgb/201104/t20110428_30327.html。

教育系统改革也日益被提上日程。1990 年代中后期开始，产业化和市场化的思路引领了教育变革，从职业教育和民办教育开始，扩展到公立高校。教育资源和升学机会的分配公平性问题备受关注（雅科夫，2003）。随着市场化取向的教育机构的增加，家庭投资于教育的渠道和形式也更加多样，将先赋资源转变为个人能力与文化资本、教育机会、学业表现以及最终的社会地位的机会的分配开始分化。教育系统的阶级再生产功能日益明显（李春玲，2010；刘精明，2000；2006a）。这种分化因为教育资源供给与配置的长期特征而进一步加剧。我国公共教育投资长期不足，财政性教育经费占 GDP 比重不及世界平均水平（高培勇，1997；袁连生，2009），而且教育资源分配长期存在城乡不均、地区不均的情况（陆学艺，2004：91；王磊，2002；吴春霞，2007）。这种资源配置格局极大地限制了教育的发展与教育机会的平等化，农村地区、经济相对落后地区居民以及城市流动人口的子女的教育发展处于不利地位。

三 非农就业岗位的增加与劳动力市场的发展

劳动是价值的源泉，也是个人获得社会尊重和地位的重要依据。劳动就业机会及其配置规则的变化对个体影响很大，近四十年来相关变迁包括如下方面的内容。

首先，人民公社制度的解体及家庭联产承包责任制的实施使农民获得了对自身劳动力的处置权，改变了计划经济时代农业生产的组织模式与收成分配方式。新制度下，农民从集体生产参与者转变为自主家庭经营者。随着农产品统购统销制度的取消和劳动力市场的发展，农民逐渐可以在市场上销售自己的产品和劳动力，从而基本掌握了土地以及自身劳动力的使用权和收益权。这些都为农村劳动力的非农化与商品化奠定了基础。

其次，农村副业尤其是乡镇企业的发展为农村居民提供了大量就地非农化的就业机会。1990 年代中期以前，乡镇企业是农村剩余劳动力转移的主要贡献者（蔡昉，2007b）。1979 ~ 1987 年乡村劳动力从事非农产业年均人数从 3150 万增至 8130 万，年均增长 11.5%[①]，到 1988 年，农村劳动力非农就业比例达到了

---

① 《中国统计年鉴 1988》，中国统计出版社，1988，第 172 页。

22.3%。此后，虽然受国家宏观调控、分税制改革以及"政企分离"产权改革的影响，部分乡镇企业转为私营企业，但仍是农民实现职业非农化的主要依托。

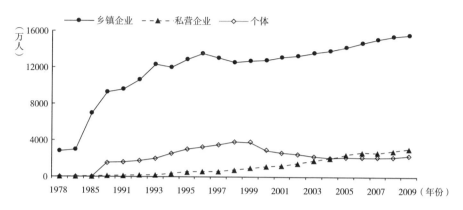

图1-2　1978~2009年乡村单位就业人员

数据来源：《中国统计年鉴2009》，表4-2。

加入WTO之后，我国外向型制造业发展更为迅猛，外资利用额及工业制成品出口额飞速提高，为农村劳动力异地非农化，以及产业工人队伍的扩大提供了经济基础。

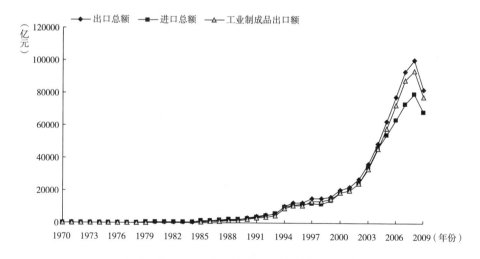

图1-3　1970~2009年我国进出口总额情况

说明：1985年以前的工业制成品出口额数据不详。根据历年《中国统计年鉴》整理所得，原数据来自中经网统计数据库综合年度数据。

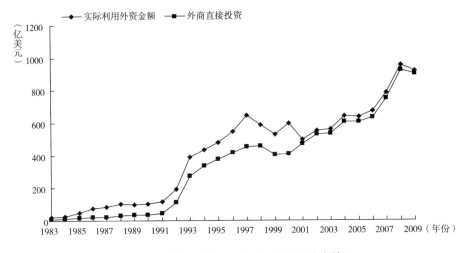

图 1 - 4　1983～2009 年我国实际利用外资情况

数据来源：根据历年《中国统计年鉴》整理所得，原数据来自中经网统计数据库综合年度数据。

再次，城市非正规劳动力市场的发展为农民子女异地非农化提供了机会。我国劳动力规模大，开拓城市就业机会一直是政府的重要工作。城市就业压力曾成为推动"上山下乡"运动的重要原因（崔禄春，1999；何云峰，2007）。改革发端之时，"回城知青"不仅用光了国有企业、集体企业中少有的就业机会，同时催生出大量体制外经济（王爱云，2009；张学兵，2008）。而此后的企业改革中，尽管经营管理体制及产权结构不断变化，企业自主性大大增强，但国有集体企业提供的就业机会增长有限。90 年代中期以后，大量国有企业职工被迫下岗，1998～2003 年，国有及国有控股企业户数从 23.8 万户减少到 15 万户，减少了约 40%（转引自刘精明，2006b）；1998～2008 年国有企业在岗职工数减少 4640 万（《中国统计年鉴 2004》：表 5 - 10；《中国统计年鉴 2009》：表 4 - 8）。不过，大量国有中小型企业通过"改组、联合、兼并、股份合作、租赁、承包经营和出售等形式"实现了产权结构的变化，新生企业（主要是私营企业）在人员雇用上更自主，为部分农村劳动力就业提供了机会。即使产权结构未发生重大变化的企业，也因为削减成本开始招收福利待遇较差的临时工（有相当部分是农民工）。相对于国有企业的发展，体制外经济（包括外资经济）的发展才是提供非农就业岗位的主力。根据统计资料，城镇个体就业人数由 1989 年的 648 万增长到 2009 年的 4244 万，私营企业就业人数由 1990 年的 57 万增加到 2009 年的 5544 万。依据统计年鉴数据，城镇非国有非集体单位的就业人数从 1989 年的 777 万增加到 2009 年的 1.5 亿。

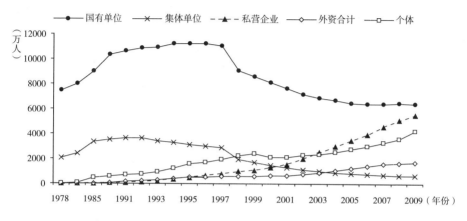

图 1-5　1978~2009 年城镇主要就业单位就业人员数

数据来源：《中国统计年鉴 2009》表 4-2，中国统计出版社，2009。

　　最后，劳动合同制的建立以及收容遣送制度等的废除对农民子女的社会流动产生了巨大影响。一方面，高校毕业生的统分统配制度逐步取消，高等教育作为社会流动渠道与最终的职业位置间的联系变得间接和灵活。高校毕业生获得了就业选择的机会，与此同时，家庭背景对就业过程的影响也更为多样，对就业结果的影响更为直接。另一方面，经过劳动合同制改革，劳动力市场分割程度大大降低（蔡昉，2007b）。大量农村劳动力获得了进入城市工作的机会，1997~2004 年，外出劳动力每年的平均增长率高达 14.9%（蔡昉，2007b）。而且国家和政府逐渐改变了流动人口是"盲流"的错误认识。流动人口为输出地带来了大量的劳务收入、新的技术、观念，甚至进行创业尝试，成为输出地政府努力开发的重要资源。对于流入地来说，他们为当地的企业及居民生活提供了源源不断的廉价劳动力，为中国工厂进行低价竞争、订单承接、规模扩张提供了基础。

　　当然，非农就业机会的增加也不能忽视公共投资的作用。30 多年来，国家投资建设了大量公共项目，如电站、高速公路、高铁、机场等。这些工程及其带动的产业创造的非农就业岗位不计其数。除公共工程外，地方政府对城市及城市土地的经营（如市政工程建设、房地产开发、旅游开发）同样创造了大量工作机会。仅这些工程和项目提供的建筑工岗位就十分庞大，并且主要由农民工承担。但应该看到，上述非农就业机会绝大多数都是通过体制外单位提供的。即使是公共财政投资的公共工程，政府与公共财政也很少为这些工作机会提供有效的保障与社会福利。用潘毅等劳工研究者的话说，国家在农民工的集体性消费领域是缺位的（任焰、潘毅，2008）。在相关制度的制定与执行中，政府的亲资本行为十分明显，基于这些制度的劳工保护与权益维护做得相当不到位（潘毅等，2010；沈原等，2009）。

四　生育水平的城乡差异与人口城镇化

国内外有关中国社会结构转型及分层和流动的研究基本上忽略了不同阶层生育水平差异对代际流动的影响。中国城乡及地区生育水平差异是理解我国社会阶层结构变化以及人口迁移与社会流动的重要背景。不同阶层生育水平的差异对社会流动的影响在布劳－邓肯关于美国职业结构的研究中有充分分析（Blau & Duncan，1967：361－392）。阶层间生育水平的差异使得各阶层的人口再生产速度出现分化，高收入阶层生育率相对较低，在职业结构高级化的趋势下，会给社会中下阶层的子女提供更多向上流动的岗位空缺。人口学家常常在人口逆淘汰的论题下讨论相关问题（杜君健，2014；辜胜阻等，2002；李建新，2010；尹银等，2013；翟振武，2007；翟振武等，2007）。

改革开放以来，我国逐渐步入低生育水平阶段，城市以及体制内职工的生育水平首先得到控制。在计划生育政策和社会经济发展等多种因素的影响下，我国总和生育率水平由1970年的5.81下降到1979年的2.75，继续波动下降到1990年的2.3，1992年开始低于更替水平，达到1.57。此后的历次调查都不断重复显示出很低的生育率水平（郭志刚，2010b）。在这种人口转变过程中，城市以及体制内家庭的生育水平最先下降，而且下降幅度更大。基于1997年和2001年全国生育调查数据表明，农村地区的PTFR（时期总和生育率）从1980年的2.61逐渐下降到2001年的1.64，而与此同时，城镇地区的PTFR则从1.60下降到1.05（巫锡炜，2010）。在此种生育格局下，城市土著居民（甚至户籍居民）的年龄结构迅速老化，与农民子女构成就业竞争关系的城市居民后代规模有限，农民子女成为支撑人口城市经济、社会稳定发展和社会结构转型的重要支柱（郭志刚、李丁，2010），这有利于农民子女的非农化与市民化。

不过，非农化与市民化的机会并非对所有的农民及其子女平等开放。农业人口的城镇化迁移具有鲜明的教育－年龄模式。城市政府通过各种手段调控城市人口，常常会挑选那些资源更丰富、素质更高的人，设定诸如年龄、学历之类的限制。年轻人口更容易迁移并且首先迁移，这不仅与年轻人口的劳动能力有关，更与年轻人口尚未生育小孩，所承担的人口再生产任务相对较轻有关。而国家在其集体性消费领域的缺位实际上压制了他们的生育水平（郭志刚，2010a），这从长远来看也会影响不同队列的职业代际流动情况。

第二节　改革发展的逻辑及其非均衡性

上述改革与发展为农民子女职业非农化提供了机会，但这只是农民转变为城市居民的第一步。要对农民市民化的整个过程有清楚的认识，仍须对发展和改革的内在逻辑有所了解。然而，要概括中国改革发展的基本逻辑并非易事，必须能够同时说明30多年来取得的经济奇迹，又能说明积累和潜伏的巨大社会危机（黄宗智，2009b，2009c，2010b；黄宗智、刘昶，2008）。黄宗智认为，只要真正走近实践历史，表面上看起来并无总体蓝图，更似"摸着石头过河"的改革过程，实际上有着一以贯之的逻辑（蔡昉，2007a；黄宗智，2010b）。

中国的经济发展并不简单来自计划到市场的转型，而是来自两者的不同特征的结合。改革前15年的发展不仅得助于市场化，也得助于计划经济下培养的能干地方干部利用农村剩余劳动力来建立乡村企业，以及计划经济下建设的重工业和基础设施。其后是同样客观的15年的发展，再次利用丰富的劳动力资源，在外来投资和国内民营企业浪潮的推动之外，更得助于一个独特的中央集权下地方分权为招商引资竞争的体制。在那样的竞争之下，地方政府广泛采用非正规的变通运作，在现有法规之外利用明确和隐性的补贴以及廉价的非正规经济来招引外来投资。……经验实际的历时视野使我们看到民营企业＋地方政府行为＋非正规经济的结合才是中国经济发展的真正动力，同时也是其社会和环境危机的根本来源（黄宗智，2010b）。

概括起来讲，改革发展过程中政府的主导作用是明显的，其强调的和忽视的方面对中国的发展与危机都有重要影响。在整个30多年中，政府有意识地依靠国内外的资本、技术和市场化制度推动国内优势生产要素（劳动力、资源、土地）的"低成本"高效变现，以实现经济和财税增长，从而维护社会稳定、执政合法性与当权者的利益。选择的是一种"效率优先，兼顾公平"的非均衡发展模式①。一方面，政府大规模地参与经济活动当中，以正式和非正式的方式介入企业的经营和发展，并以新自由主义和新制度主义的思想对企业和制度进行市场化的改造；另一方面，政府对就业于非正规经济领域的劳动者、被淘汰的原有产业工人，以及土地被征用和环境被污染的"利益相关人"则不够重视，甚至无视（黄宗智，2009）。

一　发展主义与 GDP 至上

作为一个后发国家，中国改革开放阶段的"赶超"性与计划经济时代的"赶超"性是一脉相承的。为了追赶上英美发达国家，计划经济时代，国家在平等主义口号下建立了城乡二元体系；在改革开放时代，则喊出"效率优先，兼顾公平"的口号。这一口号意味着"就经济效益问题和公平问题两者的关系而言，经济效益问题是重要的，是第一位的，要优先于公平问题，……当经济效益问题和公平问题两者间出现抵触、矛盾甚至对立的时候，应当首先考虑前者而不是后者，推之极端，有时甚至为了确保'经济效益'可以暂时地牺牲'公平'"（吴忠民，2004）。在30多年发展中，党和政府的很多做法，包括对官员的考核都是在这一口号指导下进行的，并泛化到非经济领域。GDP及招商引资成为官员考核的核心内容，经济发展被认为是解决各种困难的关键。实际上，加快经济

---

①　值得注意的是2002年以来，中央政府开始强调民生与分配制度改革，强调"和谐发展"，但具体效果仍有待全面评估。

发展和财税积累就必须加快经济生产的速度，加快生产要素的供给速度（并提高其质量），也就必须处理生产要素中土地、矿产资源、已有资本以及劳动力（隐含技术）等利益相关者的利益分配问题。然而，在上述口号指导下，国家迅速地将这些生产要素投入高效率的市场化运作中，并未就"谁受益"的问题展开充分的讨论（李强，2008）。

发展主义逻辑与"兼顾公平"的态度在推动市场经济体制建立的同时带来了严重的社会、环境问题。它忽略了公平原则的重要性，忽略了政府作为社会各方的代表者的责任；颠倒了发展的基本价值目标与发展的基本手段、基本途径的关系；助长了畸形经济行为，加剧了贫富差距，延缓了合理、健全的社会政策制定（吴忠民，2004）。

二　新自由主义与劳动关系的非正规化

主导中国经济改革的思想是新自由主义思想——主要包括产权理论和市场竞争带来效率的学说（黄宗智，2010b；李强，2008）。在这一思想的指导下，政府允许一部分人先富起来，用物质激励取代意识形态动员来提高人民的生产积极性。一方面以发展为名，依托公共权力和资源促进企业发展；另一方面又以提高效率、实现现代企业制度为名，推动私有化改革。在此过程中，大量公共资源的产权实现了私有化，部分阶层和职位获益巨大（郎咸平，2004）。

除此之外，在新自由主义思想的指导下，政府还实行了"减轻企业负担""福利社会化"的改革，以减轻政府和企业对普通劳动者所承担的义务和责任。如在相当长一段时间内，农民就只有平分的土地使用权和零星的五保户资格作为最终的保障。在城市，则逐步建立了最低生活保障制度、城镇职工医疗/养老保险、城镇居民医疗/养老保险制度等社会保障制度，为国有企业改制与劳动力流动提供支持。随着政府在"民生"领域"欠账"越来越多，社会的不稳定因素也更加突出。直到2003年，政府才更强调民生投入。这包括在农村免征农业税、实行粮食直补，建立全覆盖的新农村合作医疗制度，开展新农村建设运动，填补农村在道路、水、电、网等公共产品方面的不足。

尽管国家在解决城乡二元分割问题上有所进步，有的地区甚至取消了户籍制度，但很多地区城乡居民仍享受着不同的公共服务，农村户籍居民（包括农民工）能得到的社会保护、福利有限。已有研究显示，农民工在工资收入、劳动时间、劳动合同签订率、社会保障的享有水平上远远落后于城市居民。很多农民工不得不居住在狭小而管理严格的工厂宿舍中，难以真正融入城市生活，形成工人社区（任焰、潘毅，2006a；2006b）。

三 权力的非正规运作与社会发展不足

中国政府在经济发展过程中的非正规运作与大规模存在的非正规经济是理解中国发展的重要切入点（黄宗智，2010b）。之所以需要进行此种非正规化的制度运作，与经典的社会主义国家意识形态同市场经济实践之间的矛盾存在一定的关系，也与我国幅员辽阔、地区差异大以及整体的"摸着走"战略有关。产权制度的不完善以及针对政府的监督体系的不得力为政府权力的非正规运作提供了空间，而各种"实验""试点"与地方竞争等给非正规运作提供了合法性。

转型过程中各种生产要素的"产权"性质都在发生变化，产权制度的转变与不完善造成了众多事实产权不清晰情况下的博弈与非常规操作。经过社会主义改造，我国城市和农村曾经都基本上实现了产权的公有化或集体化（陆学艺，2004：81）。公有产权制度下，平均主义作风及人民当家做主的思想使得实际受益权分配不清晰，并一度导致生产效率低下。当这种公有或全民所有的产权制度被政府认为需要改革时，法理产权所有人与实际产权代理人之间的不一致引发的问题便暴露出来。农村由于资产存量少且主要以土地为主，通过均分化解了这一矛盾。不过，在新一轮土地国有化、流转过程中，此种矛盾又暴露出来。公有工业资产的产权问题则以产权变革过程中职工争取更好待遇或补偿，并检举管理者侵吞公产的形式暴露出来。国有企业以及乡镇企业改革过程中，产权制度不清晰带来的巨大运作空间被"公共经济学家"所批评（郎咸平，2004）。

对公共权力与资源的使用缺乏监督直接决定着管理者权力非正规运作的空间大小。这从财政制度与民主监督制度即可窥见一斑。从预算外收入相对于预算收入的比例来看，相当长时间内，对政府的财政约束并没有"硬"起来。民主监督方面的不足也不言而喻。此种局面的出现与我国的国家治理模式相关，更与几十年来我国"社会"力量的萎缩有很大关系。历经土地革命、社会主义改造以及多次社会运动之后，我国社会组织与民间力量已被大大削弱。尽管改革开放之后包括宗教、公共服务组织在内的社会力量有所成长，但在稳定压倒一切的氛围中，社会组织的发展仍然受到限制。国内时有发生的群体事件及其他国家的民主动乱使得执政者高度紧张，意识形态管控的强化维稳投入与对内暴力机器的扩展限制了独立监督和社会力量的成长。

总之，在改革过程中，强势政府积极协助将各种要素（土地、资源、环境、劳动力）廉价地投入生产中，并试图通过极不平衡的内外市场来实现这些产品的价值，以保证较为充分的就业及财税增长。由此强化了资源浪费、环境污染以及底层劳动者状况的低水平徘徊，激化发展中国家之间，以及世界劳工之间的逐底竞争。

表1-1 中央和地方的预算约束差异

单位：亿元

年份	中央预算外资金收入	中央财政决算收入	地方预算外资金收入	地方财政决算收入	预算外/内比
1982	270.70	346.80	532.00	865.50	61.5%
1983	359.90	490.00	607.80	876.90	69.3%
1984	470.50	665.50	717.90	977.40	73.4%
1985	636.10	769.63	893.90	1235.19	72.4%
1986	716.63	778.40	1020.68	1343.60	76.0%
1987	828.03	736.30	1200.77	1463.10	82.1%
1988	907.15	774.80	1453.62	1582.40	91.9%
1989	1072.28	822.52	1586.55	1842.38	86.1%
1990	1073.28	992.42	1635.36	1944.68	84.1%
1991	1381.10	938.25	1862.20	2211.23	84.2%
1992	1707.73	979.51	2147.19	2503.86	85.8%
1993	245.90	957.51	1186.64	3391.44	35.0%
1994	283.32	2906.50	1579.21	2311.60	68.3%
1995	317.57	3256.62	2088.93	2985.58	70.0%

年份	中央预算外资金收入	中央财政决算收入	地方预算外资金收入	地方财政决算收入	预算外/内比
1996	947.66	3661.07	2945.68	3746.92	78.6%
1997	145.08	4226.92	2680.92	4424.22	60.6%
1998	164.15	4892.00	2918.14	4983.95	58.6%
1999	230.45	5849.21	3154.72	5594.87	56.4%
2000	247.63	6989.17	3578.79	6406.06	55.9%
2001	347.00	8582.74	3953.00	7803.30	50.7%
2002	440.00	10388.64	4039.00	8515.00	47.4%
2003	379.37	11865.27	4187.43	9849.98	42.5%
2004	350.69	14503.10	4348.49	11893.37	36.6%
2005	402.58	16548.53	5141.58	15100.76	34.0%
2006	467.11	20456.62	5940.77	18303.58	32.5%
2007	530.37	27749.16	6289.95	23572.62	26.7%
2008	492.09	32680.56	6125.16	28649.79	21.4%

数据来源：历年《中国统计年鉴》数据，查询自中经网宏观年度数据库。

第三节　劳动力市场分割

在上述发展逻辑的指导下，一系列的改革和投入促进了我国私有经济，特别是非正规经济的快速发展（黄宗智，2009b，2010b），由此产生出大量非农工作岗位。随着产业结构的升级与城市经济的繁荣（1980 年全国 50 万以上人口的城市 45 个，1989 年 58 个，1993 年 68 个，1994 年 74 个，2002 年骤增到 450 个），整体上表现为职业结构日趋高级化（陆学艺，2004）。人口普查及小普查数据展示了我国居民职业构成的变化：1982～2010 年我国农业劳动者的比重持续下降，从 1982 年的 71.98% 降到 2010 年的 48.31%，下降了近 24 个百分点。与此同时，商业人员和服务人员比重增加了 14 个百分点左右，生产工人、办事人员以及专业技术人员比重都有明显增加。

表1-2 1982~2010年我国职业结构变迁

单位：%

职业类型	1982	1990	2000	2005	2010
国家与社会管理者	0.49	0.62	0.5	0.5	1.77
企事业单位管理人员	1.06	1.13	1.18	1.02	
专业技术人员	5.07	5.31	5.62	7.6	6.84
办事人员	1.3	1.74	3.05	3.68	4.32
商业人员	1.81	3.01	5.78	12.17	16.17
服务人员	2.21	2.4	3.24		
生产工人	15.99	15.16	15.75	17.85	22.49
农业劳动者	71.98	70.58	63.81	56.96	48.31
不便分类的其他从业者	0.09	0.04	0.07	0.23	0.10

资料来源：1982年的数据来自《中国人口年鉴1985》；1990年的数据来自《中国1990年人口普查资料》第二集；2000年数据来自当年的人口普查；2005年数据来自2005年小普查，转引自"当代中国社会结构变迁研究"课题组，2008；2010年数据由六普长表数据表4-7计算得到。

在城市生育率相对较低的背景下，这意味着大量的农民子女实现了职业非农化。流动人口规模的增长反映了这一点，2010年人口普查显示我国流动人口规模达到2.2亿，2015年达到2.46亿。如果明确到农村流出的劳动力，2009年年底全国离开本乡镇6个月及以上的农村劳动力为1.45亿，其中95.6%进入城镇（蔡昉，2010b，2010c）。

表1-3 外出农民工和城镇就业的数量与增长速度

年份	外出农民工		城镇就业	
	人数（万人）	年增长率（%）	人数（万人）	年增长率（%）
2001	8399	7.0	23940	3.4
2002	10470	24.7	24780	3.5
2003	11390	8.8	25639	3.5
2004	11823	3.8	26476	3.3
2005	12578	6.4	27331	3.2

续表

年份	外出农民工		城镇就业	
	人数（万人）	年增长率（%）	人数（万人）	年增长率（%）
2006	13212	5.0	28310	3.6
2007	13697	3.7	29350	3.7
2008	14041	2.5	30210	2.9
2009	14500	3.3	31312	3.6

资料来源：国家统计局：《中国统计年鉴2009》，中国统计出版社，2009年；国家统计局农村社会经济调查局：《中国农村住户调查年鉴》，中国统计出版社（历年）；2009年数据来自国家发展和改革委员会：《关于2009年国民经济和社会发展计划执行情况与2010年国民经济和社会发展计划草案的报告》，十一届全国人大三次会议，2010。转引自蔡昉，2010c。

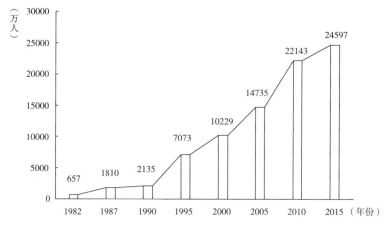

图1-6 我国流动人口规模变动趋势

资料来源：根据1982年第三次全国人口普查、1987年全国1%人口抽样调查、1990年第四次全国人口普查、1995年全国1%人口抽样调查、2000年第五次全国人口普查和2005年全国1%人口抽样调查数据计算。这些数据转引自段成荣等，2008。2010年和2015年的数据来自当年的普查和抽样调查的公报数。

　　城乡私有经济的发展和就业结构的变化推动了我国劳动力配置的市场化制度的建立，但由于城乡二元制度的延续，形成了三元劳动力市场格局。

　　改革开放以前，我国只存在两个大的劳动力市场——城市劳动力市场与农村劳动力市场，两个劳动力市场的回报水平和模式存在较大差异。两个市场之间的流动非常有限，且各个劳动力市场内部被划分为不同的公社与单位，一旦被分配到某个单位，流动几乎不可能。由于形势的逼迫和政府的主动推动，改革后城市私营经济与农村乡镇企业双双发展起来，城、乡都逐渐产生了大量体制外的就业机会（刘精明，2006b）。在这些私有和个体经济领域，雇主和用人单位享有用人自主权，劳动力配置的市场化程度高。企业除支付与工人协商好的工资及政府强调的最基本费用外，承担的其他社会责任非常小，很多甚至连政府及制度要求的工资与保障都没有落实。由此形成了不同于传统农业就业市场和城市体制内就业市场的第三个就业市场。

这一劳动力市场有四个主要组成来源：一是 20 世纪 80 年代乡村工业化和乡镇企业的兴起；二是 80 年代后期开始的农民工大规模进城就业；三是 90 年代中期以后国有企业和集体企业职工的大规模下岗以及在非正规经济中重新就业；四是私营企业和个体户从 90 年代开始的快速兴起（黄宗智，2009b）。由于这一市场准入门槛低，潜在的就业者规模庞大，竞争激烈，又被人称为完全竞争的城市就业市场；也因为政府对这一劳动力市场的服务监管有限，其劳动用工的正式程度、劳动者享受的福利待遇等不如体制内单位规范，而被称为"非正规劳动力市场"。图 1-7 各类单位年末从业人数的变化反映了三类劳动力市场的相对规模与格局。

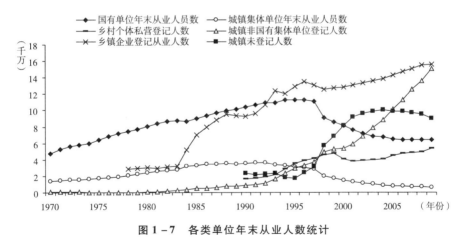

图 1-7　各类单位年末从业人数统计

说明：1. 1997 年乡镇企业局统计的乡镇企业从业人员统计范围有所调整，故与以前年份数字可比性有所保留。

2. 1990 年以后，经济活动人口、从业人员总计、城镇和乡村从业人员小计资料根据人口变动情况抽样调查调整，因此分地区、分经济类型、分行业的资料相加不等于总计。

3. 1998 年起城镇单位就业人员、职工人数及相关指标统计口径有调整。

4. 数据来源：中经网综合年度数据，源自各年《中国劳动统计年鉴》《中国人口和就业统计年鉴》。

城市完全竞争劳动力市场从业人员的异质性不断增加，竞争也越来越激烈。在改革初期，进入这一市场领域的主要是城市边缘群体以及进城农民。这使计划经济下社会地位主要由单位性质和个人职级决定的状况有所缓解，甚至一度出现了"脑体倒挂""搞原子弹不如卖茶叶蛋"的情况。随着市场空间的扩大，加上国家的鼓励，部分中高层精英如官员、大学生纷纷"下海"经商。就业人员异质性的提高以及收入差距的扩大使得该劳动力市场上教育的回报率在1990年代中期得到提高（Wu & Xie，2003）。1990年代中后期开始，国有企业下岗人员和进城务工农民工的增加，2003年之后大学扩招导致的大学毕业生的加入使得这一劳动力市场的竞争更为激烈，异质性进一步增加。

竞争激烈化后，在资本（人力资本、社会资本、政治资本等）占有上处于弱势地位的群体再难以获得像改革初期一样的发展机会。加上资本的增值本性以及国家在市场化就业劳动者集体消费领域的缺席，在各种资本和资源占有方面处于相对弱势的农民子女的"发展"遭遇了巨大困境。他们市场谈判地位低，很难争取到更高的劳动回报以及更多的空闲时间，以实现经济资本和人力资本的积累。虽然新生代农民工市民化愿望强烈（罗霞、王春光，2003；王春光，2000，2001），但其实现的渠道并不宽广。在无法挤入体制内劳动力市场的情况下，很多农民子女希冀成为自雇者、创业者以拥有对自身"剩余劳动"的控制权，甚至拥有自己的资本和产业，成为完全竞争劳动力市场上的成功者。一些年轻就业者，不再拘泥于一时的工资水平，更注重生活品质与发展空间，包括经验与社会资本的积累。不过，已有研究表明，后进入市场的人中，只有那些同样更有可能留在体制内的人才能获得更高的回报（Wu & Xie，2003）。

体制外完全竞争劳动力市场的形成与竞争的激烈化给"体制内"单位的劳动用工制度的改革制造了外部压力（蔡昉、都阳，2005）。在精简机构以减轻人民负担以及改善体制内人员形象的要求下，以国有企业、政府部门、事业单位为典型代表的体制内单位始终面临着压缩岗位，提高人员招聘公平性与透明性、福利待遇透明度及市场化程度的压力。但由于始终存在的就业压力（90年代的下岗人员再就业压力，2000年之后大学生就业问题）以及政府职能的膨胀，压缩岗位的努力效果并不明显。1993年以来，国家财政收入年增长率长期保持在15%～20%的高水平，职能与权力的膨胀使精简机构的改革难以实质推进，超编和变相增加财政供养人员的情况普遍存在，财政供养人员的规模大大增加（白景明，2015；胡德仁等，2015；唐亚林，2004；吴唯实，2006；熊剑峰，2014）。而在内部劳动力市场化改革上，这些单位又面临着不断提高待遇并保持相对公平的内部压力，在激励员工的工作积极性的同时，保持员工队伍稳定等问题。（刘精明，2006c）。

在上述内外压力的综合作用下，体制内劳动力市场的改革虽有所进展，但整体而言，其在福利水平及回报模式上仍显著区别于体制外劳动力市场。民众的就业意愿与选择（如公务员考试热潮）可以反映出体制内外的差别。

很多研究者对我国劳动力市场的发展变化进行过研究，在看到劳动力市场逐步走向统一的同时（都阳、蔡昉，2004），都不曾忽视城市仍存在两个甚至多个劳动力市场的情况（蔡昉，1998，2008，2010a，2010c；刘精明，2006b；王美艳、蔡昉，2008）。例如，刘精明根据公共部门与经济部门的区分、国家力量对劳动力市场的作用、劳动力的雇用方式这三个主要特征将劳动力市场分为 7 个部门和 4 类雇用：受雇于国家和集体、受雇于私人、自雇用者以及雇佣关系不稳定者；其中私有部门包括外资、私营企业以及其他以私人资本为主的企业；而非正式劳动力市场包括自雇用（个体经营业主）及临时性劳动和服务提供人员，如个体手工业者、"棒棒军"、保姆、拾荒者等属于典型的边缘劳动力市场（刘精明，2006b）。朱镜德则将我国现阶段的劳动力市场分为城市不完全竞争劳动力市场、城市完全竞争劳动力市场和农村完全竞争劳动力市场，并从市场开放程度、工资报酬福利水平及决定方式、工作稳定程度、劳动力特征、所属部门、市场规模等方面对三个劳动力市场进行了比较。此外，朱镜德还对三个劳动力市场的进入渠道做了分析，为研究农民子女在劳动力市场上的分流过程提供了基础（朱镜德，1999，2001）。

表 1-4 现阶段中国三元劳动力市场的"元素"比较

元素	城市不完全竞争劳动力市场	城市完全竞争劳动力市场	农村完全竞争劳动力市场
市场开放度	低	高	高
工资报酬	高	中等	低
福利	高	低	低
工资福利决定	制度	市场	市场

元素	城市不完全竞争劳动力市场	城市完全竞争劳动力市场	农村完全竞争劳动力市场
失业率	高（公开失业）	低（摩擦性失业）	高（隐形失业）
工作岗位稳定性	高	低	高
劳动力文化程度	高	中等	低
所属部门	正规部门中享有高福利的（正式）工作岗位	非正规部门的全部＋正规部门中低福利工作岗位……	乡村部门
市场规模变化（在可预见的将来）	相对稳定	趋于扩大	趋于缩不

资料来源：朱镜德，2001。

在这些研究者看来，分割的劳动力市场理应走向统一，但统一市场的形成取决于多种力量的相互作用和平衡。可以预见的是真正统一的劳动力市场的形成还有相当长一段时间。对农民子女而言，逃离回报过低的农村劳动力市场，拿到体制内劳动力市场的入场券或者在完全竞争劳动力市场上获得相对成功是主要的出路。

第四节　农民子女分化流动的谱系

概括起来看，经过30多年的改革和发展，农民子女在职业非农化方面获得了大量的机会，已经实现了初步的社会分化和流动。但是，由于体制分割的延续，农民子女获得平等的市民身份以及体制内正式职位方面却相对有限。公共物品（civil goods）的分配仍然存在较大的群体差异。由于国家在农民工的集体性消费领域缺位，大量农民子女演变为半无产阶级化的"农民工"，难以实现工人身份及市民身份的完整转化。这种职业非农化与身份市民化之间和工业化与城市化之间的"断裂"，极大地影响着中国社会结构的转型、社会平等与社会稳定（潘毅，1999，2005，2007；潘毅、陈敬慈，2008；潘毅等，2009；潘毅等，2010；任焰、潘毅，2006a，2006b；王春光，2000，2001，2002，2005，2006；

余晓敏、潘毅，2008）。

要了解中国过去 30 多年的发展与问题，理解中国社会的分层与社会流动，就不得不考虑上述"断裂"与劳动力市场分割问题。体制分割是中国社会分层流动的独特之处（李强，2008）。只有将农民子女的分化流动问题纳入更为广义的"职业非农化－身份市民化"谱系中才能更全面地认识中国情境下的社会不平等与社会结构问题，理解农民的生存处境，找准中国社会的出路。本研究在对整体的职业流动水平与模式进行讨论后，会对农民子女职业非农化与身份市民化的影响因素展开分析。最后，整合多个方面的不平等，探讨农民子女地位获得的影响机制。

在影响农民子女职业分化、市民地位及社会地位获得的各种因素中，我们主要关注家庭背景及教育的相对影响。通常认为，如果前者在社会分化过程中发挥的作用越大，那么社会的开放程度相对较低，一个人的社会地位主要由其出身决定。教育水平尽管也受到家庭社会背景的影响，但毕竟还有部分是与个人的能力与努力联系在一起的，是通过后天的努力可能改变的。因此，教育的作用增加，可能意味着社会开放程度有所提高。不过，在中国情况可能更为复杂。教育在某些类型的社会流动中的作用的增加意味着基本公平得以延续的同时，也可能意味着体制的长期不变限制了社会流动的规模，从而提高了教育的相对作用。此外，如果在教育资源的配置过程中先赋因素的影响越来越大，教育在社会流动中的作用提高将意味着阶层再生产的模式更趋隐蔽，社会开放程度仍然有限。这些都将在后面章节得到讨论。

第二章
职业流动水平的变化

在第一章梳理的变革与发展中，有的极大地推动社会流动与阶层分化，有的在某些方面有促进作用而在另一些方面起妨碍作用。那么，整体上而言，30多年来，中国社会的流动水平和社会系统的开放程度有何变化呢？本章将通过几个抽样调查数据，以职业流动为指标来说明近几十年来我国社会流动水平的变化情况。了解这一全局性的社会流动水平与社会系统开放程度，有利于后文对农民子女这一子群体的职业非农化问题的讨论。本章的主要内容包括：梳理以往关于中国改革开放以来的职业流动水平和模式相关研究的基本结论；对社会流动水平的测量技术进行介绍；在新数据基础上对近年来我国社会流动水平的变化进行描述和分析。

第一节 转型期中国的社会职业流动

转型期中国社会的不平等和分层流动问题曾引起国际学术界的极大兴趣。《美国社会学杂志》与《社会分层与流动研究》分别于1996年和2002年出专刊讨论这一问题（边燕杰等，2008：2）。围绕倪志伟提出的市场转型论，研究者们将目光主要集中在改革前后收入决定模式与精英地位获得机制的比较上，试图通过比较政治忠诚（操作化为党员身份）和人力资本（操作化为教育水平）对于收入或精英地位（操作化为干部身份）获得的影响在改革前后的变化，以论证或反驳"转型论"（Zhou，2000；边燕杰等，2002；边燕杰等，2008）。这些研究着重论证"转型论"是否合理（Nee & Cao，1999），真正关注中国社会结构发展本身的较少。这与有些学者并不关心中国，而热衷于一般理论的论证与讨论有很大关系。他们中很多将改革发展的多维过程简化为"市场化转型"，而忽略了其"发展"或"扩展"的一面。实际上，改革以来的变化不仅是一个市场化过程，也是一个现代化（工业化、城市化）过程。改革与发展不仅改变了资源分配的规则，也改变了资源结构本身。

国内学者虽然还处在模仿和学习西方学术分析方法的过程中，但具有更明确的本土问题意识。他们不仅关注制度转型带来的不平等机制变化问题，同样关注改革和发展对社会平等水平及社会结构的影响。他们对城乡社会结构的分化（李培林，1995；陆学艺，1989；许欣欣，2000：167~178；郑杭生、李路路，2004）、阶层结构的现状（李强，2002b；陆学艺，2002）、阶层地位测量（李春玲，2005；李强，2010；许欣欣，2000）、社会流动（陈婴婴，1995；李春玲，1997；李路路，2003；陆学艺，2004；许欣欣，2000）展开了大量探索和研究。其中，社会流动水平是检验社会系统开放程度及社会公平性的重要指标，较高的社会流动率和较平等的流动机制有利于政治民主化和政治稳定，因为这种社会鼓励个体凭借能力而非出身来获得社会位置（Hout，1988）。因此，不少研究者试图通过比较改革前后职业流动水平和机制来反映改革前后社会系统的开放程度，比较具有代表性的研究包括以下内容。

许欣欣采用白领、蓝领、农民三分类以及农民、农业户口非农劳动者、城镇体制外从业人员、公有制工人、国家干部五分类的方式，对中国社会（包括不同群体、不同时期、不同年龄的子群体）的代际流动情况进行了描述，并与其他国家的流动情况进行了对比。此外，他还利用经典的布劳 - 邓肯地位获得模型（增加了单位性质这一内生变量）对中国社会不同群体的地位实现与流动障碍情况进行了分析（许欣欣，2000：209~306）。结果表明，改革开放以来我国农村和城市的经济结构与社会结构都发生了巨大的分化，经济结构和社会结构都由"僵化的二元结构"演变为"双重二元结构"。但在具体的代际流动分析上，许欣欣基于职业三分类（白领、蓝领、农民）流动表分析得出了年龄最小的队列中不但总流动率最低且结构流动率也最低的费解结论（许欣欣，2000：215~216）。而职业五分类流动表的分析结论同样有些牵强："年长组背离父亲地位主要由社会阶层体系的地位结构变迁所决定，而年轻组成员背离父亲地位的主要因素主要由社会系统的开程度所致"（许欣欣，2000：237）。

李路路在《再生产的延续》中利用北京、无锡、珠海三市的调查数据，以权力关系作为主要分层原则，同时考虑权力的多样性与结构的多元化划分出 5 个社会阶级阶层位置：党政机关企事业单位负责人和中高层管理者，专业技术人员，党政机关企事业单位的一般管理人员、办事人员，体力劳动者，自雇者或个体户。① 然后用对数线性模型对流动表的相对流动率进行了拟合，用多元 Logistic 回归模型对子代的职业获得机制进行了分析（李路路，2003）。在相关论文中，作者还在对数线性模型基础上将我国社会流动模式和水平同其他国家的情况进行了比较，其基本观点认为，阶级再生产是中国及其他国家阶层流动的共享模式，这一模式与统治技术紧密相关（李路路，2006）。但他并没有对不同时期的流动水平及模式展开更具体的比较和分析②。

陆学艺、李春玲等利用全国专题调查数据，以劳动分工、权威等级、生产关系以及制度分割为标准划分出 10 个社会阶层：国家与社会管理者、经理人员、私营企业主、专业技术人员、办事人员、个体工商户、商业服务员工、产业工人、农业劳动者、城乡无业失业者（陆学艺主编，2004；李春玲，2005）。李春玲对城乡及全国十大阶层的经济状况、声望状况、消费情况、阶层意识情况进行了描述探索，对 10 个阶层的代内流动、代际流动、1980 年前后各阶层的流入率－流出率进行了比较，对教育地位、经济地位、职业地位获得过程分别进行了回归分析，并特别关注了中产阶层的规模与构成问题（李春玲，2005）。关于社会流动水平，她得出的基本结论是"很难判断改革之前与之后的社会结构哪一个更开放或更封闭。从总的代际流动率来说，经济改革以来的社会结构似乎更为开放……但另一方面，如果分别观察各职业群体的代际继承性，情况就变得比较复杂。处于较高等级地位的职业群体或处于优势位置的社会阶层……在经济改革之后，代际继承性明显增强，同时较低等级职业群体成员的子女进入这些职业群

---

① 在《当代中国城市社会结构》一书中，李路路等以职位位置为核心，兼顾社会转型及历史趋势将城市社会阶层划分为 7 个（管理阶层、专业技术人员阶层、办事员阶层、工人阶层、自雇用者、私营企业主、其他阶层）。

② 2015 年，李路路和朱斌在《中国社会科学》杂志上发表了论文《当代中国的代际流动模式及其变迁》，弥补了这一缺失。

体的门槛明显增高。与此同时，对于代际继承性最高的农业劳动者群体，情况同样复杂。经济改革以来，他们的流动机会明显增多，他们有比以前更多的机会成为产业工人、商业服务员工、个体工商户和私营企业主，与此同时，他们成为国家与社会管理者、经理人员和办事人员的概率则下降"（李春玲，2005：354～355）。

高勇在李路路、李春玲等的研究基础上利用六城市样本，按照 EGP 职业分类框架将社会阶层压缩为管理精英、技术精英及一般劳动者三类。然后利用对数线性模型和对数可积层面模型对三个阶层间流动模式的历时变化（1978 年以前，1978～1990 年，1990～2005 年）进行了拟合。结果发现非精英群体和精英群体之间的"樊篱"在持续形成并加固，而管理精英与技术精英间的"藩篱"有先弱化后强化的转变（高勇，2009）。一些其他研究同样涉及职业结构变迁与职业流动问题，如刘精明讨论了不同时期的政策、经济等因素对农民职业非农化的影响（刘精明，2001）；吴晓刚讨论了城乡居民进入自雇活动的模式差异问题（吴晓刚，2006）等。这些研究为我们讨论改革发展过程中的职业结构变迁及职业流动问题提供了基础。

但上述研究并未就改革不同阶段的社会流动水平达成共识，还存在一些不足之处。第一，所用数据代表性不足，甚至具有明显的选择性。如李路路早期研究和高勇文章所用数据都为少数城市样本数据①。由于城乡分割以及户籍制度的存在，城市居民中有相当比例是经过社会分化机制筛选出来的农村"精英"，而农村样本对应地缺少这部分精英，因此单纯依靠城市居民（包括城市户籍居民）或农村居民样本展开的社会流动研究具有比较严重的样本选择性偏误，既不便于推论农村的情况，也不便于推论城市的情况，影响关于代际流动性的认识。许欣欣所用数据虽是全国性样本，但调查年份分别为 1990 年和1993 年，相隔太近且都只能反映改革前 15 年的情况，无法反映之后的变化和改革不同阶段的差异。第二，对改革的阶段性以及各阶段的社会流动比较研究还不够深入。部分研究仅划分改革前后两个阶段，对改革开放后的发展的阶段性认识不足。当然，这一定程度上受数据资料不足的限制。第三，在分析方法

---

① 李路路 2006 年的论文使用的 2003 年 CGSS 调查数据仅有城市数据，且该文侧重国际比较，对国内社会流动模式的历时变化关注不够（李路路，2006）。

上有所不足。如陆学艺和李春玲等所用数据虽是全国样本，但阶层划分过多，单个阶层的样本量太少，制约了分析的深度；陈婴婴、许欣欣等选用的社会流动水平测量工具存在不足，未排除流动表边缘分布差异造成的绝对流动水平不可比性，从而造成对社会开放程度的测量偏差。本章试图弥补上述局限性，利用全国调查数据对改革不同阶段的职业流动水平进行深入细致的分析和比较。

第二节　流动水平的测量与比较

社会流动研究通常使用流动表来对流动水平及模式进行分析。流动表（Mobility Table）是这样一种列联表，它按照个体的社会出身和某一时点的社会地位将其归为不同的社会类别（对应流动表中不同的单元格），从而可以分析同一社会出身（Origin）的人到达的社会位置（Destination）情况，或者当前处于同一社会位置的人的出身构成情况，反映出社会出身与达至的社会位置之间的关联性。由于社会出身和达至的社会位置的种类一般相同，因此流动表通常为方形列联表。

初始流动表为我们提供了除流动中间过程之外的详尽流动信息，不便于我们对社会流动水平或流动表中社会出身与达至的社会位置之间的关联强度进行"简洁"的认识。研究人员基于初始流动表（有时辅用理想流动表）设计了一系列指标来汇总流动表数据，以对流动的水平进行简化测量（许欣欣，2000：180~190）。根据概括的层次，此类测量指标又分为刻画整张流动表流动特征的概要性指标以及描述流动表中具体社会位置流动水平的指标。常用指标有总流动率、流入率、流出率等（Hauser，1978）。这些指标中，总流动率（M）的概念最为基础，它指流动表中出身与终点不同的个体在总数中所占比例，即方形流动表中非主对角线上各单元格频数之和与样本总数之比。令 f_{ij} 表示一个有着 I 行和 J 列的流动表的第 i 行和第 j 列对应单元格的频数，令 $f_{i+} = \sum_{j=1}^{J} f_{ij}$，$f_{+j} = \sum_{i=1}^{I} f_{ij}$ 和 $f_{++} = \sum_{i=1}^{I} \sum_{j=1}^{J} f_{ij}$ 分别表示 i 行边缘和、k 列边缘和以及流动表的总计频数，那么，总流动率就等于 $M = 1 - \left(\sum_{i}^{I} f_{ii} \right) / f_{++}$。与此对应的指标为总世袭率（Hereditary rates），等于 $1-M$，即对角线单元格频数之和与样本总数之比。

总流动率反映的是"事实上"的职业流动水平，并不能直接用以衡量社会的开放程度。因为总流动率没有剔除流动表边缘分布差异（职业构成本身的变迁）的影响。谢宇认为这可以从两个方面理解：第一，如果代际流动表中 $f_{i+} \neq f_{+j}$，$i=j$，也就是说父子的地位边缘分布不同，此时流动表不可能存在完全不流动的情况，有一部分人会"被迫"发生流动；第二，而当行列完全无关时，边缘分布不同的流动表的流动率并不相等，其大小与边缘分布相关（Xie & Killewald，2010）。此外，社会地位分类数不同的情况下，流动表的流动率不具有可比性，分类越简单，得到的流动率水平越高（Duncan，1966）。最后，相同的总流动率可能代表完全不同的流动模式（Sobel，1983），因此有必要对总流动率进行分解，并详细研究职业流动的模式。

一　总流动率的分解

已有研究通常将流动率区分为两个部分，结构流动率（Prevalence difference）和循环流动率（Interaction difference）（Hauser，1980），分别由两种不同的机制造成。前者是社会结构变化造成的"强制流动"，如工业化过程中高级职业越来越多，子代更多集中在社会地位较高的职业。这种流动在社会分层领域很少有人研究（Sobel etc.，1985），但在经济结构发生巨大变革的时期，职业结构变迁对于个体社会经济地位的影响以及结构性流动所造成的阶层结构的变化同样具有研究意义。实际上，当涉及多个流动表时，边缘分布差异意味着不同流动表中的个体的机会结构存在差异，子代职位中的上层职位数更多意味着代际上向流动的规模更大。对于中国 30 多年的发展变化来说，这种流动意义很大。而循环流动是因为出身与社会地位之间的关联程度不同出现的交换性流动。循环流动水平越高，说明出身与达至的社会位置之间的联系越弱。即先赋因素（家庭背景）在社会地位获得上的影响较小，社会系统的开放程度越高，社会系统的刚性（Rigidity）或封闭（Social closure）程度较低。

此种分解的实际如何操作？常规定义认为，结构性流动等于流动表中相同的职业对应的行与列的边缘之差的绝对值之和与二倍总样本规模之比。与此对应，循环性流动成为"剩余性"定义，等于总流动率减去前者（Featherman & Hauser，1978：70~71；陈婴婴，1995：93；许欣欣，2000：187）。这一定义仍然有局限，对应的流动水平仍受边缘分布影响（Hauser etc，1975）。但这种分解方法保留着对"结构流动"水平的关注，对研究社会结构迅速变化的社会（比方中国）来说非常重要。而且，当比较的流动表的职业分类标准相同时，前述不足还可以降低。因此，后文我们仍会通过总流动率及结构性流动率来反映我国职业流动水平与结构性流动水平的变化。

　　侧重社会开放程度的研究者通常仅关注"循环性流动"。这些研究者基本上是用相对流动率将结构性流动控制起来，或者说排除在分析之外（Erikson & Goldthorp，1992）。排除结构性流动的策略之一是对边缘分布进行标准化或修正，然后计算常规总流动率。如将相互比较的两个流动表中的一个的边缘分布强加到另一个表上，从而固定结构性流动为同一个水平，进而比较社会系统的开放程度（Hauser，1980；Sobel，1983）。另一策略是在优势比（发生比率，Odds Ratio）基础上对"相对流动"（Relative Social Mobility）或"社会流动率"（Social Fluidity）进行分析。所谓优势比，就是两个不同出身的个体进入某个地位而非另一其他地位的相对机会。比方说，一个流动表中第 i 行和第 i' 行出身的个体进入 j 列而非 j' 列的优势比等于

$$\omega_{i,i';j,j'} = (f_{ij}/f_{ij'})/(f_{i'j}/f_{i'j'}) = (f_{ij}/f_{i'j})/(f_{ij'}/f_{i'j'}) \qquad 2-1$$

　　即第 i 行出生的人进入第 j 列与进入第 j' 列的比数（发生比，Odds）除以第 i' 行出身的个体进入第 j 列与进入第 j' 列的比数。优势比总是取正数，其大小和其他相对指标一样，取决于参照类的选择。如在式 2-1 中，一个大于 1 的优势比意味着第 i 行与第 j 列——或者第 i' 行和第 j' 列——存在正相关。一个等于 1 的发生比率表明两个变量相互独立。如果将优势比取自然对数即得到对数优势比（LOR），对数优势比的取值在（$-\infty$，$+\infty$）区间变化，0 对应独立。一个 2×2 的表格中，唯一非冗余的发生比率即等于两对交叉单元格乘积之比。对于一个 $I\times J$ 的表格，共有 $(I-1)(J-1)$ 个非冗余的唯一可识别的发生比率。

　　发生比率这一相对指标具有如下属性，它不受边缘分布成比例变化的影响。将发生比率中对应的两行分别乘以不同的因子，对应两列分别乘以不同的（更

不用说相同的）因子，发生比率的大小不变。这意味着，如果我们仅仅关注发生比率，可以根本不管边缘分布上的差异。因为我们始终可以在对应的行和列上乘以一定的因子以保证相应的流动表具有相同的边缘分布，而发生比率不发生变化。实际上，列联表边缘分布的标准化利用的就是这一属性。在社会流动研究文献中，这被阐释为我们可以剔除长期的结构变迁或者"劳动力市场上的供－求关系"来研究社会流动问题（Hauser，1978：920）。

二　相对流动指标：Altham 指数与对数乘积层面模型 φ 系数

基于相对流动和发生比率，又存在多种不同的比较不同流动表流动水平的指标，其中之一是 Altham 指数。这是最近几年经济学家使用较多的指标。其定义为：

$$d(k = 1,2) = \left| \sum_{i=1}^{I} \sum_{i'=1}^{I} \sum_{j=1}^{J} \sum_{j'=1}^{J} \left(\log \frac{f_{ij1}f_{i'j'1}}{f_{i'j1}f_{ij'1}} - \log \frac{f_{ij2}f_{i'j'2}}{f_{i'j2}f_{ij'2}} \right)^2 \right|^{1/2} \qquad 2-2$$

也就是说，Altham 统计指数等于两个流动表所有对应对数发生比之差的平方和的平方根。如果令其中流动表 2 为行列无关的流动表（通常用 I 表示），所得指数即表示流动表 1 偏离完全流动表的程度。偏离程度越大，流动性越差。通过分别与独立流动表进行对比，即可知道两个流动表的流动水平高低，偏离程度较大的流动表的流动水平将相对较低。这一指数可用于直接比较两个流动表的流动差异，并对这种差异进行卡方似然比检验。还可以排除流动表对角线单元格后再进行指数计算和比较，避免继承效应在指数中影响过大。这一指数具有很高的敏感性，在比较相对流动水平上是合适的。

以相对流动为基础的流动水平比较的另一种方法是在对数乘积层面模型基础上比较各层关联偏差的大小，看控制了关联模式后社会出身和社会地位之间的关联强度是否随时间或地区变化而变化。基于对数线性模型的流动表比较原理如下。首先，我们知道，二维流动表的单元格期望频数可以用如下公式来表述：

$$\log(F_{ij}) = \mu + \mu_i^R + \mu_j^C + \mu_{ij}^{RC} \qquad 2-3$$

其中 μ 为主效应，μ^R 为行效应，μ^C 为列效应，μ^{RC} 为行列交互效应。也就是说，我们利用上述四个效应来估计每一个单元格期望频数（鲍威斯、谢宇，2009）。其次，三维表的对数线性建模是在二维表的基础上增加"层（layer）效应"。一个饱和的三维表（行、列、层分别为 R、C、L）对数线性模型可以写成如下形式：

$$\log(F_{ij}) = \mu + \mu_i^R + \mu_j^C + \mu_k^L + \mu RC_{ij} + \mu_{jk}^{CL} + \mu_{ijk}^{RCL} \qquad 2-4$$

也就是说，具体单位格的频数由三个单维效应、三个二维效应和一个三维效应决定，模型满足通常的标准化约定。这一模型被称为对数乘积层面模型（鲍威斯、谢宇，2009）。

要对不同流动表的相对流动水平进行比较，实际上就是要对上述三维交互进行深入分析。如果一个多维表可以合并成简单的二维表，意味着该表在合并的维度上不存在差异（鲍威斯、谢宇，2009）。如果一个三维表沿着我们关注的方向不可合并，这意味着我们有必要就行列交互在第三个维度上的变化特征进行研究。其中，最简单的情况是行列交互在各个层之间保持不变的同质性模型，它意味着相对流动水平在不同流动表之间不存在显著差异，代表的是稳定的流动（Erikson & Goldthorp，1992）；最复杂的情况是所有的行列交互效应在各个层面上都不相同的完全交互异质性模型——饱和模型。

比较适中的情况包括：①偏行列交互在各个层之间不同，但偏二维交互为某种简化形式；②各层效应由一个共同的基线关联和另一简单偏差关联构成，从而保持精确性和简洁性的平衡；③设定偏二维交互效应与层之间为对数乘积层面形式（log-multiplicative–layer），各层有着相同的偏二维关联模式，但关联水平随着层的变化而变化：

$$\log(F_{ij}) = \mu + \mu_i^R + \mu_j^C + \mu_k^L + \mu_{ij}^{RC} + \mu_{ik}^{RL} + \mu_{jk}^{CL} + \psi_{ij}\phi_k \qquad 2-5$$

其中 ψ 为 R–C 二维偏差关联（two-way deviation association），而 ϕ 为层别关联偏差（layer specific deviations in the association）。在这一模型中，同一层全部交互效应都在基准关联上做统一的调整，调整水平即可反映出相同流动模式下流动水平的差异（Yu Xie，1992）。如果不考虑具体流动模式，仅关注关联，可以将行列关联模式设定为全交互后直接比较 φ 系数。李路路对多个国家的社会开放程度进行比较时使用的就是此种设定（李路路，2006）。

第三节　代际流动水平实证分析

在上述流动指标及分析技术基础上，本节将用队列比较的方式呈现近几十年来我国职业流动水平的变化。所用流动表信息主要来自 2006 年的中国综合社会调查和 1996 年"当代中国生活史与社会变迁"调查。两个调查中职业变量都是通过向受访者询问详细的职业信息，然后依照特定的职业分类框架分类得到的。不过，由于公布的调查档案有限，尚无法保证两个调查的编码标准完全一致。因此在后面的分析中并未将两个数据得到的流动表合并，而只是对同一数据中不同就业队列（依据初次参加工作的年份划分）的职业流动进行比较，以保持可比性。

参照已有研究，本研究将受访者及其 18 岁时父亲的职业按照 EGP 框架合并为六类，如表 2 - 1。这种分类方式曾被吴晓刚、李路路等使用，能较好地反映中国社会不同职业的地位差异（Wu & Treiman，2004；李路路，2006）。CGSS 2006 公开数据已经对主要的职业信息进行了编码，提供了各个职业的 ISCO88 码（International Standard Classification of Occupations，国际标准化职业分类）、ISEI（国际社会经济地位指数）得分以及 EGP 编码（Erikson & Goldthorp，1992：35 - 47）等信息，本研究直接在 EGP 编码基础上进行重新分类。不过，2006 年 CGSS 调查中职业信息询问方式复杂，要确定受访者的初职、现职信息需要进行较为复杂的处理。大体而言，城市受访者的职业经历信息处理起来比较容易；农村受访者的初职，首先需要依据是否参与农业生产、非农业生产，以及第一次参与农业生产以及非农业生产的时间来判断第一次参加工作的性质；而对于目前（或最后）工作，则依据其目前是否从事农业生产或非农业生产来进行判断，如果仅从事一种生产，则使用对应变量信息，如果既从事农业生产又从事非农业生产，那如果从事非农业生产的时间超过 180 天，则依据非农职业信息进行编码；如果从事非农业生产的时间小于 180 天，则依据农业职业信息进行编码。如果目前既不从事农业生产也不从事非农业生产，但其以前仅从事过一种生产就变为该类生产对应的职业，如果其曾从事过两种生产，则选择最后的非农职业作为最后的职业编码。

表 2 - 1　基于 EGP 框架的职业六分类

EGP 职业 10 分类	新的职业 6 分类
Ⅰ. 大资本家、高级专业技术人员和经理人	管理及专业技术人员
Ⅱ. 低级专业技术人员和经理人	
Ⅲ. 常规非体力劳动者	办事人员
Ⅳa. 有雇员的小业主	个体户
Ⅳb. 没有雇员的小业主	
Ⅴ. 低级技术人员和体力管理者	技术工人
Ⅵ. 熟练体力工人	
Ⅶa. 无技术/半熟练的体力工人	非技术工人
Ⅳc. 自雇用的农场主	农民
Ⅶb. 农业劳动者	

资料来源：Wu & Treiman, 2004；吴晓刚, 2007。

1996 年"当代中国生活史与社会变迁"（LHSCCCH）调查的职业信息是依据中国职业分类标准 1995（Chinese Standard Classification of Occupations, CSCO 95）进行分类和记录的，李博柏根据 Treiman 等设定的规则使之与 ISCO68 码对应起来，并且在此基础上生产了 ISEI 得分（Treiman & Walder, 1996 附录 b - c）。不过公开的 LHSCCCH 数据并未提供 EGP 编码，且配套档案未提供 ISCO68 与 EGP 分类的对应码，而标准的 ISCO 转 EGP 分类的程序需要提供辅助作用的自雇状况及雇用人数信息。作者通过各种努力获得了部分 ISCO68 码转 EGP6 分类的对应规则，但并不完整（Ganzeboom & Treiman, 2003；Szelenyi & Treiman, 1993；Treiman & Szelenyi, 1993），因此，不得不退而求其次，直接使用问卷附录卡片 7 的 14 类职业重编码信息构建出类似的 EGP6 分类职业类型。构建结果与假定所有人自雇状态相同、雇员人数相同的情况下使用 John Hendrickx 撰写的 ISCOEGP. ado 程序转换得到的结果接近。

在队列的划分上，本研究借鉴了以往的研究结果，根据参加工作的年份，将农民子女分为 4 个队列。他们分别在 1970 年以前，1970~1981 年，1982~1994 年，以及 1995~2006 年参加工作。之所以这样分，是因为上述不同阶段我国现代化（工业化）水平和市场化水平的相对关系存在较大差异。梁玉成依据全国各个年份第三产业就业人数比、高等学校毕业生总数、国家财政预算收入占 GDP 比重（%）、国有经济职工人数比、人均国内生产总值、重工业总产值、轻工业总产值指标建构出"现代化因子"衡量各个年份现代化水平；通过城市失业率、国有单位社会消费品零售总额占全部的比例、国有工业占工业总产值比例、其他经济工资总额比全部工资总额、私有经济职工人数占比等形成不同年份的"市场化水平"，所得结果如图2－1所示。

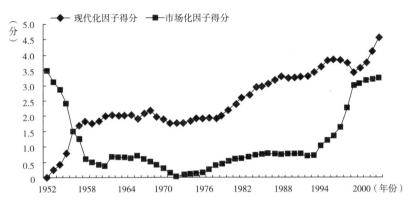

图2－1　我国市场化、现代化水平年代演变

资料来源：梁玉成，2007。

可以看到，1958年以前，第一个五年计划建设和社会主义改造使我国现代化水平迅速提高，但市场化水平急剧下降了；此后一直到1980年代初期，现代化水平和市场化水平相对稳定，略有下降；1980年代初期到1994年，我国现代化水平快速提高，市场化水平明显改观；1994年以后，市场化水平才出现迅速攀升。考虑到改革和发展的多维性及阶段性，不同于以往很多研究仅区分改革前后两个阶段的做法，本研究依据人们参加工作的年份划分出上述4个队列，以反映不同阶段的社会流动情况。

一　基于CGSS 2006数据的职业流动水平分析

根据CGSS 2006的调查，研究清理得到了受访者的现职（或最后职业）、初职以及其18岁时父亲的职业，汇总得到职业代际流动的总流动表，以及分4个就业队列的流动表。具体见附录B。它们提供了流动表分析所需全部数据。基于这些流动表，我们计算得到如下流动指标，上面部分是绝对流动率，下面部分反映的是相对流动情况。

表 2 - 2　不同就业队列的代际职业流动水平（CGSS 2006）

流动率	1970 年前	1970 ~ 1981 年	1982 ~ 1994 年	1995 ~ 2006 年
总流动率	0.349	0.419	0.493	0.663
结构流动率	0.188	0.173	0.247	0.356
上向流动率	0.280	0.303	0.355	0.537
循环流动率	0.161	0.246	0.246	0.307
循环流动率__边缘标准化	0.252	0.230	0.235	0.267
对数乘积层面模型 φ 系数	0.4841	0.5494	0.5358	0.4204
Altham 指数	47.273	41.600	39.755	34.090
Altham 指数比较	相邻两者差异不显著，与最后队列差异显著			
Altham 指数控制对角	33.866	21.705	21.440	22.412
Altham 指数_ 对角比较	相邻两者差异不显著			

数据来源：CGSS 2006 加权数据，具体见附录 B 现职部分。

　　首先，在新近参加工作的队列中总流动率、结构流动率（上向流动）迅速提高了。未考虑不同就业队列所经历的职业风险期存在差异的情况下（参加工作越早的队列有着更长的"时间"进行社会流动），参加工作越晚的队列现职或最后职业不同于父亲职业的比例越大。结构性流动在 1980 年代以前已就业的两个队列中相对稳定。这与计划经济时代有计划地控制人口产业转移，现代化水平长期处于停滞的历史相符。1982 年后参加工作的队列的职业分布与父辈职业分布差异越来越大，1995 年及以后工作的人中超过 2/3 职业与父亲不同，这一比例在 1970 年前参加工作的队列中刚超过 1/3。历次人口普查得到的全国就业人口的职业构成情况从另一个方面反映了这种变化（见表 2 - 2）。职位结构的变化为晚近参加工作的队列提供了更大的流动空间，在人口结构日益老龄化的情况下，更是如此。越来越多的底层年轻人有可能获得与父辈不同，且通常较高的职业地位。国际研究经验表明，总流动水平确实在工业化早期有相对明显的增长（格伦斯基，2005：313）。

　　其次，相对流动率指标一致表明 1970 ~ 1994 年参加工作的队列的最终职业与父亲职业之间的关联程度类似，都比 1995 年及以后的要大。机会扩大并不意味着机会的分配更加公平。面对结构变化，不同社会出身的人抓住机会的能力并不相同。新增的上层机会可能仅仅向比邻的阶层开放，底层群众仍然只能向邻近的边缘职位流动，而上层始终"霸占"着相对较高的位置，下向流动较少发生。循环性流动率（Interactive mobility）测量的是相对机会问题，取值越大表明父子职业的代际关联度越小。表2-2中的循环流动率表明，相对于70年代参加工作的队列，80年代参加工作的队列与父辈的职业关联度并没有明显变化，只有到了1994年之后现代化和市场化同步发展时期，相对流动水平才有一定提高，父子职业关联度有所下降。将各个队列的流动表边缘分布标准化为CGSS 2006全国流动表边缘分布后，得到更具可比性的修正的循环流动率。可以看到，1970~1994年参加工作的队列与父辈的职业关联度相对稳定。总之，循环流动率并不支持1980年代初期社会系统开放度较1970年代有所提高，而1990年代中期以来社会结构固化的断言。恰恰相反，1990年代中期以后，相对流动水平才有较大提高。这是以往研究主要关注城市和国企改革，而忽视整个社会的职业结构快速非农化的结果。

刻画相对流动机会的对数乘积层面模型 φ 系数和 Altham 指标支持同样的陈述。φ 系数表明在控制流动模式为全交互的情况下流动表起始社会位置与终止社会位置间的关联度，取值越大关联度越大。Altham 指数表示某一流动表偏离完全流动的程度，指数取值越大表明社会的开放程度越低，社会出身与社会地位之间的关联越强。可以看到，1970年以前参加工作的队列中这一指数取值为47.3，而1970~1981年及1982~1994年参加工作的队列中对应指数分别为41.6和39.8。这表明后两个队列的职业流动水平高于第一个队列，但以往作为改革标志的1980年前后参加工作的两个队列的职业流动水平并无明显差异（统计检验表明，三者之间的差异在统计上并不显著）。这意味着，社会开放度在改革前期并无实质性改善，或者说1980年代初期并不适合作为社会开放度变化的标志，1994年是一个更好的分割点。Altham 指数反映1995年及以后参加工作的队列与父亲的职业关联度低很多。

Altham 指数间的差距具有几何性，在知道各个流动表两两之间的相对距离后，可以通过多维标度法（Multidimensional scaling）或主坐标分析法（Principal coordinates analysis）找到最少的维度数，将各个流动表之间的相对距离以图示法的方式呈现出来（Altham，1970a、1970b；Florian Wickelmaier，2003；Altham，

1969；Gray & King，1986；Long & Ferrie，2007；Torgerson，1952，1965）。通过矩阵数据相异性分析（在 Stata 中对应命令为 mdsmat 及 mdsconfig，采用 classical 求值法）我们提取出两个主要的维度，这两个主要维度可以拟合 5 个流动表（包括理想的完全流动表）之间的相对关系的 75.9%，如果增加到 3 个维度可以拟合它们之间的相对距离的 90%。图 2 - 2 呈现的是各个流动表在前两个维度组成的平面上的相对位置。可以看到，1995～2006 年参加工作的队列的流动表距离理想流动表相对较近，其他三个流动表距离完美流动的距离更远。且 1970～1994 年参加工作的两个队列在逐渐偏离早前队列，而 1995～2006 年参加工作的队列有向 1970 年前参加工作的队列靠近的趋势。

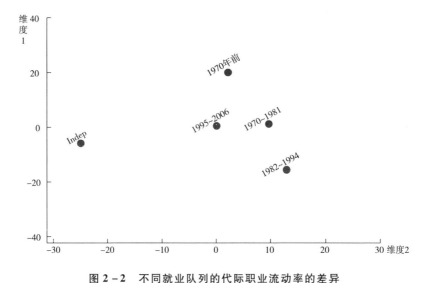

图 2 - 2　不同就业队列的代际职业流动率的差异

说明：拟合指数为 0.759；Indep 表示行列无关的完美流动表，它是参照点。

总之，从职业代际关联度或者说出身与达至的社会位置之间的关联程度来看，中国社会系统公平性在 1980 年前后明显变化，1994 年以后才有所提高。这一结论与以往一些试图通过比较改革前后收入回报模式的变化（人力资本的回报率提高，而政治身份和职位的回报率降低）来论证社会系统开放性变化的研究的结论存在一定差异（Nee，1989），更多地支持了边燕杰、周雪光等关于社会系统在变革前后保持稳定和连续的观点（Bian & Logan，1996；Zhou，2000）。需要注意的是，尽管上述指标对 1970 年后参加工作的情况做出了一致描述，但对于 1970 年前的父子职业关联度的判断有所差异。这与不同指标修正原理存在一定差异有关。

二　稳健性分析

为了确保结论的稳健性，本章将采取如下策略来验证上述结论是否成立：第一，用 CGSS 中受访者的初职信息取代现职信息重新分析各个队列与父亲的代际职业关联度（此时，队列间的差异更接近于时期差异）；第二，用 1996 年的"当代中国生活史与社会变迁"数据得到的流动表进行比较分析；第三，对其他研究得到的流动表进行二次分析。

基于 CGSS 2006 调查中受访者初职与其 18 岁时父亲的职业重新建立了四个队列的流动表数据计算得到结果（表 2 - 3）与上文一致。控制边缘分布后的代际职业循环流动水平、对数乘积层面模型中的 φ 系数表明，1982 年前后职业流动水平没有提高反而有所降低；但 1995 年及以后参加工作队列中，子代初职与父亲职业之间的关联性明显下降了。不过 Altham 指数反映 1982 年前后参加工作的两个队列的代际关联度有显著下降。这值得分析，但变化幅度相对此后队列的变化仍不算大。

表 2 - 3　不同就业队列的初职流动水平

流动率	1970 年前	1970 ~ 1981 年	1982 ~ 1994 年	1995 ~ 2006 年
总流动率	0.269	0.328	0.409	0.637
结构流动率	0.093	0.043	0.177	0.332
循环流动率	0.176	0.285	0.232	0.304
循环流动率_边缘标准化	0.259	0.246	0.239	0.284
对数乘积模型 φ 系数	0.481	0.532	0.560	0.415
Altham 指数	48.37	48.35	43.64	35.04
Altham 指数比较	前两个相邻的指数相差不显著，其余相互差异都显著			

数据来源：CGSS 2006，具体频数分布见附录 B 初职部分。

基于 1996 年"当代中国生活史与社会变迁"调查数据创建的受访者现职及其 14 岁时父亲的职业流动表见附录 B。为了避免流动表中出现过多的空单元格

（主要由早期队列中自雇者数量较少造成），这里的就业队列划分与 CGSS 2006 中有所不同，分为 1970 年前参加工作的队列，1970~1979 年参加工作的队列以及 1980 年及以后参加工作的队列。基于这三个流动表的对应指标同样显示，1980 年及以后总流动水平及结构流动水平都显著提高，但循环流动率、对数乘积完全交互层面模型 φ 系数测量的代际职业关联度以及 Altham 指数测量的社会开放度在前后两个队列中并不显著变化。

表 2 - 4　不同就业队列现职 - 父职代际流动水平

流动率	1970 年前参加工作	1970~1979 年参加工作	1980~1996 年参加工作
总流动率	34.6%	39.4%	49.5%
结构流动率	15.3%	11.7%	23.3%
上向流动率	26.2%	25.7%	32.3%
循环流动率	19.3%	27.7%	26.2%
循环流动率_ 边缘标准化	25.8%	24.0%	24.2%
对数乘积层面模型 φ 系数	0.548	0.585	0.597
Altham 指数	31.932	39.716	37.652
Altham 指数比较	两者差异不显著		

注：数据基于 LHSCCCH1996。

李春玲的《断裂与碎片》中根据中国社会科学院社会学研究所 2001 年"当代中国社会结构变迁研究"调查整理得到的全国十阶层代际流动表（加权数据）基础上计算出的流动指标表明，1980 年前后参加工作的两个队列的总流动水平及结构流动水平存在较大差异，循环流动率略有上升，但控制了边缘分布后，循环流动水平的差异变得非常小。Altham 指数表明 1980 年后参加工作的队列的职业与父亲职业的关联度甚至更大，但差异在统计上不显著。

表 2 - 5　已有流动表的流动水平的再分析

	1980 年前	1980 年后	1980 年后_ 修正
总流动率	46.0%	57.5%	46.6%
结构流动率	24.6%	33.2%	24.5%
循环流动率	21.4%	24.3%	22.2%

续表

	1980 年前	1980 年后	1980 年后_ 修正
上向流动率	35.4%	42.9%	36.2%
Altham 指数	61.12	76.96	
Altham 指数比较	差异不显著		

注：1. 各指标基于李春玲，2005：348~351 的流动表频数计算。

2. 国家与社会管理者、经理人员、私营企业主三个阶层被合并在一起。

3. 各类职业进入无业失业者队伍被算下向流动。

4. 以参加工作年份划分队列。

5. 第三列数据是将 1980 年后参加工作的队列的流动表的边缘分布依据前一队列边缘分布标准化后重新计算得到的。

　　首先，许欣欣在《当代中国社会结构变迁与流动》中基于史天健等在 1990 年及 1993 年收集的两次全国（西藏自治区除外）调查数据整理得到的流动表也可用来进行相关检验。不过，这两组流动表是以出生时间划分的队列。其次，由于样本规模相对较小，将职业五分的情况下，表中父亲职业为"城镇体制外劳动者"对应行 0 值单元格较多会引起计算偏差。因此，这里只展示依据原书中提供的白领、蓝领、农民三类职业流动表计算得到的相关指标（见表 2 - 6）。可以看到，这两套流动表在总流动及结构性流动上得出结论恰好与前人及前文多个流动表的分析相反，年龄越小的队列总流动和结构性流动的水平越低（许欣欣也认识到这一结论的不合常理）。控制边缘分布后的循环流动水平以及 Altham 指数表明不同出生队列的差异变小，且年轻队列的循环流动水平比年老队列低，职业代际关联度在年轻队列中更大。这至少表明 1993 年以前父子职业代际关联度并没有明显降低。

表 2 - 6　已有流动表的流动水平的再分析

流动率	1990 年调查			1993 年调查		
	18~34 岁	35~49 岁	50 岁及以上	18~34 岁	35~49 岁	50 岁及以上
总流动率	28.5%	30.8%	43.4%	28.5%	29.9%	36.0%
结构流动率	5.5%	7.9%	27.1%	8.2%	11.6%	22.5%
上向流动率	14.5%	20.2%	37.8%	15.8%	21.1%	29.6%
循环流动率	23.0%	22.9%	16.3%	20.3%	18.3%	13.6%

续表

流动率	1990 年调查			1993 年调查		
	18～34 岁	35～49 岁	50 岁及以上	18～34 岁	35～49 岁	50 岁及以上
循环流动率_ 修正	18.5%	21.7%	25.0%	17.2%	17.4%	20.0%
Altham 指数	12.87	10.98	9.75	13.55	12.32	11.33
Altham 指数比较	相邻两者不显著			相邻两者边缘显著		

注：基于许欣欣著作（2001：212～213）中的代际流动频数表计算；边缘标准化修正以相应调查全国流动表边缘分布为参照；队列是以年龄段划分的。

也就是说，CGSS 2006 初职代际流动表、LHSCCCH 1996 代际流动表，以及另外几个流动表计算得到的相关指标大多数都表明，总流动水平以及结构性流动水平在年轻队列中有较大提高，但是衡量职业代际关联度继而衡量社会开放程度的相对流动水平在改革后初期并没有显著变化。CGSS 2006 数据表明，1994 年以后社会开放度才有较明显的改观。至于此种变化具体由何种原因造成，下一章将进一步讨论。

三 我国代际流动水平在国际社会中的相对位置

为了对我国职业代际关联程度在世界各国中的相对水平有所了解，本研究依据 International Stratification and Mobility File（ISMF）提供的世界 149 个国家或地区的职业流动表（Ganzeboom & Treiman，2011）加上中国 1996 年 LHSCCCH 调查和 2006 年 CGSS 调查数据汇总的两个全国流动表，分别计算了各个流动表相对于行列独立的流动表的距离 Altham 指数，以及各个流动表相对于 CGSS 2006 整体流动表的距离 Altham 指数。两个距离指数制作的散点图如图 2－3 所示（具体指数见附录 A）。

可以看到，我国的职业代际关联度离代际无关的理想状况的距离（横坐标取值）在 151 张流动表中算是偏小的。也就是说，从职业代际关联度看，中国的社会开放程度非常高，与美国等少数国家相近。而如果以 CGSS 2006 年的流动表为参照，职业代际关联度差距（纵轴取值）最小的是 1962～1973 年的美国（这正是邓肯、豪瑟、费泽曼等开启美国职业流动研究的时期）。图中其他各点距离 CGSS 2006 流动表的距离越远，距离职业代际无关的理想状况的距离也越远。因此，整个散点图呈现一定的线性特征。离理想的无关联状况及 CGSS 2006 流动表最远的点是 1986 年的意大利；同属金砖国家的印度和巴西的职业代际关联度比中国要大得多，以此衡量的社会开放度远远不如中国。

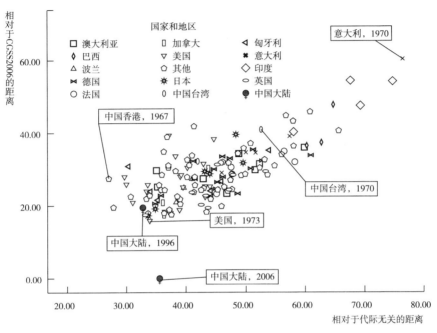

图 2 - 3　不同地区的社会开放度及相对于中国的距离

　　说明：图中所谓的距离是以 Altham 指数来测量的，分别相对列独立的流动表和 CGSS 2006 总流动表。

第四节　代内流动水平的比较

　　分层流动研究人员不仅通过职业代际流动来反映社会系统的开放程度，也经常以代内职业关联度，特别是初职和现职的关联度来反映社会结构特征（Blau & Duncan，1967）。这一节将利用 CGSS 2006 数据简要分析中国不同队列的代内职业流动情况。需要申明的是，基于队列的代内职业流动分析同样会受到不同队列经历的职业生命周期长度不同的影响。从表 2 - 7 中的取值可以看到，相对于代际流动，代内总流动水平低得多，而且呈现出队列越年轻代内结构性流动越小的趋势。因为年轻队列用以实现代内流动的时间较短。相对流动率指标（循环流动率、Altham 指数、对数乘积模型 ϕ 系数）也表明，年轻队列中初职和现职的关联程度更大。考虑到最近 10 年参加工作的队列的职业流动尚未充分完成，这种较高的关联度未来肯定会"打折"。但 1994 年及以前参加工作的队列在 2006 年时已经相对稳定，它们之间的比较能够提供一些有用信息。可以看到，1970 年代参加工作的队列与 1980 年代参加工作的队列的修正的循环流动率和对数乘积层面模型的 ϕ 系数差异不大，但 Altham 指数存在显著差异。

表 2－7　不同就业队列代内职业流动水平比较

	1970 年以前	1970～1981	1981～1994	1995～2006
总流动率	20.3%	27.7%	29.0%	23.2%
结构流动率	10.3%	13.6%	10.6%	6.5%
循环流动率	10.0%	14.1%	18.3%	16.7%
循环流动率_修正	14.0%	17.0%	16.8%	12.5%
对数乘积模型 ϕ 系数	0.5025	0.4733	0.4732	0.5474
Altham 指数	68.7	69.9	77.6	84.1
Altham 指数比较	彼此均存在显著差异			

数据来源：CGSS 2006。

尽管截面数据中年轻队列中职业的代内结构性流动和相对流动水平更低，更不充分，但如果给予更长时间，年轻队列现职与初职，进而与父亲职业的关联度将进一步降低。

第五节　本章小结

通过比较不同就业队列的职业代际流动率，本章得出如下结论。第一，结构性流动是推动改革时期社会流动总水平上升的重要原因，总流动水平及结构性流动水平在年轻就业队列中显著提高。第二，社会出身与社会地位之间的关联度

（父亲职业与子女职业之间的关联度）在 1980 年前后变化不明显，1994 年后才有较明显的下降。也就是说，从相对流动水平来看，改革开放早期社会开放程度并没有实质变化，反倒是 1990 年代中期后社会开放程度有所提高。第三，上述结论相对稳健。常规流动率、结构流动率、循环流动率、修正边缘分布的循环流动率、Altham 指数、完全交互对数乘积层面模型 φ 系数等多个指标能支持上述结论，多个其他来源的数据也大体支持上述结论。

上述结论一定程度上支持了以往社会分层流动研究中认为中国改革具有延续性、稳定性的观点（Bian & Logan，1996；Zhou，2000）。就父子职业的关联度这一指标而言，改革在相当长时间内并未使得整个社会开放程度发生实质变化。即使市场转型论具有合理性，市场环境下资源（包括职位）的分配更多地依赖人力资本而非政治身份（Nee，1989；1991），转型也是缓慢的，效应可能是滞后的。以 1978 年或 1980 年代初期某个时点来标识所有社会转型并不妥当。以往一些研究由于数据限制，常将"文化大革命"结束后作为一个整体来考虑。实际上这 30 多年我国的现代化水平与市场化水平之间的相对关系发生了急剧变化，从而对社会分层和流动产生了不同影响。因此，有必要对变革与发展的时期、地区、单位、行业差异进行更细致的划分（边燕杰、张展新，2002；边燕杰等，2008；吴晓刚，2006）。已有研究显示，不同体制、单位、行业、地区资源的分配机制（如收入回报模式）存在巨大差异（边燕杰、张展新，2002；刘精明，2006b）。我们要追问，人们（特别是农民子女）到底是怎样被分配进不同体制和单位的？这正是本研究关注的核心。从第四章开始，我们将对农民子女分化进入不同职业、单位、体制的过程与机制进行分析。

最后，要全面看待中国的发展与转型。尽管相对流动水平在改革早期变化并不明显，结构性流动的迅速提高同样对中国社会（尤其是底层的短距离流动）的分层和流动影响巨大。这正是国内部分研究者所谓改革初期"蛋糕做大""体制外机会增加"所带来的资源分散效果（孙立平，2004）。这要求我们不仅要将中国社会近年来的变迁看作一个"转型"过程，还需看作一个"发展"过程。本研究之所以选择职业非农化和身份市民化两个角度讨论农民子女社会分化问题，实际上也是为了更为全面地看待问题。前者更多地反映了发展的成果，后者可以反映出市场化的负面影响。不少研究表明农民子女在争取平等公民权及市民化过程中的不顺利与非均衡改革中市场化的"扩大化"

紧密相关（苏黛瑞，2009）。将上述两个问题放在一起研究，有以经过几百年发展才达至今日之状态的西方社会为标准要求刚刚经历 30 多年稳定发展的中国社会的嫌疑，但确实是中国须接受的事实。很多观念已经在人们的头脑中扎根，长久失衡导致的不公平感与行动冲动将威胁社会结构的成功转型与已经取得的发展成果。

第三章
职业流动模式与农民在其中的处境

在对职业流动率和相对流动水平进行分析后，本章将从职业流动模式（包括具体职业流入、流出情况）入手对近几十年来我国社会职业流动特征进行分析，以进一步确定农民在这一流动结构中的位置。既有关于职业流动模式的研究主要的做法是对流动表中的发生比率进行对数线性建模。这类模型通过对流动表中的局部流动结构进行非参数化的设置或限定以估计出相对简洁的流动模式。因此，所谓的流动模式实际上同样是以流动表内不同职业的相对流动水平的高低来定义的，其中次要或类似的流动被简化或合并。下面，将先对流动表的对数线性建模分析进行简单回顾，然后利用 CGSS 2006 数据对不同就业队列的流动模式进行比较，最后对某些具体职业位置（特别是农民）的流入、流出情况及其变化进行概要描述。

第一节　流动模式研究与流动表的简化

流动率对流动表进行了高度的简化和概括，以至相同流动水平可能代表完全不同的流动现实（Sobel，1983）。这主要体现在它没有细致考虑具体出身向具体位置的流动，未区分流动表的局部差异和主要模式。对流动表中行－列关系进行适度简化的另一种常用方式是进行对数线性建模。其基本思路是这样的：对于一个有 R 行 C 列的流动表来说，如果 f_{ij} 表示第 i 行的第 j 列对应单元格的观察频次，F_{ij} 表示对应单元格的期望频次，那么可以将后者写成 $F_{ij} = \tau \tau_i^R \tau_j^C \tau_{ij}^{RC}$ ，它等于一

个总平均值 τ 乘以对应的行效应 τ_i^R，乘以对应的列效应 τ_j^C，再乘以与特定单元格对应的交互效应 τ_{ij}^{RC}。对各个单元格频数取对数，将上述乘法等式变为可加等式，即得到流动表的对数线性模型的一般形式（见公式 2 - 3）。在所有参数满足特定标准化要求的情况下，流动表中两个单元格的条件比数等于：

$$\log\left(\frac{F_{ij}}{F_{i'j}}\right) = \log(F_{ij}) - \log(F_{i'j})$$

$$= \mu + \mu_i^R + \mu_j^C + \mu_{ij}^{RC} - (\mu + \mu_{i'}^R + \mu_j^C + \mu_{i'j}^{RC})$$

$$= \mu_i^R - \mu_{i'}^R + \mu_{ij}^{RC} - \mu_{i'j}^{RC} \qquad\qquad 3-1$$

如果采用虚拟变量标准化法，将 i' 设为参照类，上式即简化为 $\mu_i^R + \mu_{ij}^{RC}$。行列无关时，即交互效应为 0，上述条件比数就等于行边缘参数 μ_i^R。当行列不独立时，条件比数将随列 j 变化而变化，变化量由 μ_{ij}^{RC} 决定，而后者在虚拟变量编码法则下直接对应对数比数比（LOR），一个 $I \times J$ 的流动表共有 $(I-1)(J-1)$ 个这样比数比（鲍威斯、谢宇，2009）。在此一般模型的基础上，研究的目的在于找到最少个数的参数，使模型预测的频次与观察频次之间的差异最小，从而实现对流动表的精炼化。这会丢失部分信息，但因抓住了流动表的主要特征，以至于全模型之间不存在显著差异。

一　从设计矩阵来理解流动表的简化

在对流动表进行拟合时，研究者通常让行效应和列效应被自由估计（被饱和拟合），主要对交互效应 μ_{ij}^{RC} 施以限定。而交互效应的简化限定存在如下几种典型的情况，它们都可以从设计矩阵（design matrix）的角度来理解。

第一种，假定所有交互效应 μ_{ij}^{RC} 等于 0，模型为独立模型。对于一个 6×6 的流动表来说，这意味着饱和估计边缘分布后，各个单元格的交互效应可以用下面的设计矩阵表示。实际上，作为一个常量，这一矩阵根本不用也不能纳入模型：

$$
\begin{array}{cccccc}
0 & 0 & 0 & 0 & 0 & 0 \\
0 & 0 & 0 & 0 & 0 & 0 \\
0 & 0 & 0 & 0 & 0 & 0 \\
0 & 0 & 0 & 0 & 0 & 0 \\
0 & 0 & 0 & 0 & 0 & 0 \\
0 & 0 & 0 & 0 & 0 & 0 \\
\end{array}
$$

第二种，与上述情况完全相反的极端情况是，模型为饱和模型。每一个单元格的频数都被确切估计，$F_{ij} = f_{ij}$。这将耗尽 $(I-1)(J-1)$ 个自由度，有 $(I-1)(J-1)$ 个交互效应需要被自由估计。对于一个 6×6 的流动表，其对应的设计矩阵如下，共有 25 个不同水平的交互效应（其中各行各列分别有一个被作为参照类，效应与对应行、列的主效应无异）：

```
0   0   0   0   0   0
0   1   2   3   4   5
0   6   7   8   9   10
0   11  12  13  14  15
0   16  17  18  19  20
0   21  22  23  24  25
```

上述两种极端情况通常并不是研究者所追求的，他们希望能在两者之间找到一组适度简单的效应组合最大限度地拟合观察频次，在简洁性和精确性之间达到平衡（Xie，1998）。供选择的适度简洁的模型中，下面几种是最常见的：准独立模型、对称模型、准对称模型、自定义的水平模型（Level model）等。

准独立模型						准对称模型						自定义的水平模型					
1	0	0	0	0	0	1	0	0	0	0	0	1	1	1	5	5	5
0	2	0	0	0	0	0	2	7	8	9	10	1	1	2	5	5	5
0	0	3	0	0	0	0	7	3	11	12	13	1	2	2	2	5	5
0	0	0	4	0	0	0	8	11	4	14	15	3	3	2	4	4	4
0	0	0	0	5	0	0	9	12	14	5	16	3	3	3	4	4	4
0	0	0	0	0	6	0	10	13	15	16	6	3	3	3	4	4	4

准独立模型（Quasi-independence Model）意味着在控制对角线单元格（即不对对角线单元格的交互效应进行限定，直接饱和估计）后交互效应满足独立性假设，也即是说，所有非对角线单元格的交互效应为 0。如果这一模型能很好地复原观察频数，意味着控制继承效应后，不同社会出身的个体进入任何其他社会位置的机会是相同的——完全随机。这一模型仅损失 I 个自由度（对角线单元格的个数）。

对称模型（Symmetry Model）假定流动表中行效应等于列效应，且交互效应关于主对角线对称。此种流动模式的最大特征是，流动表中上向的社会流动与下向的社会流动相同，且不存在结构性流动。此种流动表单元格关于主对角线对称：$F_{ij} = F_{ji}$，模型的残差自由度是非对角线单元格个数的一半，即 $I(I-1)/2$。这种流动模式很少出现，实用价值不大。

准对称模型（quasi-symmetry）取消了对称模型中行、列效应相等的假定，但保留了交互效应对称的假定（在交互效应的设计矩阵上，对称模型和准对称模型是一样的）。此模型未对边缘分布的差异施加限制，因而可用行列边缘差异来描述结构性流动（Sobel，Hout & Duncan，1985）。准对称模型比对称模型增加了 $I-1$ 个需要估计的（行效应或列效应）参数，因此残差自由度是 $I(I-1)/2 - (I-1) = (I-1)(I-2)/2$。

水平模型的主导思想是试图用尽量少的几个水平参数代表流动表中的交互参数，以达到对流动表的最佳拟合效果（Featherman & Hauser，1978）。水平模型的交互效应设计矩阵中的不同数字代表不同水平的交互效应，相同的数字代表交互效应大小相同。只要水平个数比流动表自由度个数少，模型估计频数与观察频数之间的差距不大，对流动表的简化就具有一定的合理性，理论上的交互模式就可能与此相同或相近（Hauser，1978；Hauser，1980）。首先，水平矩阵的设计常常依据实际的优势比结构进行设定，但首先应保证设计的矩阵具有实质意义，因而必须在相关流动理论和已有结论的指导下进行，否则模型对于数据的漂亮拟合很可能仅具有统计意义而非实质含义（Hauser，1978，1980）；其次，设置的水平数量不能太多，否则解释起来很困难（格伦斯基，2005）。

除了上述模型外，一些简化的交互效应模式是利用多个设计矩阵来代表的，跨越模型和渗透模型就是如此。跨越模型（Crossing model）背后的假设是，流动表不同类别间的跨越难度不同，相邻类别间的"差距"较小，间隔越远，跨越的难度就越大。这相当于将流动表中不同的社会位置看作高度差各不相同的台阶，短距离的社会流动相对比较容易，长距离的社会流动必须跨过多个台阶（多个跨越系数相乘或者相加），难度也就越来越大。通过比较各个跨越系数的大小，可以对不同社会位置之间的隔离程度有所估计。跨越模型表示如下：

$$F_{ij} = \tau \tau_i^R \tau_j^C v_{ij}^{RC} \quad \text{其中，} v^R C_{ij} = \begin{cases} \prod_{u=j}^{i-1} v_u & \text{对于 } i > j \\ \prod_{u=i}^{j-1} v_u & \text{对于 } i < j \\ \xi_i & \text{对于 } i = j \end{cases} \qquad 3-2$$

可以看到，模型精确拟合了流动表的对角线，而其他非对角线单元格的交互效应关于主对角线对称，且交互效应随着行列的变化而有规律地变化。在 6×6 的流动表中，上述模型的对数线性形式的交互效应，等于下面 6 个设计矩阵的系数之和。

对角线							跨越 1							跨越 2				
1	0	0	0	0	0		0	1	1	1	1	1		0	0	1	1	1	1
0	2	0	0	0	0		1	0	0	0	0	0		0	0	1	1	1	1
0	0	3	0	0	0		1	0	0	0	0	0		1	1	0	0	0	0
0	0	0	4	0	0		1	0	0	0	0	0		1	1	0	0	0	0
0	0	0	0	5	0		1	0	0	0	0	0		1	1	0	0	0	0
0	0	0	0	0	6		1	0	0	0	0	0		1	1	0	0	0	0

跨越 3							跨越 4							跨越 5				
0	0	0	1	1	1		0	0	0	0	1	1		0	0	0	0	0	1
0	0	0	1	1	1		0	0	0	0	1	1		0	0	0	0	0	1
0	0	0	1	1	1		0	0	0	0	1	1		0	0	0	0	0	1
1	1	1	0	0	0		0	0	0	0	1	1		0	0	0	0	0	1
1	1	1	0	0	0		1	1	1	1	0	0		0	0	0	0	0	1
1	1	1	0	0	0		1	1	1	1	0	0		1	1	1	1	1	0

渗透模型的交互效应设计与跨越模型类似，但其并不按照行列的顺序来进行设计，它将其中某些社会地位之间的流动水平设定为一个参数，其他的流动归为另一水平；一个流动表中可能存在不同社会地位之间的多种渗透与继承，因而存在多个相应的设计矩阵。在对数线性模型中，各个单元格的交互效应等于这些设计矩阵系数之和（具体设计矩阵，将在后面章节的经验分析中给出）。

二　序次信息与流动表的简化

上述流动表简化模型都假定行、列变量为名义变量，行列各个类别之间不存在次序关系，也无其他外部变量对各类别间的量化属性进行测量。当行列变量的各个类别存在次序，甚至有额外信息类别间的差异进行量化测量时，流动表还有其他的简化方式。这包括线性乘线性关联模型、统一关联模型、行效应和列效应模型以及 Goodman 的 RC 模型等。

线性乘线性关联（Linear-by-Linear association）模型中，要求对行列变量有额外的测量信息。设 x_i 和 y_j 分别表示第 i 行和第 j 列在属性 x 和 y 上的取值（要求定距测量，如各职业的平均声望得分、平均受教育年数等），线性乘线性对数线性关联可以表达为

$$\log(F_{ij}) = \mu + \mu_i^R + \mu_j^C + \beta x_i y_j \qquad\qquad 3-3$$

也就是说，交互效应被表达成行列定距属性 x 和 y 的乘积的函数，β 为 x 和 y 之间的关联系数。上式还可以扩展为带有多个线性乘线性项的模型，只要线性乘线性项的数目小于 $(I-1)(J-1)$。

有时并没有额外测量信息，仅知道各个类别间大致存在某种等级秩序，此时可以假定各个位置等级间存在着某种间距结构。简单的做法是直接将某一套连续的整数指派给各个类别，由此假定相邻两类别间的距离相等，这种赋值方法（scoring methods）被称为整数赋值（integer-scoring）。由此得到的模型被称为统一关联模型（uniform association model），其在交互项上仅耗损了 1 个自由度（鲍威斯、谢宇，2008：90）。当使用起点为 1 的连续整数进行赋值时，其对数线性形式被简化为：

$$\log(F_{ij}) = \mu + \mu_i^R + \mu_j^C + \beta ij \qquad\qquad 3-4$$

统一关联模型对行和列都进行了整数赋分，一个假定条件较少的模型是，仅对行列之一进行整数赋分，而对另一维度进行自由估计。此时，对列进行整数赋分的模型叫作行效应模型（Row-effect model），因为其对行效应进行了自由估计；对行进行整数赋分的模型叫作列效应模型（Column-effect model）。这些模型都是 Goodman（1979）发展出来的。行效应模型和列效应模型有着相同的形式，分别假定列和行变量取值被正确排序且大致对应所赋尺度。对数线性行效应模型表达式如下：

$$\log(F_{ij}) = \mu + \mu_i^R + \mu_j^C + j\phi_i \qquad\qquad 3-5$$

其中，ϕ_i 为需要估计的行效应。统一关联模型、行效应模型、列效应模型都可以继续限定特定的单元格子集，从而估计出排除对角线的行效应模型之类的

简化模型。

对未知的行列效应除了像上面一样进行整数赋分外，另一种方法是对行效应和列效应进行估计。Goodman 的行效应和列效应关联模型 I （Row-and-Column-effects model I ） 以及行和列效应关联模型 II （Row-and-Column-effects model II） 为此奠定了很好的基础 （Goodman，1979；1981；鲍威斯、谢宇，2009）。其中模型 I 将交互效应表达为行效应模型和列效应模型中的交互效应之和 $\log(F_{ij}) = \mu + \mu_i^R + \mu_j^C + j\phi_i + i\varphi_j$，并要求行和列的类别都被正确地排序。模型 II 则将交互效应表达为估计出的行得分与列得分的乘积：$\log(F_{ij}) = \mu + \mu_i^R + \mu_j^C + \phi_i\varphi_j$，因此这一模型又被称为对数乘积模型 （Log-multiplicative model）。这一模型不要求行和列的各个类别的排序正确，和模型 I 一样，其残差自由度也为 $(I-2)(J-2)$。这一模型的估计可以通过 LEM 软件迭代完成 （鲍威斯、谢宇，2008：94~95）。模型 II 还可以一般化为行和列关联具有多维性的情况，这时被称为 $RC(m)$ 模型 （Becker & Clogg，1989；Goodman，1986）。在多维情况下，通常将模型写成：

$$\log(F_{ij}) = \mu + \mu_i^R + \mu_j^C + \sum_m \beta_m \phi_{im} \varphi_{jm} \qquad 3-6$$

并需要对未知参数重新进行参数化，具体方法见鲍威斯和谢宇的著作 （Xie，1992；鲍威斯、谢宇，2009）。

三　多个流动表的比较

对观察数据拟合较好的简约模型抓住了流动表的主要流动特征和模式。在此基础上，研究任务之一是对不同的地区和不同时期的流动表进行比较。此时，交互效应在各个流动表中相同的同质性模型，交互效应在各个流动表中存在统一的变化规律的对数乘积层面模型，以及交互效应在各个流动表中都不相同的异质性模型是常见的选择，依据它们对多维表的整体拟合度可以评估各个流动表的模式是否存在差异 （鲍威斯、谢宇，2009；高勇，2009）。

对数线性模型基础上的流动表的比较实际上就是将二维列联表扩展成三维或多维列联表进行分析。流动表与流动表的比较实际上就是要看社会出身和社会地位之间的关联水平和模式是否随着时间、地区、群体的变化而变化。三维表的对数线性建模在二维表的基础上增加了"层（layer）效应"。一个饱和的三维表（行、列、层分别为 R、C、L）的对数线性模型可以写成如下形式：

$$\log(F_{ij}) = \mu + \mu_i^R + \mu_j^C + \mu_k^L + \mu_{ij}^{RC} + \mu_{ik}^{RL} + \mu_{jk}^{CL} + \mu_{ijk}^{RCL} \qquad 3-7$$

也就是说，具体单元格的频数由 3 个单维效应、3 个二维效应和 1 个三维效应决定。此模型同样需满足标准化限定（鲍威斯、谢宇，2008：99~100，106~107）。

在进行多维表分析以前，应该检查多维表是否可以合并成二维表。以分性别的代际流动为例，如果男女两性的社会流动表可以合并，这意味着：第一，社会出身和社会地位之间的交互效应在男性和女性中相同，即行列的交互效应（偏二维关联）不随层的变化而变化；第二，男性和女性的社会地位边缘分布相同，或者男性和女性的社会出身的边缘分布相同。如果一个三维表沿着我们关注的方向不可合并，这意味着我们有必要就行列交互在第三个维度上的变化特征进行研究。其中最简洁的情况是行列交互在各个层之间保持不变的同质性模型。最复杂的情况是，行列交互在各个层面上都不相同的异质性完全交互模型。比较折中的情况包括：①设定行列交互在各个层不同，但各层的行列交互为某种简化形式，否则得到的将是饱和模型；②为各层设定一个统一的基线行列关联，同时设定一个比较简单的层别偏差关联，前者在各层不变，但偏差关联随着层的变化而变化，从而在精确性和简洁性之间保持了平衡；③将偏行列效应与层之间关系设定为对数乘积层面形式（log – multiplicative-layer），各层有着相同的偏二维关联模式，但关联水平随着层的变化而变化：

$$\log(F_{ij}) = \mu + \mu_i^R + \mu_j^C + \mu_k^L + \mu_{ij}^{RC} + \mu_{ik}^{RL} + \mu_{jk}^{CL} + \psi_{ij}\phi_k \qquad 3-8$$

其中 ψ 为 R – C 二维偏差关联（Two-way deviation association），而 ϕ 为层别关联偏差（Layer specific deviations in the association）（Powers & Yu xie，2008：111）。上述行列偏差关联可以像 $RC(m)$ 模型或渗透模型一样设定为多个维度，从而可以对流动表的流动水平（行列关联强度的反向测量）及流动模式在层之间的变化进行比较（Yu Xie，1992；高勇，2009）。复杂的多维模型除可在 Lem 软件中实现外，stata 的 unidiff 命令也能完成。

第二节 我国职业流动模式及其变化

关于我国职业流动模式的研究相对较少（高勇，2009；胡平等，2006；李路路，2006；孙凤，2006a，2006b）。其中部分研究关于对数线性模型的理解并不准确，有些研究的职业类别合并过于严重，难以反映具体的流动模式。当然，部分研究也揭示了我国职业流动的某些模式和变化，如继承效应相对于流动效应较大，精英阶层与工农阶层之间的藩篱扩大等（高勇，2009；李路路，2006）。下面，我们将先利用流动比率对我国的职业流动模式进行简单描述，然后再进行对数线性模型基础上的简化工作。

将流动表各单元格观察频数除以行列无关时的期望频次，得到流动比率（Mobility ratio），从而知道某一出身与某一位置的关联度（Blau & Duncan，1967：34）或流动性指标（郭丛斌，2008）。流动比率大于1，说明对应出身与社会位置之间存在较大正向关联；流动比率小于1，说明对应出身与地位之间存在一定障碍或藩篱；流动比率等于1，说明对应出身的人进入相应位置的概率与随机分配差不多，出身与目标位置间充分开放。

从总的职业流动比率（见表3-1）可以看到，我国职业代际流动具有如下特征。第一，各个职业都具有较强的继承性，流动表主对角线上的流动比率都明显大于1。第二，农民具有明显的封闭性。农民家庭出身的人进入其他职业的机会相对较小，而其他出身的人成为农民的相对概率更小。不过，由于职业非农化，各职业中，农民的继承性又是最小的。第三，整个流动表具有一定的上向流动特征，对角线右上角的流动比率相对较高。第四，除个体户与技术工人，农民与非技术工人外，其他相邻职业间具有明显的正向关联。

表3-1 职业代际流动比率

子女＼父亲	管理及专业人员	办事人员	个体户	技术工人	非技术工人	农民
管理及专业人员	2.8	1.8	1.1	1.7	1.4	0.6
办事人员	1.9	2.8	2.4	1.8	1.9	0.6
个体户	1.2	1.4	3.1	1.0	0.9	0.9

续表

父亲 子女	管理及专业人员	办事人员	个体户	技术工人	非技术工人	农民
技术工人	1.2	1.5	0.8	2.6	1.8	0.7
非技术工人	0.8	1.3	1.3	1.4	2.6	0.8
农民	0.4	0.1	0.2	0.2	0.2	1.3

数据来源：CGSS 2006。列为父亲职业，行为子代职业，后面各表与此类似。

从队列比较来看（见表 3-2），首先，继承模式是各队列职业代际关联的主要模式之一。除 1970 年代管理及专业技术人员、办事人员的代际继承性较强外，各个年轻队列中非农职业的继承性都有明显下降。其次，流动表的对称性在头三个队列中更为明显，但在 1994 年以后参加工作的队列中有所变化。第一，父亲为农民的子女进入工人、个体户等低端职业的流动比率大大提高了，该列很多流动比率都接近 1。第二，主对角线下方的流动比率取值小于 1 的单元格明显增加了。这说明下向流动明显减少。

表 3-2　不同就业队列的职业流动比率

	管理及专业人员	办事人员	个体户	技术工人	非技术工人	农民
1970 年以前						
管理及专业人员	2.4	2.9	1.7	2.6	1.9	0.7
办事人员	2.3	3.1	3.4	2.5	2.2	0.7
个体户	1.5	0.4	5.1	1.3	1.2	0.9
技术工人	1.5	3.4	0.5	3.3	2.6	0.7
非技术工人	0.4	1.6	1.9	2.0	4.6	0.8
农民	0.6	0.2	0.2	0.2	0.1	1.1
1970~1981 年						
管理及专业人员	3.2	1.2	0.4	1.6	1.5	0.6
办事人员	1.6	4.0	2.1	2.2	2.1	0.4
个体户	1.0	1.2	3.9	1.1	0.9	0.9
技术工人	1.4	1.7	1.4	3.0	2.5	0.5
非技术工人	1.1	1.5	1.6	1.5	2.5	0.7
农民	0.4	0.1	0.3	0.2	0.2	1.3

续表

	管理及专业人员	办事人员	个体户	技术工人	非技术工人	农民
1982～1994 年						
管理及专业人员	2.8	1.8	1.2	1.6	1.0	0.6
办事人员	2.3	2.3	1.6	1.7	2.0	0.5
个体户	1.1	2.1	3.1	0.9	0.8	0.9
技术工人	1.2	1.2	0.7	2.9	1.6	0.7
非技术工人	1.0	1.3	1.0	1.3	2.5	0.8
农民	0.3	0.1	0.2	0.2	0.3	1.4
1995～2006 年						
管理及专业人员	2.4	1.7	0.8	1.5	1.3	0.6
办事人员	1.3	2.0	1.7	1.4	1.3	0.7
个体户	0.9	0.4	2.0	0.7	0.7	1.0
技术工人	0.9	0.9	0.6	1.5	1.0	1.0
非技术工人	0.2	0.8	1.1	0.9	1.9	1.1
农民	0.3	0.2	0.3	0.3	0.4	1.5

数据来源：CGSS 2006。

一　概括代际流动模式的设计矩阵

根据上面的描述及以往的研究，可以为中国的职业流动设计如下水平矩阵（见表 3－3）。这一矩阵具有如下特点：首先，具有很强的对称性，关于主对角线对称的各单元格的交互效应被设定为具有相同的水平；其次，父亲职业是农民的人进入其他职业的难度大，就如其他出身的人成为农民一样难；最后，除农民外，各个职业的继承性类似。这一设计矩阵相对简洁且具有较好的理论意义。它说明上向流动与下向流动发生的可能性类似，农民在职业位置中处于不利的独特位置。如果这一设计矩阵对数据拟合程度较好，说明简化是合适的，如果拟合特别差，说明实际的流动模式与此相差较大。

在对多个流动表进行比较时，我们可以将同一个水平矩阵用到所有的时期，并设定相关参数在不同时期相同，从而得到同质性的水平矩阵模型；也可以令各个时期有相同个数的水平参数，但具体参数自由变动，从而得到完全异质性水平模型；较折中的模型采用对数乘积层面模型，令水平模式在各个时期或地区保持一致，但允许不同时期或地区在基准水平上有所调整，对应调整系数即层面偏差关联系数。

表 3 - 3　水平设计矩阵与渗透矩阵

水平设计矩阵						渗透矩阵（继承矩阵1）						渗透矩阵1					
1	3	3	3	3	3	2	1	1	1	1	1	1	1	1	1	1	1
3	1	3	3	3	4	1	2	1	1	1	1	1	1	1	1	1	1
3	3	1	3	3	4	1	1	2	1	1	1	1	1	1	1	1	1
3	3	3	1	3	4	1	1	1	2	1	1	1	1	1	1	2	1
3	3	3	3	1	4	1	1	1	1	2	1	1	1	1	2	1	1
3	4	4	4	4	2	1	1	1	1	1	2	1	1	1	1	1	1

渗透矩阵2						渗透矩阵3						渗透矩阵4					
1	2	1	2	2	1	1	1	2	1	1	1	1	1	1	1	1	2
2	1	1	2	2	1	1	1	2	1	1	1	1	1	1	1	1	2
1	1	1	1	1	1	2	2	1	2	2	1	1	1	1	1	1	1
2	2	1	1	1	1	1	1	2	1	1	1	1	1	1	1	1	2
2	2	1	1	1	1	1	1	2	1	1	1	1	1	1	1	1	2
1	1	1	1	1	1	1	1	1	1	1	1	2	2	1	2	2	1

渗透模型是水平模型的一个特例，它将交互水平呈现出来的水平等级表达为多个二分等级效应叠加的结果，正如在跨越模型中将各个社会阶层之间的关系表达为多个跨越难度累积的结果类似。只不过，渗透模型并不假定相邻阶层之间的藩篱就相对稀疏，而可以根据现实的阶层状况判定各个阶层与其他阶层之间的渗透水平或交互关联的强度（Erikson & Goldthorp，1992：121 - 123）。根据李路路的研究和建议，结合 EGP 阶级阶层分类中的三个阶层分界线，可将继承与渗透效应分为五个部分。首先是各个阶层的继承效应——对应于流动表的主对角线，它意味着对角线上的出身 - 地位组合有着相对于非对角线单元格的共同流动 - 继承特性。其次是技术工人与非技术工作内部的相互流动，这被认为是一种继承效应。其余三个渗透效应分别为工人阶层与服务阶层（办事阶层）之间的相互渗透，自雇者向其他各个阶层的渗透，以及农民阶层向其他各个阶层的渗透（李路路，2006）。

进行多个流动表的比较时，可以假定上述继承 - 渗透框架不变，但允许各个继承效应或渗透效应随着时期的不同而发生变化，由此得到异质性的渗透模型。与此相反，也可限制所有的继承 - 渗透效应在多个流动表中保持一致，从而得到简洁的同质性渗透模型。折中的情况是，令部分继承－渗透效应在各个时期间不同而保持另一些相同，从而得到不完全异质性模型，进而反映出不同继承－渗透效应的时期差异性。

二　代际职业流动模式及其队列比较

除了将基准的行列关联设定为水平模型和渗透模型外，本书还选择了完全交互模型（Full interaction）、准对称模型（Quasi-symmetry）、准行列效应（Quasi row and column effect model Ⅰ）准独立模型（Quasi-perfect mobility）等作为基准交互模型。这些模型彼此之间存在着嵌套性，自由度较大的模型较为简洁，自由度小的模型更为复杂。它们对于数据的相对拟合程度可以通过对似然比卡方变化量在对应自由度变化量下的统计检验进行评判。取值越大表明模型偏离饱和模型的程度越大。似然比具有我们所熟悉的削减误差比例属性，类似于 OLS 回归中的 F 检验。其取值与独立模型似然比卡方量的比值为 Deviance ratio，可以作为"未被解释的变异"来解释。表 3-4 中的模型都试图对 CGSS 2006 调查中四个队列的流动表进行简化拟合，除条件独立模型外共分为三类：同质性模型——控制各个队列的流动水平和流动模式相同；对数乘积层面模型——控制各个时期的流动模式相同但关联偏差水平不同；异质性模型——各个队列的流动水平和流动模式都被设定为存在一定差异。每一组模型内部又有几个简洁程度不同、流动模式不同的竞争性模型。

从似然比卡方统计量 $\left[G^2, G^2 = -2\sum_{i=1}^{I}\sum_{j=1}^{J} f_{ij}\log(\hat{F}_{ij}/f_{ij}) \right]$ 检验显著度来看，它们都未充分拟合流动表的观察频数（异质性完全交互模型为充分拟合），这在样本规模很大时经常遇到。在样本量较大的情况下，纳入更多变量都会使这一统计量变得更小，但模型实际的改善难以保障。因此，研究者建议使用 BIC（贝叶斯信息标准）来选择拟合相对较好的模型。这一拟合指标同样基于似然比卡方值（$BIC = G^2 - df \log n$），但在大样本情况下会对自由度变化进行更大的调整和"惩罚"（鲍威斯、谢宇，2009：79）。而且 BIC 标准既可用于嵌套模型的比较，也可用于非嵌套模型的比较，取值越小越好。

当然，最优模型的选择通常也会参考其他拟合优度指标，如皮尔逊卡方统计量和相异性指数（Delta）。后者作为描述性测量，表示模型预测频数分布与实际观察频数的差异所占百分比，可用以评价模型能在多大程度上再现观察频数（鲍威斯、谢宇，2009：109）。

表 3-4 2006CGSS 不同就业队列的现职代际流动模式

模型设置	G2	df	BIC	Delta	p	Dev ratio
条件独立模型	2461.6	100	1555.2	20.3	0.000	1.000
同质性模型						
完全交互模型	137.4	75	-542.4	3.4	0.000	0.056
准对称模型	198.9	85	-571.5	4.0	0.000	0.081
准行列效应模型	220.8	85	-549.7	4.4	0.000	0.090
渗透模型*	264.8	94	-587.2	4.7	0.000	0.108
水平模型	336.2	97	-543.0	5.9	0.000	0.137
准独立模型	363.2	94	-488.8	6.1	0.000	0.148
跨越模型	400.5	95	-460.6	6.1	0.000	0.163
对数乘积层面模型（好）						
完全交互模型	122.7	72	-529.9	3.1	0.000	0.050
准对称模型	181.9	82	-561.4	3.7	0.000	0.074
准行列效应模型	206.8	82	-536.4	4.1	0.000	0.084
渗透模型*	284.3	92	-549.6	5.0	0.000	0.115
水平模型	321.4	94	-530.6	5.6	0.000	0.131
准独立模型	345.6	91	-479.3	5.7	0.000	0.140
跨越模型	389.7	92	-444.2	5.9	0.000	0.158
异质性模型						
完全交互模型	0.0	0	0.0	0.0	.	0.000
准对称模型	92.8	40	-269.8	3.8	0.000	0.038
渗透模型	197.2	76	-491.6	3.5	0.000	0.080
不完全异质渗透模型	206.4	82	-536.8	3.8	0.000	0.084
水平模型	311.3	88	-486.3	5.5	0.000	0.126
条件准独立（对角异质）	316.0	76	-372.8	5.1	0.000	0.128

注：1. 按就业时间将 CGSS 2006 案例分成 4 个队列。具体频数见附录。

2. 渗透模型*，如（李路路，2006）一样设定了统一关联效应。对数乘积渗透模型未纳入这一效应，所以自由度之差不为 3。

根据上述标准，可以看到，无论是同质性模型、对数乘积层面模型还是异质性模型中，以准对称为基准关联的模型在似然比卡方统计量上都仅次于完全交互模型。在同样的自由度下，准行列效应模型的拟合程度较差，不是最优选择。如果在这一模型的基础上作进一步的精练（给交互效应更多限制—restriction），即可得到水平模型、准独立模型等。后两类模型虽然消耗的自由度更少，但对于数据的拟合并不算太好，在对应的自由度下与准对称模型之间存在显著差异。这意味着，控制了继承效应后各个职业间的关联程度并非如准独立模型或水平矩阵设定的那样。准对称模型、准行列效应模型、水平设计矩阵、渗透模型都具有对称特征，它们对数据的拟合都相对较好（BIC 绝对值较大，Dev ratio 较小）。因此，不同就业队列的流动模式可以从这三个基准模型的共同特征中寻找。

首先，流动具有较好的对称性。排除继承效应之后，上向流动和下向流动具有对称性。其次，各个阶层向农民阶层的流动和渗透水平相对较低。再次，相对于其他职业的继承性，农民继承水平可能比较特殊。对数乘积准对称模型的行列关联得分估计值（见表 3 - 5，取值越负表示交互效应越小）印证了上述特征。最后，还发现个体户具有较强的封闭性，个体户的子女进入职业的相对机会略小，这一出身与农民的相似性较高。吴晓刚等的研究中也有类似发现（Wu & Treiman，2004）。

表 3 - 5　对数乘积准对称模型的 Phi 系数估计值（R - C 关联得分）

父亲＼子女	管理及专业人员	办事人员	个体户	技术工人	非技术工人	农民
管理及专业人员	0.0	- 0.2	- 0.4	- 0.2	- 0.4	- 0.6
办事人员	- 0.2	0.0	- 0.2	- 0.2	- 0.2	- 0.7
个体户	- 0.4	- 0.2	0.0	- 0.5	- 0.4	- 0.5
技术工人	- 0.2	- 0.2	- 0.5	0.0	- 0.2	- 0.6
非技术工人	- 0.4	- 0.2	- 0.4	- 0.2	0.0	- 0.5
农民	- 0.6	- 0.7	- 0.5	- 0.6	- 0.5	0.0

数据来源：CGSS 2006。主对角线上的继承效应被控制。

从队列比较上看，异质性模型对于数据的拟合程度无疑是最好的，忽视队列间的差异确实会使模型拟合度变差。但这是以损耗更多自由度，使模型变得复杂为代价的。从 BIC 指标上看，绝对值较小，它们并非最合适的模型。从似然比卡方值（G^2）和 BIC 指标来看，队列同质性模型和对数乘积模型对数据的拟合并不太差，且拟合度和简洁性平衡得较好。前者强制流动的模式在各个队列之间保持不变，流动的水平有所变化；后者则强制模式和水平在不同队列都不存在变化。结果表明，对数乘积模型在同质性模型的基础上耗损 3 个自由度，对于数据的拟合更好了，G^2 变得更大，且与同质模型存在显著差异。因此，大体而言不同就业队列的流动模式差异不大而流动水平上存在一定变化（见表 3 - 6）。从BIC 指标来看，这种变化似乎也没有太大价值，因为同质模型对于数据的相对拟合更好。

表 3 - 6　相同模式下职业代际流动水平的队列比较

对数乘积基准模型设置	1970 年前	1970 ~ 1981 年	1982 ~ 1994 年	1995 ~ 2006 年
完全交互模型	0.4841	0.5494	0.5358	0.4204
准对称模型	0.4764	0.5534	0.5408	0.4175
准行列效应模型	0.4865	0.5469	0.5363	0.4202
对数乘积水平模型	0.4919	0.5469	0.5367	0.4133
跨越模型	0.4698	0.5432	0.5421	0.4363
准独立模型	0.4870	0.5550	0.5382	0.4064

数据来源：CGSS 2006。四个初职代际流动表。

为了检验上述结论的稳健性，本研究用 CGSS 2006 数据中 "18 岁时父职 - 初职" 代际流动表以及 1996 年 "生活史与社会结构变迁" 调查数据中 "子女 14 岁时父职 - 子女现职" 流动表进行了补充性分析。前者可以使队列比较的假定更少，后者可以印证相关结论的稳健性。以 18 岁时父亲职业与受访者的初职为基础建立的流动表的分析结果（见表 3 - 7）显示，初职代际流动情况略有不同，准行列效应 I 模型和水平模型的拟合优度好于准对称模型，但是准对称模型对数据的拟合度仍然相对较好，而且三种模型都具有对称性。因此，即使在初职代际流动上，中国的职业代际流动同样存在较强的准对称性。1996 年 LHSCCCH 数据得到流动模式具有同样的特征。从表 3 - 8 中可以看到，以 Dev ratio 为标准，准对称模型同样是完全交互模型之外对数据拟合最好的模型，且在前两组模型中与完全交互模型无显著差异。而同质性模型与放宽限定后对应的对数乘积模型无显著差异，异质性模型进一步放宽之后对数据的相对拟合度没有明显改善，这些整体趋势表明流动模式和流动水平在各队列间的差异并不特别明显。

表 3-7 初职代际流动的对数线性模型拟合结果

模型设置	G^2	df	BIC	delta	p	Dev ratio
条件独立模型	2658.9	100	1752.5	21.1	0.000	1.000
同质性模型						
完全交互模型	179.9	75	-500.0	4.0	0.000	0.068
准行列效应模型	207.2	85	-563.3	4.4	0.000	0.078
准对称模型	231.1	85	-539.4	4.5	0.000	0.087
渗透模型	305.5	94	-546.6	5.4	0.000	0.115
水平模型	317.0	97	-562.2	5.3	0.000	0.119
准独立模型	331.7	94	-520.3	5.7	0.000	0.125
对数乘积层面模型（好）						
完全交互模型	159.7	72	-492.9	3.6	0.000	0.060
准行列效应模型	187.3	82	-556.0	3.9	0.000	0.070
准对称模型	210.1	82	-533.2	4.1	0.000	0.079
水平模型	300.3	94	-551.7	4.9	0.000	0.113
准独立模型	311.5	91	-513.4	5.2	0.000	0.117
异质性模型						
完全交互模型	0.0	0	0.0	0.0	.	0.000
准对称模型	72.0	40	-290.6	1.8	0.000	0.027
渗透模型	177.0	76	-511.9	3.4	0.000	0.067
不完全异质性渗透模型*	204.5	82	-538.8	3.8	0.000	0.077
条件准独立-异质性对角	252.8	76	-436.1	4.3	0.000	0.095
水平模型	297.8	88	-499.9	4.9	0.000	0.112

* 不完全异质性渗透模型设定农民及个体户的队列渗透具有相同模式。

资料来源：CGSS 2006 初职代际流动表，分四个队列，见附录 B。

表 3-8 职业代际流动的对数线性模型拟合结果

模型设置	G^2	df	BIC	delta	p	Dev ratio
条件独立模型	1381.5	75	732.9	19.1	0.000	1.000
同质性模型（好）						
完全交互模型	84.3	50	-348.1	2.9	0.002	0.061
准对称模型	91.3	60	-427.6	3.0	0.01	0.067
准行列效应模型	94.8	60	-424.0	3.0	0.000	0.069

续表

模型设置	G^2	df	BIC	delta	p	Dev ratio
渗透模型	120.9	69	−475.8	3.4	0.000	0.088
准独立模型	137.5	69	−459.2	3.8	0.000	0.100
水平模型	138.1	72	−484.5	3.7	0.000	0.100
对数乘积层面模型						
完全交互模型	82.7	48	−332.4	2.8	0.000	0.060
准对称模型	97.7	58	−403.9	3.2	0.000	0.071
准行列效应模型	92.8	58	−408.7	2.9	0.000	0.067
准独立模型	135.7	67	−443.7	3.6	0.000	0.098
水平模型	136.6	70	−468.8	3.6	0.000	0.099
跨越模型	152.0	68	−436.1	3.7	0.000	0.110
异质性模型						
完全交互模型	0.0	0	0.0	0.0	.	0.000
准对称模型	49.5	40	−210.0	1.9	0.04	0.036
渗透模型	94.2	57	−398.7	2.6	0.001	0.068
不完全同质渗透模型*	104.8	65	−457.3	3.0	0.001	0.076
准独立−异质性对角	123.7	57	−369.2	3.1	0.000	0.090
水平模型	133.0	66	−437.8	3.5	0.000	0.096

*技术工人与非技术工人之间的渗透效应在队列间存在差异。

资料来源：LHSCCCH1996，三个就业队列的父职−现职代际流动表，见附录 B。

三　代内职业流动的模式

这一节将对代内职业流动模式进行分析。分析仅限于对 CGSS 2006 调查的四个就业队列的比较，基准交互设置与代际流动模式相同。简单描述已经表明，代内流动水平与代际流动相差很大，流动模式也会有所不同。各个模型的拟合结果见表 3−9。

首先，在初职−现职关联模式方面，准对称模型仍是仅次于完全交互模型的简洁模型。而且在同质性模型和对数乘积模型组中，准对称模型相对于完全交互模型节省了 10 个自由度，但其拟合度与后者并无显著差异（在同质性模型中，对应的卡方检验为 1 - Chi2（10，6.4）= 0.78，在对数乘积模型中为 1 - Chi2（10，13.8）= 0.18。这说明在不考虑继承效应的情况下，CGSS 2006 数据中初职与现职的关联性保持着非常好的对称性。

其次，从队列同质性模型、对数乘积层面模型、异质性模型的对比来看，队列异质性模型对于数据的拟合程度显著好于对数乘积模型和同质性模型，不同就业队列的代内职业流动在模式和水平上确实存在一定差异。若舍弃较为次要的变化，关注主要的流动模式，我们选择在简洁度和精确性上平衡得更好的对数乘积模型。从 BIC 指标来看，它们在简洁度上与同质性模型相差无几，而从似然比卡方值来看，它们对数据的拟合程度要显著得好。这意味着，我们可以认为代内流动的主要模式没有发生显著改变，改变的只是各个流动表中的水平参数，并且是同一个流动表的各个交互参数都做相同比例的改变。

表 3 - 9　CGSS 2006 多队列代内流动模型

模型设置	G^2	df	BIC	delta	p	Dev ratio
条件独立模型	10219.8	100	9310.7	41.9	0.000	1.000
同质性模型						
完全交互模型	162.3	75	-519.5	3.3	0.000	0.016
准对称模型	176.7	85	-596.1	3.4	0.000	0.017
准行列效应模型 I	180.4	85	-592.4	3.5	0.000	0.018
渗透模型	212.4	94	-642.1	3.9	0.000	0.021
准独立模型	313.6	94	-541.0	4.4	0.000	0.031
水平模型	377.6	97	-504.2	5.2	0.000	0.037
对数乘积层面模型						
完全交互模型	135.6	72	-518.9	2.6	0.000	0.013
准对称模型	149.4	82	-596.1	2.7	0.000	0.015
准行列效应模型 I	153.7	82	-591.8	2.8	0.000	0.015
准独立模型	288.0	91	-539.3	3.9	0.000	0.028
水平模型	340.7	94	-513.9	4.8	0.000	0.033
异质性模型						
完全交互模型	0.0	0	0.0	0.0	.	0.000
准对称模型	67.4	40	-296.3	1.2	0.02	0.007

模型设置	G^2	df	BIC	delta	p	Dev ratio
渗透模型	132.8	76	−558.1	2.2	0.000	0.013
不完全异质渗透模型*	144.6	82	−600.9	2.5	0.000	0.014
准独立	243.3	76	−447.6	3.0	0.000	0.024
水平模型	306.3	88	−493.8	4.4	0.000	0.030

＊农民及个体户渗透效应在队列间被设定为相同。

数据来源：CGSS 2006 代内流动表，四个队列。

第三节 具体职业的流动分析

整个流动表的流动水平是由各个职业的具体流动构成的，在相同的总流动水平和主要的流动模式下，还需要对具体位置或职业的流动情况进行分析。在这方面，流入率和流出率是描述具体职业流动情况的常用指标。前者分析的是某一社会地位的人的出身问题，后者分析的是某一社会出身的人的出路问题。通过分析占据某一位置的人来自不同出身的比例，我们可以知道一个职业或者位置的开放程度。例如，儿子职业与父亲职业相同的占比为同职率，而来自所有其他不同出身的人的比例称为当前这一职业的流入率，其衡量的是当前职业的开放性。流出率分析的是某一社会出身的人流动到其他不同社会位置的人的比例情况，停留在相同位置的人的比例为世袭率，其反映的是某一社会出身的再生产性。需要注意，流入率与流出率都属于"绝对流动"测量，其意义不同于前面的相对机会。

一 各个职业的流入、流出情况

以 CGSS 2006 四个就业队列的代际流动表（父职－现职）计算得到的各个职业的流入率、世袭率如表 3－10 所示。可以看到，就全部队列而言，农民这一职业的封闭性最强，子女是农民的人中只有 6.9% 父亲职业为非农职业。个体户及自雇职业是开放性最大的职业，从事这一职业的劳动者中 90% 以上父亲不是个体户，部分因为与这一职业曾经被取消有关。管理及专业技术人员类职业的开放性是各类职业中次差的，仅好于农民。排在此后的分别是技术工人、非技术工人、办事人员（具体指一般非体力劳动者，包括商业服务人员）。从继承性上看，农民也是继承性最强的职业，农民的子女仍为农民的比例超过60%。办事人员的继承性排在农民之后，非技术工人的继承性最差，其他职业的继承性都相差不大。

表 3 - 10 不同职业在不同就业队列中的开放性与继承性

单位：%

	管理及专业人员	办事人员	个体户	技术工人	非技术工人	农民
流入率						
全部	77.4	86.3	92.6	80.5	84.0	6.9
1970 年前工作	89.3	90.5	93.1	85.2	82.8	5.0
1970~1981 年	75.7	79.7	95.1	73.8	82.6	7.3
1982~1994 年	71.7	86.9	95.6	78.4	83.9	6.6
1994 年以后	76.0	88.4	86.6	85.5	86.6	11.9
世袭率						
全部	28.9	31.7	29.7	29.2	25.0	62.5
1970 年前工作	21.1	24.6	24.0	27.0	28.4	73.4
1970~1981 年	27.6	38.5	33.3	29.4	25.9	69.9
1982~1994 年	26.2	24.8	40.0	33.9	27.0	60.8
1994 年以后	38.5	37.3	26.5	24.7	19.5	36.4

注：开放性是从事某一职业的子女中有多大比例其父亲的职业不属于此类，从流入率来看，比例越大越开放。继承性是从父代的职业来看子女中有多大比例继承父亲职业，比例越大，继承性越强。

数据来源：CGSS 2006。

从继承性的队列差异来看（见图3-1）变化最大的莫过于农民这一职业。过去的几十年，子承父业的农民子女大大减少。在最年轻的就业队列中，这一比例只有36%左右，而在他们的父辈那里，达70%（1970年以前参加工作的队列平均年龄比1994年以后参加工作的队列大21岁，前者相当于后者的父辈）。与此类似，其他地位相对较低的职业如非技术工人的继承性在1994年以后也有所下降；与此相反，管理及专业技术人员的职业继承性明显提高了。

在开放性方面（见图3-2），尽管管理及专业技术人员职业的开放性在1994年以后的队列中有所回升，但整体而言，这一职业的开放程度明显下降了，这类从业者的父亲从事其他不同职业的比例越来越低。办事服务人员及技术工人的开放程度在经历了70年代的下降后，从80年代开始有所回升。个体户是一种新生的职业类型，他们的父亲通常并非个体户。不过，1994年以后参加工作且职业为个体户的人，父亲不是个体户的比例有明显下降。

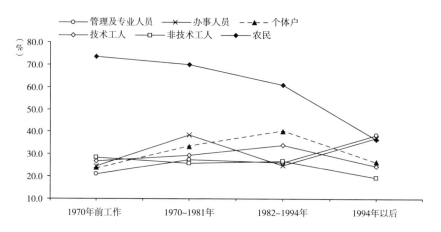

图 3 - 1　不同就业队列的职业继承性

数据来源：CGSS 2006。

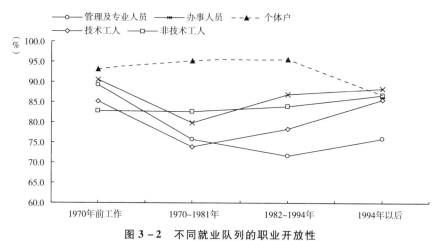

图 3 - 2　不同就业队列的职业开放性

数据来源：CGSS 2006。农民这一职业的开放度非常低，且在各个队列中变化不大，图中已省略。

上述各个职业的开放性（成员来源）的描述并未考虑具体出身，如果同时考虑出身（origin）和终点（desitnation），将会发现，父亲为管理及专业技术人员的子女从事农业的可能性极大地降低了。在计划经济时代开始工作的队列中，管理及专业技术人员的子女有高达 40% 从事农业〔这正是吴晓刚等所谓的下向流动（Wu & Treiman，2004）〕。类似的变化也发生在办事人员家庭，他们的子女进入技术工人及农民队伍的比例也下降了。而管理及专业技术人员、办事人员家庭的子女进入管理及专业技术人员的比例增加了。这意味着，从绝对流动上，社会上层向社会下层的流动减少了，继承性增强。

二　农民在职业流动中的位置

实际上，我们还可以比较各类出身在出路方面的相似性，以及各类职业从业者来源构成方面的相似性。将两类出身的人向特定职业的流出率相减，然后将所有为正数的取值相加即可得出两类出身的差异性指标（Index of Dissimilarity，由于是两列百分比之间的差异，所有差异相加总和将为 0，因此只取正向差异）（Blau & Duncan，1967：67）。如果两种出身的出路构成情况相同，则此两种出身的差距为 0，如果两种出身的人的出路构成完全不同，则差距为 1。类似的，也可计算两类职业在来源上的差异性指数。表 3－11 为 CGSS 2006 数据中 18～69 岁成年人的职业差异性指数，出路差异性的计算基于表 3－12 上半部分各列流出率之间的差异；来源差异性的计算基于表 3－12 下半部分各行流入率之间的差异。

知道各个职业彼此之间的"距离"或差异性（Dissimilarity）后，就可通过多维刻度分析［布劳－邓肯等所用的最小空间分析法（Louis Guttman's Smallest Space Analysis（SSA）为多维刻度分析的一种］对各个职业之间的距离进行可视化呈现（Blau & Duncan，1967：69），将各个职业之间的相对关系在维数较少的几何空间（Euclidean Space）中最大限度地呈现出来。计算结果如图 3－3、图 3－5 所示，只需两个维度就可以很好地将各个职业之间的相对关系呈现出来。以出路构成为标准，各职业的相对距离如图 3－4 所示。农民与其他职业的距离最远，管理及专业技术人员与技术工人、非技术工人彼此的相对距离很近，个体自雇人员与上述几类职业的距离也相对较远。沿着左上角－右下角大致的方向，可以将 6 类职业区分为三类，其中农民和个体自雇业者各为一类，而其他职业归为一类。图中，两个维度都没有反映出通常认同的职业等级关系，更多反映的是各类职业的子女分别成为农民和个体自雇者的难度，取值越大成为农民或个体自雇者的可能性越小。这意味着，从出路上看，农民与个体自雇者有着不同的职业出路。

表 3 - 11   以出路和来源构成测量的职业差异性指数

	管理及专业人员	办事人员	个体户	技术工人	非技术工人	农民
管理及专业人员		0.2095	0.2915	0.2057	0.2365	0.4559
办事人员	0.1166		0.2084	0.1601	0.1991	0.5669
个体户	0.2419	0.2533		0.2749	0.2720	0.5199
技术工人	0.1479	0.1581	0.1880		0.1290	0.5294
非技术工人	0.2127	0.2221	0.1361	0.1353		0.5215
农民	0.4883	0.5318	0.2946	0.4283	0.3568	

注：主对角线上方为出路差异性——以子女职业分布为标准；主对角线下方为来源差异性——以父亲职业构成为标准。

数据来源：CGSS 2006 全国代际流动表。

表 3 - 12   具体职业的代际流入率和流出率

单位：%

父 \ 子	管理及专业人员	办事人员	个体户	技术工人	非技术工人	农民
流出率						
管理及专业人员	28.9	19.1	11.0	17.9	14.6	6.5
办事人员	21.4	31.7	27.3	21.1	21.2	6.4
个体户	11.2	13.5	29.7	9.3	8.7	8.7
技术工人	13.9	17.2	9.1	29.2	20.2	8.1
非技术工人	7.6	12.6	12.4	12.9	25.0	7.7
农民	17.0	5.8	10.5	9.6	10.4	62.5
流入率						
管理及专业人员	22.6	9.1	2.5	13.1	8.5	44.2
办事人员	15.3	13.7	5.8	14.0	11.3	39.9
个体户	9.4	6.9	7.4	7.3	5.5	63.6
技术工人	9.9	7.5	1.9	19.5	10.9	50.3
非技术工人	6.6	6.6	3.2	10.3	16.0	57.4
农民	2.9	0.6	0.5	1.5	1.3	93.1
合计	8.2	5.0	2.4	7.6	6.1	70.8

注：流出率列总计为100%，流出率行总计为100%。

数据来源：CGSS 2006 全国代际流动表。

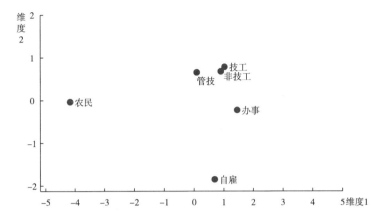

图 3 - 3 以出路结构测量的各类出身的相对距离——MDS 二维解

说明：Mardia 拟合指数 1 为 0.8664。

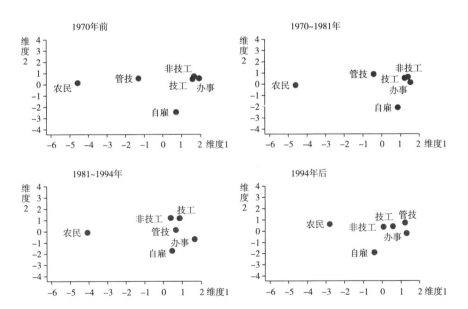

图 3 - 4 以出路结构测量的各类出身的相对距离——不同就业队列

说明：CGSS 2006，4 个就业队列。

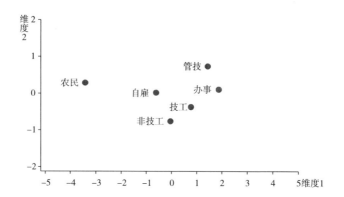

图3-5 以来源结构测量的各类职业的相对距离——MDS二维解

说明：Mardia 拟合指数 1 为 0.9239。

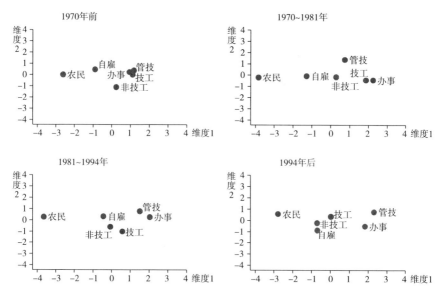

图3-6 以来源结构测量的各类职业的相对距离——不同队列

说明：CGSS 2006，4 个就业队列。

以来源构成为标准测定的职业相对距离如图3-5。可以看到，维度1与我们平常认识的职业等级关系高度相似，从低到高，各个等级分别为农民、个体自雇者、非技术工人、技术工人、管理及专业技术人员、办事人员等。在这一维度上，办事人员的地位要高于管理及专业技术人员，这主要意味着成为前者的难度更大，在吴晓刚等的研究中也有同样的发现（Wu & Treiman，2004）。维度 2 的意义不甚明确，实际上，各个职业在这一维度上的差异很小，第一个维度即可呈现各个职业成员出身差异的 86.0%。

各类职业的出路与来源结构在不同队列中的变化如图 3 - 4、图 3 - 6 所示。从出路结构看，不同职业的出路结构在不同队列中存在一定差异，主要表现为，管理及专业技术人员的出路相对于农民的距离越来越大；农民子女的出路与其他各个职业的子女的出路差异在 1994 年后参加工作的队列中明显减小了，而在此前的队列中保持相对稳定。而从各职业的来源构成看，它们之间的差异越来越明显了。1970 年以前参加工作的队列中，各职业从业人员的父辈职业构成差异相对较小，比较均匀；此后的队列中，农民首先分离开来，他们的来源非常不同于其他职业；随后，技术工人阶级、非技术工人与个体自雇者开始汇聚，而管理及专业技术人员、办事人员开始聚集，一个最终形成三个群体。总之，从出路上看，各个职业之间的距离有所缩短，而从来源构成上看，职业的阶层性增强了，农民的来源及其子女的出路都存在较大差异。

第四节　本章小结

这一章对我国的职业代际流动模式、代内流动模式进行了探索，对流动模式的队列变化进行了对比。结果表明，我国职业流动（不管是代内流动还是代际流动）在不考虑各个职业的继承效应的情况下，具有很好的对称性。较高社会阶层的人进入较低社会阶层的相对机会与较低社会阶层的人进入较高社会阶层的相对机会一样小，相邻职业间具有更强的关联性。这种流动模式在不同队列中保持着较好的稳定性，仅仅流动水平在 1994 年后参加工作的队列中略有上升。

从绝对流动水平来看，农民是继承性最大、开放性最小的职业。这种继承性正在发生巨大的变化，越来越多的农民子女不再子承父业。与此相反，管理及专业技术类职业的继承性在逐步提高，而开放性在逐渐下降。继承性有所上升的职业还包括办事及服务人员，其他相对低端的职业的继承性都在下降。在开放性方面，由于办事及服务人员、专业技术人员的需求和规模都在扩展，因此从来源构成上看，这些职业的从业人员中父亲职业并非此类职业的人越来越多，在新参加工作的队列中表面上呈现出较高的开放性。

出路结构所测定的职业差异性表明，农民和自雇业者与其他职业存在较大的差异。随着队列的推移，上述两种从业者的子女进入其他职业的比例有所上升，它们与其他职业的距离相对缩小。而以来源构成为标准，年轻队列中各职业的阶层性越来越明显。管理及专业技术人员与办事服务人员的相似性增加，个体自雇者与工人的相似性增加，农民始终区别于其他职业。

第四章
农民子女的职业分化机制

基于职业流动表的整体分析表明，产业结构变化所推动的结构性流动为年轻人的社会流动提供了机会，但相对流动水平和职业代际关联度在相当长时间内并没有弱化，流动模式在不同队列中保持着高度稳定。流动表中，农民等低端职业的继承性不断下降，但高端职业的继承性被强化。从来源构成上看，农民相对于工人、个体自雇者，以及办事服务人员与管理及专业技术人员的阶层隔离更清晰了。从出路分布上看，最近参加工作的农民子女与其他职业的子女出路差异变小。这种机会结构为我们继续分析农民子女分化和流动的社会机制提供了背景。

随着社会变革的推进，今天所谓的"农民子女"不仅包括继承父业的传统农民、就地实现职业非农化的"农村工人"、异地（主要指在城镇）实现非农化的农民工及其子女、因空间或建制城镇化而实现身份市民化的"上楼农民"，还包括通过上大学、参军、婚嫁等方式跳出农门进入城市，在职业和身份上实现市民化的"农村出身的孩子"等。我们可以依据职业非农化程度以及身份非农化（市民化）程度，将传统上认为同质性很强的"农民"的差异性展现出来。这种差异性是如何形成的？此中存在何种选择机制或原因？哪些因素存在影响，影响在不同时期是否有所变化？本章主要通过事件史方法探索农民子女职业非农化影响机制及其变迁，通过多分类回归法探索农民子女获得如工人、个体自雇者、办事服务人员和管理专业技术人员等具体非农职业或社会位置的影响因素问题。

具体涉及的因变量包括：①农民子女是否曾经参与非农业生产，于何时参与；②农民子女现在或最终从事何种非农业生产。涉及的关键自变量包括：个人人力资本（教育、性别、年龄），政治资本（党员身份），家庭经济背景（父亲职业、教育水平、是否有管理者职务），家庭文化资本（18岁时家里的书本数量）等。采用的模型主要为连续时间Cox模型，离散时间事件史模型，以及多分类因变量Mlogit模型。

第一节　现代化与农民的终结

农民子女的职业分化问题可以放在现代化的大框架下进行理解。以工业化为基础的现代化意味着随着产业结构的变化与农业现代化的发展，传统农民在社会生产中所占的比例将越来越低，甚至走向"终结"（孟德拉斯，2005），微观来看也就是农民及其子女的职业分化和产业转移的过程。现代化的进程与模式不同，农民及其子女的职业分化机制也就存在很大差异。例如，英国工业化过程中，很多农民是在圈地运动及济贫法的强迫下被动转化成工人的，这被马克思描述为一个"羊吃人"的过程；而法国农民在相当长时间内都保留着传统的生产方式，直到二次世界大战之后才因为农业的工业化而发生质变（孟德拉斯，2005）。在研究发展问题的经济学家那里，宏观环境被"控制"，农民及其子女的职业分化问题被看作特定结构下（包括有限理性这一结构因素）经济人的理性决策过程。他们认为，推动农民及其子女迁移和转换自身职业的动力来源于对更高回报的追求。当新的技术和行业发展推动新的劳动机会出现时，农民就会权衡迁移与职业转换的得失，只要新的就业机会提供的实际收入（甚至预期收入）超过成本，迁移与职业转换就会发生（盛来运，2008）。李（E. S. Lee）的推拉理论、舒尔茨（T. Schultz）人力资本投资理论、托达罗（M. P. Todaro）的预期收益迁移决定模型、刘易斯（Lewis）的二元经济论、拉尼斯（G. Ranis）和费景汉（J. Fei）修正的二元经济论以及斯塔克（Stark）考虑收入最大化和风险最小化的家庭决策模型都是类似的解释框架（蔡昉，2007b；蔡昉、都阳，2002；蔡昉、王德文，2002；刘精明，2001）。这些理论为我们理解微观的决策与分化提供了基础，但多少忽视了对外在结构本身的关注。

中国现代化过程是曲折的，外在结构和力量对于农民分化的影响巨大。新中国成立前，我国也曾有过工业化与城市化发展。人口压力和人地矛盾是形成当时半工半农的经济形态的重要原因（黄宗智，2002）。而关于城市劳工的研究表明，同乡网络、帮派组织与革命政党在推动农民迁移与适应城市生活的过程中起着巨大作用。新中国成立后，现代化成为国家的核心任务。为保证基础工业的优先发展以及城市社会的稳定，国家建立了由户籍登记制度、人民公社制、统购统销制度支撑的单位体制与计划经济体系。农民的非农化与城乡迁移完全被计划体制所控制。"工业化过程对农村劳动力的招募是经过国家及其委托的权力机构这个中间环节来实现的"（刘精明，2001），"农民的流动首先是一种身份的流动，然后才是职业的流动"（李强，1999）。在这种情况下，职业非农化与迁移更多不是个人选择而是被选择的结果。

改革开放以来，上述各项制度都有所变革，社会主义市场经济体制逐步确立。农民获得了土地使用权及自身劳动力的支配权，并逐渐具有了在产品市场上销售产品、在劳务市场上出卖劳动力的自由（蔡昉，2000）。"大量的研究表明，农民工的城市职业生涯是行动主体的自愿选择，他们不仅一有机会就自动滞留于城市，并且源源不断地将城市的生活方式、观念以及挣得的收入，通过各种方式返回流出地"（刘精明，2001）。强国家的存在及其对制度和政策的动态调整深刻地影响着各阶层的生活机遇（周雪光，2015）。这一强大的存在在某些方面加快了农民分化的速度，而在另一些时候又起到阻碍作用。因此，要对近几十年来农民子女的职业分化机制进行研究，同样需要充分考虑不同历史阶段的体制、制度变革，以及同一时期不同地区、不同非农化渠道之间的差异（刘精明，2001）。这里将主要关注时期和队列的差异。而在微观层面，主要关注人力资本因素、家庭环境等对农民子女职业非农化的影响。

第二节　多元资本与农民子女的职业分化

在社会分化与不平等的形成机制研究中，研究者一直特别关注两类因素的相对影响：家庭背景、阶级出身、种族、性别等先赋性因素，以及教育水平、政治身份、社会资本等后致性因素。并且通常认为，先赋性因素在社会分化中作用更大的社会不如主要依据后天能力分配各种资源和机会的社会美好。一个宿命论社会在人类文明竞争中难以持续，后天能力尽管同样受到遗传及家庭出身等先赋因素的影响，但至少还有机会通过后天努力被改变。

在对转型社会主义国家的分层与不平等进行研究时，研究者还特别关注了政治忠诚与人力资本两种后致性因素在转型前后的影响和变化。研究者认为，像中国这样的从社会主义向市场经济转型的国家，转型前是一种集权主义的再分配体制，政治忠诚是分配各种资源和机会的依据；转型后演变成为市场化体制，人力资本是个体获得回报的主要依托（边燕杰等，2008）。如果人力资本的作用在改革后增加而政治资本的作用减弱，即可证明社会主义国家的分配体制确实在发生改变。这种论证逻辑已经被不少研究者批评，并被逐步超越（边燕杰等，2008）。本章对农民子女的职业分化研究特别关注上述多种因素或多元资本的相对影响以及变化（Davis etc.，2005）。由于数据的限制，本研究尚无法将微观因素作用的改变明确归因于具体结构的变革，只能提出一些可能的猜想。有关微观因素的可能影响及其操作化如下。

一　人力资本

人力资本（通常以教育水平、培训经历、工作经验来测量）的回报问题属于社会分层与不平等研究的经典命题。人们常以人力资本的回报率来反映社会分化机制的公平性。在不同的社会分层机制下，人力资本的作用大小不同，但随着社会分工的发展以及经济生产的理性化，人力资本的回报率应该越来越高。市场转型论认为，计划经济向市场经济过渡的过程中，资源的分配将更多地由企业进行，与生产效率相关度更大的人力资本（或教育水平）的回报率将会不断提高（Nee，1989）。不过很多研究发现，以教育为代表的人力资本的回报率并没有随着经济的增长而增长（Xie & Hannum，1996）。随着争论的深入，研究者逐步认识到人力资本高回报并不只与市场经济相关联，同样可能在计划经济下存在，此外由于具体制度和环境差异，人力资本的具体回报率受到多种因素的影响。

在农民子女职业分化研究中，研究者也特别强调了时期与制度的差异（刘精明，2001；吴晓刚，2006）。首先，计划经济时代并非一个不讲能力只讲忠诚的时代，相反，劳动力素养（包括身体健康、识字交流能力、服从规矩等）是农民及其子女实现职业转换的重要依据。计划经济时代国家的发展愿望以及对"人才"的需要程度并不弱于今天。尽管在城乡二元管理系统下，人口迁移与流动被严格控制，但国家仍然保留着招工、升学（包括工农兵大学）以及当兵等几条渠道来招募优秀的农村人为建设服务。1982 年总工会调查了十一个国有企业将近 15 万工作人员后发现，企业工人中 36.5% 来自学生，13.9% 来自农民，复转军人占 13.7%（中共中央书记处研究室理论组，1983）。由于招募规模远远小于农村剩余劳动力规模，且有着较大的公平论压力与群众监督，国家不得不建立起一套公开筛选制度，对农民子女进行选拔（刘精明，2001）。在这一筛选制度下，对于大多数政治上没有问题，各方面差异不大的农民而言，适当的身体与文化素质（识字能力、算数能力、文艺宣传才干、专业技能等）往往成为部分人被选择的依据。因此，在改革开放以前，教育水平对农民职业非农化同样有着正向影响，并且由于当时流动渠道和筛选标准相对单一，使得教育水平的影响相对明显（刘精明，2001）。

改革开放后，个体私营经济的发展和产业结构的调整使得体制外就业机会大大增加。这些流动机会不再控制在政府手中，在对劳动力的招聘过程中，企业无须将"社会公平"作为首要原则，相反"利益最大化、成本最小化"被放在首位。它们根据自身需要招募最合适而非学历最高的劳动力，以免付出不必要的成本，教育在职业非农化中的影响有可能下降。考虑到改革后很长时间内，我国的工业化是以初级产品制造加工为主的工业化，对劳动力文化素质要求不高（初中文化即可），再加上义务教育的逐步普及，教育水平对于农民子女职业非农化的影响可能越来越小（刘精明，2001）。也就是说"在市场化过程中，市场所偏好的个人获致性因素（如教育），在农民向其他社会阶层流动的过程中并不一定能起到比计划经济时代更大的促进作用"（刘精明，2001）。当然，具体非农职业的获得以及不同的非农化方式存在较大差异，在获得体制内（尤其是垄断行业内）职位以及通过升学实现职业转换的渠道中，教育的影响可能并没有减弱。

下面将通过受访者的教育水平来测量其人力资本，将受访者按受教育程度分为文盲半文盲、小学、初中、高中、职校、大专及以上共六类。在某些模型中，出于简洁的需要会将其中相近类别合并，而在部分模型中将使用受教育年数作为替代测量。这些改变在理论上对模型并无实质影响，具体操作将在模型中补充说明。

二 政治身份

政治身份的影响在对社会主义国家转型研究中受到特别关注。通常认为，权威体制下，党和国家控制着职业升迁的机会，基于政治身份的不平等是社会不平等的重要形式与形成机制（Li & Walder，2001）。研究发现，改革前后，党员身份在职业地位获得及收入回报等方面始终存在显著优势（Rona-Tas，1994；Davis，2005）。但此种优势的获得是复杂的，研究认为中国社会存在管理精英与技术精英两条上升路径；仅仅党员身份并不能带来直接好处，只有当组织相中并愿意"栽培""庇护"具体的党员时，党员身份才会与更好的发展机会以及精英位置紧密关联起来（Li & Walder，2001；Walder etc.，2000）。因此，不少个体表现出对组织的忠诚，试图获得组织的青睐。改革前劳动者争当先进和典型的做法，以及时下大学生为获得更好的职业发展而争相入党的行为都可以看作此种激励体制产生效果的表现。

党员身份能否促进农民子女的职业非农化，可能与不同的入党方式存在关系。少数在上学或当兵期间入党，参加工作（转业或复员）前就已获得了党组织的肯定，在组织控制工作机会分配的年代，可能更容易实现职业非农化。而参加工作或从事农业生产后入党的农民子女，党员身份的影响可能不太明显。因为，对这类党员进行考察的基层组织通常会更看重新成员对本单位或社区的忠诚与潜在贡献，在计划经济时代此种党员更换单位和职业的倾性甚至有可能更小。但党员更有可能占据社区或单位的管理职位及信息枢纽，随着基层组织资源控制力的下降，从而促进其职业的非农化。但由于基层党组织在发展新党员时的一个重要目的是希望新成员能够更多地参与基层社区的管理，因此，党员身份可能在一定程度上妨碍其跨区域的迁移，或者说由于此种选择性，党员跨区域流动的可能性更小。随着农民党员比例以及农村党组织在再分配系统中地位的下降，以及城市大量就业机会不再考察人们的政治面貌，党员身份对于农民子女职业非农化的影响从趋势上看，应该越来越小。

三　家庭背景

个体文化程度、政治面貌，家庭背景具有更强的先天性，其对社会分化流动的影响在任何社会都是存在的，差别仅在于影响的方式与大小。在社会再生产较隐蔽的社会，家庭背景在子女社会地位获得中的直接作用相对更小，家庭会通过投资子女的人力资本等方式将相对优势间接传递给下一代。这包括投资子女教育、文化资本，为子女搭建好社会资本网络等。这里尤其关注控制了个体的教育水平（人力资本的代理变量）之后，家庭社会经济背景（如18岁时父亲是否从事非农职业、教育水平、是否具有管理岗位）、家庭文化资本（18岁时家庭的藏书量）等对农民子女职业非农化的影响。

不同时期和环境下，教育系统的发展状况以及教育在资源分配中的相对作用不同，在控制了个体教育水平后，家庭背景"直接作用"的大小也会存在一定差异。在正式教育系统（包括职业教育系统）不完善且在社会分化中的作用较小时，家庭背景的直接影响将更加明显。考虑到政治运动对学校教育的冲击，可以预计，控制了正式教育水平之后，家庭背景中的某些因素（如家庭文化资本）在改革以前的作用会相对更强。背景好的家庭更有可能通过其他机制让子女获得更好发展。而在改革初期，由于正式教育的恢复及其在就业机会分配中的作用提高，家庭会首先尽力扩大子女在教育水平上的优势。因此，在此阶段参加工作的人中，控制教育水平的作用后，包括家庭文化资本在内的各种背景因素的影响会减弱。而在改革后期，体制外中低端就业机会大量增加，这些非农就业机会的分配可能受教育的影响小，家庭背景的直接作用可能增强。

社会资本和关系网络不仅能提供就业"信息"，甚至能在求职过程中产生直接"影响"，会对其他因素的作用产生影响。改革不同阶段提供非农职位的主体不同，家庭背景的影响也可能存在差异。在改革开放初期，农村副业与乡镇企业是提供非农就业机会的主体。此类企业的发展过程中地方政府等各种力量发挥了重要作用，其产权都呈现出明显的"关系产权"特征（刘世定，1999）。这些企业提供的就业机会的分配受到乡村既有权力－社会结构的影响，是否拥有技术或者权力、社会关系是影响就业机会的重要原因。而最近10年，大量工作机会是远在他乡的沿海地区或城市提供的，劳动力市场更正式，社会关系在获得非农就业机会方面的影响有可能下降。

下面将首先研究农民子女参与非农职业的可能性，然后通过事件史模型对农民子女职业非农化的影响因素进行探讨；接下来，考虑到具体非农职业及不同非农化方式的差异，利用 Mlogit 模型分析具体非农职业（工人、办事服务人员、管理及专业技术人员）的获得机制问题。

第三节　职业非农化实证分析

对研究对象进行分群（Grouping）是社会学研究的重要方式。首先来比较不同特征的农民子女从事过非农职业的可能性。从表 4-1 可以看到，年轻农民子女从事过非农职业的比例更高；男性更有可能从事过非农职业；汉族和少数民族之间几乎没有差异；教育水平越高的农民子女从事过非农职业的比例越高；工作前的政治面貌为党员的受访者更有可能从事过非农职业；18 岁时父亲职业为非农职业，父亲教育水平越高的农民子女从事过非农职业的比例越高。这些都与我们预期的方向一致：人力资本、政治资本、家庭背景越好的农民子女更有可能经历职业的非农化。

表 4-1　不同特征的农民子女从事过非农职业的比例

单位：％，人

特　征		从事过非农职业的比例	样本数
年龄	30 岁以下	64.2	1496
	30～39 岁	56.6	1789
	40～49 岁	43.6	1677
	50～59 岁	39.4	1693
	60 岁及以上	43.7	906

特　征		从事过非农职业的比例	样本数
性别	女	41.5	3885
	男	58.6	3676
民族	少数民族	49.0	690
	汉族	49.9	6872
个人受教育水平	文盲半文盲	20.9	1138
	小学	37.0	2312
	初中	60.6	2729
	高中	66.7	673
	职校	80.6	479
	大专及以上	80.0	231
工作前政治面貌	非党员	48.0	6964
	党员	70.7	597
18 岁时父亲职业	从事农业生产	46.1	6474
	从事非农业生产	71.8	1087
父亲受教育水平	文盲	39.7	3639
	小学	55.3	2608
	初中	67.4	907
	初中以上	69.2	331
合计		49.8	7561

数据来源：CGSS 2006。表中人数是加权后的数量。

一　职业非农化的队列差异、性别差异

如果将职业非农化作为一种"事件"看待，它不仅具有是否发生的属性，还存在何时发生的属性。从图 4－1 可以看到，被调查的农民子女初次参与非农工作的年份集中在 1980 年以后，尤其是在 1994 年之后。1980 年以前从事过非农

工作的农民子女很少。这与计划经济时期我国工业化发展水平有限，而在改革开放之后迅速发展有关。从图 4-1 中可以看到，2003 年以后才开始从事非农工作的农民子女数量有所减少。这与我国人口结构存在一定的关系，低龄组的农民子女的规模相对较小（图 4-2）。累计实行 30 年的计划生育政策使农村新增劳动力规模逐步下降。从长期趋势看，即使未来年轻人口中从事非农生产的比例越来越大，新增非农就业人口的规模也会不断下降。

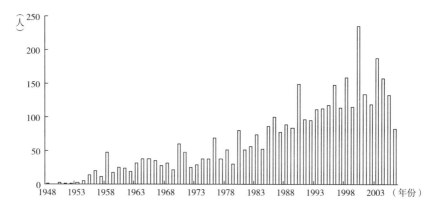

图 4-1 各年实现职业非农化的农民子女数

数据来源：CGSS 2006 加权数据。

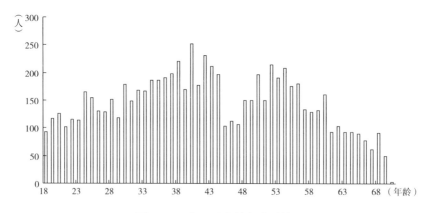

图 4-2 农民子女的年龄结构

数据来源：CGSS 2006 加权数据。

控制人口基数后的职业非农化风险如图 4-3 所示。图中非农化风险等于对应年份获得了首个非农职业的人数占该年处于职业非农化风险中的农民子女人数的比例。例如，1958 年年初未实现职业非农化的农民子女中有 8% 左右在这一年获得第一份非农职业。从图中可以看到，1960 年代初期以前正是我国头两个五年计划时期，工业化高速发展，大量农民子女投身到工业化建设当中，职业非农化的概率较高①。随着户籍制度与人民公社制度的建立，农民子女非农化的机会此后一路下降，1985 年以前始终处于相对较低的水平。1985 年以后，农民子女职业非农化的机会有较为明显的增加，2000 年时达到一个小高峰，2000 年后风险率有所下降。这一过程应该与改革开放后乡镇企业的发展及工业生产规模的扩大相关。

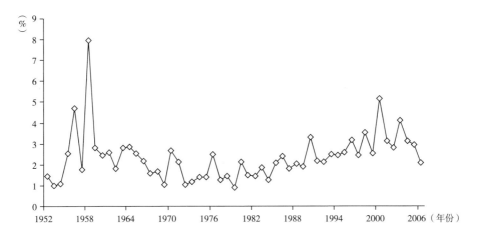

图 4-3　农民子女初次职业非农化的风险分布

数据来源：CGSS 2006 加权数据，纵轴表示风险比例，横轴表示年份。

从职业非农化的年龄模式（见图 4-4）看，农民子女初次参与非农职业的年龄集中在 15～25 岁，18 岁是最高峰，只有少数在未成年时即参与非农劳动，30 岁以上才转向非农生产的农民子女也非常有限，不过 30～40 岁有一个小小回升。

---

① 当年实现非农化的人活到 2006 年的可能性比没有实现非农化的人更高（城市人口的预期寿命高于农村），会使得此处利用 2006 年的回顾性数据还原的非农化水平略微偏高。

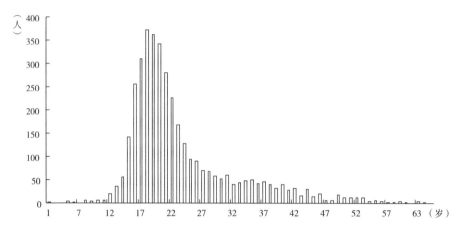

图 4 - 4   农民子女初次从事非农职业的年龄分布

数据来源：CGSS 2006 加权数据，纵轴表示人数，横轴表示年龄。

不同队列职业非农化的年龄模式存在差异（见图 4 - 5）。1981 年以前参加工作的队列，除 15 ~ 25 岁的职业非农化高峰外，30 岁之后还有另一个高峰。这与他们的生命历程有关系，他们年轻时处在计划经济时代，非农化的机会有限，等到改革开放（甚至 1994 年）以后又遇到一波非农化机会（见图 4 - 6）。这在此后参加工作的两个队列中没有出现，后两个队列的农民子女职业非农化主要发生在成年初期。

二   职业非农化的生存函数描述

除了上述描述之外，还可以画出农民子女在职业非农化前的"生存函数图"以反映职业非农化的年龄模式。排除极少数 14 岁以前即已从事过非农生产的案例，依据初次从事非农职业的年龄信息，可绘制如下职业非农化的生存曲线图。

从图 4 - 7 可以看到，不同队列职业非农化的生存函数随着年龄发展变化的轨迹存在较大差异。具体而言，1981 年前参加工作的两个队列职业非农化的"生存"轨迹相差较小，25 岁以前职业非农化的风险较大，最终从事过非农工作的农民子女的比例都不到 50%。1981 ~ 1994 年参加工作的农民子女职业非农化的生存轨迹远远偏离前两个队列，到 50 岁时有四分之三从事过非农工作。而

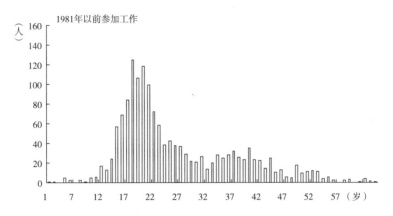

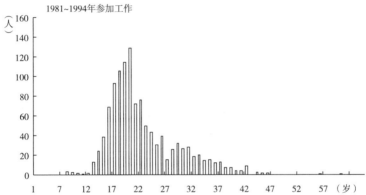

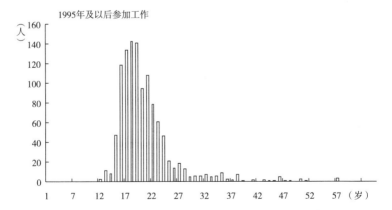

图 4－5　不同就业队列的农民子女初次从事非农职业的年龄

数据来源：CGSS 2006 加权数据，纵轴表示人数，横轴表示年龄。

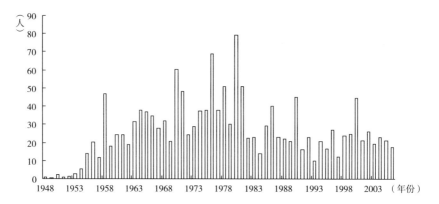

图4-6　1981年以前参加工作农民子女初次从事非农职业的年份

数据来源：CGSS 2006 加权数据，纵轴表示人数，横轴表示年份。

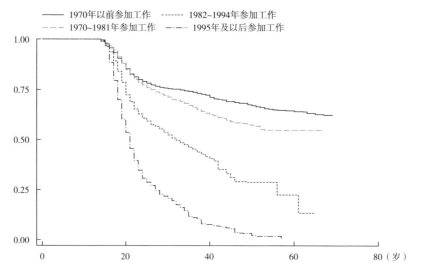

图4-7　四个就业队列职业非农化的 Kaplan-Meier 生存估计

数据来源：CGSS 2006 加权数据。

1995年及以后才开始参加工作的农民子女在25岁以前即有超过3/4的人从事过非农职业，预计50岁之后这一比例将接近百分之百。将差异相对较小的前两个队列合并，形成分三个队列的职业非农化的生存曲线如图4-8。统计检验表明，这三个就业队列的生存曲线存在显著差异，越晚参加工作的农民子女，职业非农

化的风险越高。1995 年及以后参加工作的队列职业非农化的相对风险是 1981 年
以前参加工作队列的 4.8 倍。从比例风险检验图（图 4 - 9）可以看出，各个就
业队列职业非农化的风险比率大体满足比例风险假定。

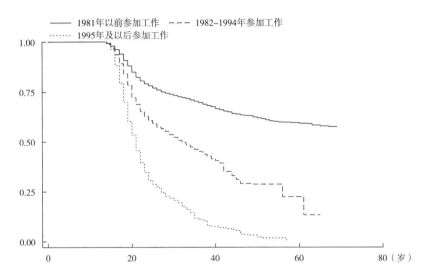

图 4 - 8　分三个就业队列的职业非农化 Kaplan-Meier 生存估计
数据来源：CGSS 2006 加权数据。

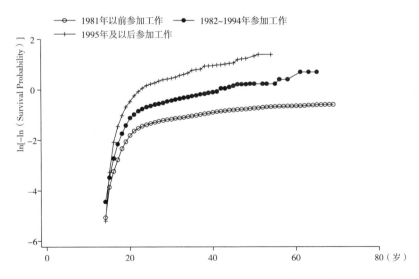

图 4 - 9　分三个就业队列的职业非农化比例风险检验
数据来源：CGSS 2006 加权数据。

表 4 - 2　基于 Cox 回归的生存曲线相等性检验

初次就业队列	观察事件数	期望事件数	相对风险
1981 年以前开始工作	1501.08	2397.75	0.6848
1982 ~ 1994 年参加工作	1144.23	921.92	1.5124
1995 年及以后参加工作	1115.05	440.69	3.3033
合计	3760.36	3760.36	1.0000

注：Wald chi2（2）= 869.64，Pr > chi2 = 0.0000。

　　每个人参加工作时的年龄并不相同，因此就业队列并不等于出生队列。从出生队列的角度来看，职业非农化的生存函数如图 4 - 10 所示。可以看到，1976 年后出生的农民子女职业非农化水平最高，尽管经历的职业生涯不太长，但已有 3/4 从事过非农业生产。"文化大革命"期间出生的农民子女截至 2006 年从事过非农职业的比例也达到了 60% 以上。"文化大革命"前出生的三个队列职业非农化最终水平差异不大，生存函数存在交叉的情况。这主要是因为 1946 年以前出生的农民子女在他们 20 ~ 30 岁时处于国家第一个和第二个五年计划时期，具有相对较多的职业非农化机会，而此后随着城乡二元体制的建立及"文化大革命"影响，职业非农化的机会都快速下降了。

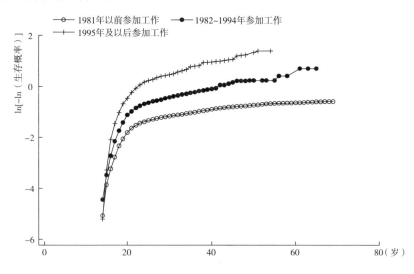

图 4 - 10　四个年龄组的职业非农化 Kaplan-Meier 生存估计

数据来源：CGSS 2006 加权数据。

如果将"文化大革命"前出生的农民子女归为一组,"文化大革命"期间出生的归为队列 2 (2006 年时 30 ~ 40 岁),"文化大革命"之后为第 3 个队列,绘制的职业非农化生存函数曲线如图 4 - 11 所示。可以看到,这三个出生队列职业非农化水平同样存在明显差异,但生存函数曲线有着较好的平行性。相关比例风险假定检验如图 4 - 12 所示。可以看到,除去开始处因少数案例引起的交叉外,ln〔-ln(生存概率)〕与 ln(年龄)间有着较好的平行曲线关系,这说明年龄与职业非农化风险之间并非 Weibull 函数(指数函数)关系,风险比率并非随时间单调变化(Guo,2010)。

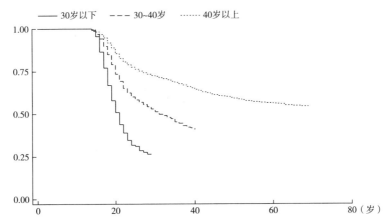

图 4 - 11　三个年龄组的职业非农化 Kaplan-Meier 生存估计

数据来源:CGSS 2006 加权数据。

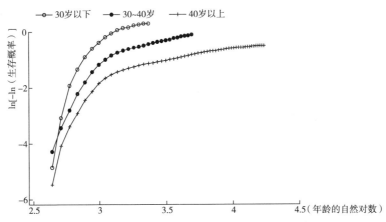

图 4 - 12　三个年龄组的职业非农化比例风险检验

数据来源:CGSS 2006 加权数据。

不同性别的农民子女职业非农化生存函数的发展轨迹（图 4 – 13）在 20 岁以前差异很小，男女都有较高的非农化风险。20 岁以后，男性的职业非农化持续发展，女性职业非农化的风险回落，生存函数平缓趋势明显，男女两性职业非农化的水平差异迅速拉开，到 30 岁以后差距仍有所扩大。如图 4 – 14 所示，不同性别的农民子女职业非农化的风险基本满足比例风险假设。

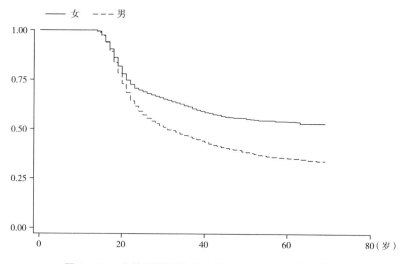

图 4 – 13　分性别的职业非农化 Kaplan-Meier 生存估计

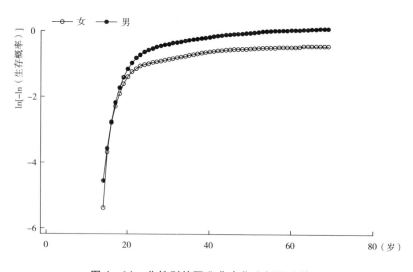

图 4 – 14　分性别的职业非农化比例风险检验

不同教育水平的农民子女职业非农化的水平和模式都存在一定的差异（图4－15）。小学以下文化水平的农民子女职业非农化的累计比例最低，最终仅40%左右。教育水平较低的农民子女，职业非农化开始较早，如文化程度为初中的农民子女20岁以前职业非农化比例比高中以上的农民子女更大。这是因为后者在校时间长，参加工作时的年龄较大。受教育水平较高且起步晚，但最终非农化水平要高得多。受教育水平为职校及大专以上的农民子女的生存比例迅速下落到50%以下，远远超过受教育水平较低的农民子女。可以看到，相对于普通高中教育，职业教育及高等教育带来的非农化机会更明显。

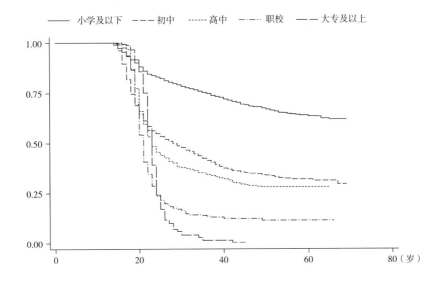

图4－15　不同受教育水平的农民子女职业非农化生存曲线

三　事件史模型设定

上一节根据是否参与非农业生产以及初次从事非农工作的时间描述了不同特征的农民子女职业非农化的水平和模式，此外还可以通过事件史模型来分析前文提到的自变量对农民子女职业非农化风险比率的影响。本节将农民子女参与非农职业当作一种"事件"，设定他们从14岁开始进入职业非农化的"风险集"，随时都有可能发生职业状态的"转换"，而一旦进入"非农职业"也就意味着事件发生，从而脱离风险集（暂不考虑反复进出非农职业的情况），否则此种风险将一直持续到调查时点，形成右删失。

事件史分析通常有两个主要的关注点，一是探讨事件发生风险与时间的关系，二是关心自变量对风险概率的影响。前面关于农民子女初次从事非农职业的年龄描述（图 4 - 4）表明职业非农化的风险在未成年阶段较小，成年初期的风险迅速上升，达到峰值后逐渐下降。也就是说，农民子女职业非农化随风险时间呈先增后减的曲线关系。从图 4 - 9、图 4 - 12 中 ln［ - ln（生存概率）］相对于时间或 ln（时间）的关系也可以知道风险率与时间之间的关系并非常数或指数关系（Guo，2010）。如果用参数模型进行估计，可设定对数逻辑斯蒂（log-logistic）或者对数正态（log-normal）模式以拟合职业非农化的时间模式（杜本峰，2008）。不过，这里对风险概率与时间之间的确切关系并不特别关心，而且前文的描述足以告诉我们农民子女职业非农化的风险与年龄之间的大致关系。我们更关注农民子女职业非农化到底受什么因素的影响，也就是职业非农化的风险与研究自变量之间的关系。下面将用半参数 Cox 模型及离散时间 Logit 模型对此进行分析。离散时间模型实际上就是将观察案例的风险期划分为细小的风险单位，然后考察各个风险单位内事件是否发生的 Logit 模型，重点在于对数据结构的改造（郭志刚，1999：423 ~ 455）。

Cox 模型中第 i 个观察个体的风险的一般形式为：

$$h(t_{ij}) = h_0(t_j)e^{[\beta_1 X_{1ij} + \beta_1 X_{1ij} + \cdots + \beta_1 X_{1ij}]} \text{ 或 } h(t_{ij} = h_0(t_j)e^{\sum_{i=1}^{p}\beta_i x_i}) \qquad 4-1$$

其中 $h_0(t_j)$ 为基准风险，当所有的 X 为 0 时，模型即等于 $h_0(t_j)$。可以看到基准风险仅与时间相关，与 X 无关。当 X 取值不同时，风险将与基准风险成比例。风险指数（中括号内部分）中仅含 X 变量，不含有时间变量，因此在 X 取值相同的情况下，相对风险比例取值为常数（杜本峰，2008：126 ~ 127；郭志刚，1999：396 ~ 397），这样的 X 被称为与时间独立的协变量。

比例风险假定是 Cox 模型的重要假定。在违背比例风险假设时，如果违背比例假设的变量不是我们感兴趣的，可以设定其为分层变量，给不同群组不同的基准风险函数。"如果违背比例假设的变量是我们所感兴趣的，那么采用具有时间交互作用的 Cox 风险模型比较合适"（杜本峰，2008）。后一种模型又被称为

Nonproportional Hazards Model，因为一旦在 Cox 模型中纳入与时间交互的变量（即使其本身固定不变），该协变量对个体在不同时点的影响都会不同，案例之间的风险比例将随时间变化而变化（Guo，2010）。具有时变变量的 Cox 模型表达如下：

$$h[t, X(t)] = h_0(t)\exp\left[\sum_{i=1}^{p}\beta_i X_i + \sum_{i=1}^{p}\delta_i X_i g_i(t)\right] \qquad 4-2$$

其中 p 表示协变量的总数，t 表示时间，$g_i(t)$ 表示第 i 个自变量相对于时间的作用模式。$g_i(t)$ 等于 0 时，模型即为简单的 Cox 模型。简单起见，可以设定 $g_i(t) = t$，若并非所有的变量都违背比例风险假定，只有 X_0 例外，那么模型即变为：

$$h[t, X(t)] = h_0(t)\exp\left[\sum_{i=1}^{p}\beta_i X_i + \sum_{i=1}^{p}\delta_0 X_0 t\right] \qquad 4-3$$

可以看到 X_0 的影响随着 t 变化而变化，即便 X_0 本身并不变化。这时除不随时间变化的 β_0 外，X_0 还有一个额外影响 $\delta_0 t$。在 t 相同时，它使风险比例在 β_0 的基础上扩大或降低了 δ_0 倍。通过在偏似然估计中纳入权重因子，可以对 CGSS 这样的复杂抽样调查数据进行事件史分析（Guo，2010）。

四 职业非农化模型估计结果

(一) 一般 Cox 模型结果

表 4-3 同时给出了全体农民子女及不同就业队列的农民子女职业非农化的 Cox 模型估计结果（后者采用的是将所有自变量与队列变量进行交互的方式）。模型结果表明，除民族、党员身份、父亲是否具有管理职位外，其他变量在相互控制之后都有显著的影响。不同就业队列的农民子女职业非农化的决定机制存在一定的差异。我们主要关注教育水平、政治面貌、从军经历以及家庭背景变量在不同就业队列中的作用差异。

教育水平的影响非常明显，教育水平越高，职业非农化概率越大。不过，大专及以上教育水平带来的影响并不比职校教育更大。教育的作用在不同队列中存在差异，在较为年轻的队列中，教育带来的差异相对下降。在1981年以前参加工作的队列中，教育水平越高，职业非农化的可能性越大。例如在1981年参加工作的队列中，教育水平大专以上的农民子女职业非农化的发生比是小学及以下水平（参照组）的3.5倍。在1981～1994年参加工作的队列中，教育水平的影响有所增强，但差异不显著。在1995年及以后的队列中，教育水平的影响在控制年龄和队列变量后显著下降了。而且，在后两个队列中，教育水平最高的人职业非农化的发生比相对于小学文盲组的差距并不是最大的，接受职业技术教育的人职业非农化的机会更大。

参加工作前的政治面貌的影响与以往的研究相反，参加工作前具有党员身份的农民子女职业非农化的可能性反而更小，尽管在总体和前两个工作队列中不显著。这种情况值得分析。为何党员身份并不会增大农民子女职业非农化的概率呢？而且在年轻队列中更加明显。

参军经历对职业非农化有着显著的促进作用，1981年以前参加工作的队列中，有参军经历的人职业非农化的发生比是没有当兵经历者的1.6倍。不过此种促进作用在1981～1994年参加工作的农民子女中不存在。这可能与这一时期我国军人退役安置制度正规化，以及城市就业机会有限有关。不过后续研究首先应该验证数据的代表性问题。

表4-3 不同就业队列职业非农化的 COX 模型

自变量	全体	队列1	队列2	队列3
男性	1.368 ***	1.594 ***	1.273 **	1.221 *
年龄	0.968 ***	0.986 *	0.994	0.978 **
汉族	0.868	0.674	0.821	1.633
受教育水平				
初中	1.981 ***	1.758 ***	1.775 ***	2.493 ***
高中	1.979 ***	1.862 **	2.471 ***	1.874 **
职校	2.458 ***	2.913 ***	3.004 ***	2.108 ***
大专及以上	1.752 ***	3.525 ***	2.673 ***	1.576 **
初职前为党员	0.827	0.955	0.929	0.708 **
参过军	1.561 ***	1.596 **	0.927	1.407 *

自变量	全体	队列 1	队列 2	队列 3
父亲受教育水平				
小学	1.247 **	1.210 *	1.221	1.415 **
初中	1.363 ***	0.944	1.371 *	1.683 ***
高中及以上	1.264 *	0.992	1.088	1.759 ***
18 岁时父职非农	1.483 ***	1.722 ***	1.563 ***	1.289 **
18 岁时父有管职	1.023	1.107	1.170	0.835
18 岁时文化资本	1.089 ***	1.102 *	1.092 **	1.093 **
中部地区	0.718 **	0.687 *	0.684 *	0.875
西部地区	0.696 *	0.636 *	0.732	0.844

　　* $p < 0.05$，**$p < 0.01$，***$p < 0.001$。N = 6301，F（51，65）= 28.86。

　　注：农民子女的广义定义。队列 1 为 1981 年以前参加工作的队列，队列 2 为 1981~1994 年参加工作，队列 3 为 1995 年及以后参加工作。

　　控制了教育水平及政治面貌后，父亲的文化水平、职业类型与家庭文化资本等家庭背景特征对农民子女职业非农化的作用相对较大。其中，父亲职业类型的作用随着队列推移有所减少，父亲受教育水平的影响有所增大，文化资本的作用则在各个队列中保持相对稳定。年轻时父亲是否从事非农业生产对于子女职业非农化有显著影响。在 1981~1994 年参加工作的队列中，如果受访者 18 岁时父亲从事非农职业，那么他将来从事过非农职业的发生比将是那些父亲没有参与非农业生产的人的 1.7 倍。父亲的教育对子女的职业非农化起促进作用。但控制个体文化水平后，这种显著作用主要集中在 1995 年及以后参加工作的农民子女中。这与前面的假设有所不同，前文认为在 1981 年以前因为正式教育制度不完善，控制个体的教育水平后，父母的教育水平应该对子女职业非农化有较大的直接正向作用。实际情况表明，在早期参加工作的队列中，父亲受教育水平越高，子女职业非农化的机会不一定显著增加。当时政策可能确实存在打压"知识"分子家庭的倾向。不过，家庭文化资本对于农民子女职业非农化有促进作用，并且这种促进作用在各个队列中相对稳定且都显著。18 岁时家里藏书（不包括课本和教材）量越大的家庭子女职业非农化相对于留守在农业领域的发生比越大。

　　除上述因素外，不同性别的农民子女职业非农化的风险不同，且在较早的队列中男性相对于女性的优势更大。在控制模型中其他变量的情况下，在 1981 年以前参加工作的队列中，男性职业非农化的发生比是女性的 1.59 倍。而在 1981 年后参加工作的队列中，性别差异虽然仍然显著，但幅度要小一些。从地区差异来看，相对于东部地区，中部和西部地区的农民子女职业非农化的发生比要低 30% 左右。在 1995 年及以后参加工作的队列中，这种地区差异相对较小。如果在模型中纳入队列的截距项，则可以发现，在控制其他变量为 0 的情况下，越年轻的队列职业非农化的可能性越大，1981～1994 年参加工作的农民子女职业非农化的发生比是 1981 年以前参加工作的 10.7 倍，1995 年及以后参加工作的更达到 1981 年前参加工作的 33.4 倍。

（二）分层与时变变量 Cox 模型

上述模型依据初步图形检验假定不同队列职业非农化的风险满足比例风险假定，但严格的统计检验表明它们之间还是存在差异，此时有两种方法来放宽上述假定。第一种方法是将队列变量设定为分层变量，重新估计分层后的 Cox 模型。由于分层 Cox 模型假定各个层的基准风险不同，因此我们无法在相同的基准风险上评估各个变量的影响，只能在各层独自的基础概率上对自变量的相对作用进行比较，这相当于针对各个队列做单独的 Cox 分析（杜本峰，2008：172～177）。另一种方法是估计时变变量 Cox 模型，在模型中设定队列变量与时间变量交互，一定程度上解决比例风险假设不成立时的问题（杜本峰，2008）。将队列虚拟变量纳入时变 Cox 模型，并设定其与时间之间的关系为 $g(t) = t$，此时尽管虚拟变量自身并没有发生变化，但由于 t 本身是变化的，从而能够拟合出不同时点上基准风险的差异。在设置时变变量的情况下，Stata 中无法使用 Svy 复杂抽样设定，只能使用稳健标准误设置［在 stcox 选项中设置 vce（）项］，将 PSU 作为聚类变量以矫正标准误估计。为了确保结果的稳健性，估计两个模型如下：

表 4 - 4　不同就业队列职业非农化的 Cox 时变模型与分层模型

自变量	队列 1		队列 2		队列 3	
	时变模型	分层模型	时变模型	分层模型	时变模型	分层模型
男性	1.586 ***	1.590 ***	1.271 **	1.259 **	1.176	1.153
年龄	0.995	1.007	0.981 **	0.970 **	0.889 ***	0.885 ***
汉族	0.731	0.834	0.788	0.726	1.19	1.082

续表

自变量	队列 1		队列 2		队列 3	
	时变模型	分层模型	时变模型	分层模型	时变模型	分层模型
受教育水平						
初中	1.786***	1.893***	1.770***	1.744***	2.205***	2.026***
高中	1.857**	1.980***	2.575***	2.629***	1.797**	1.691**
职校	2.744***	2.802***	3.114***	3.093***	2.061***	1.925***
大专及以上	3.211***	3.129***	2.862***	2.887***	1.562***	1.487*
初职前为党员	0.926	0.896	1.003	1.063	0.661*	0.727
参过军	1.548**	1.510*	0.944	0.974	1.456	1.556*
父亲受教育水平						
小学	1.221*	1.258**	1.21	1.163	1.186	1.120
初中	0.971	1.004	1.349*	1.295	1.442**	1.362*
高中及以上	1.008	1.025	1.083	1.048	1.505**	1.410*
18 岁时文化资本	1.107*	1.127**	1.086**	1.073*	1.082*	1.075*
18 岁时父有管职	1.132	1.158	1.168	1.176	0.82	0.823
18 岁时父职非农	1.675***	1.691***	1.596***	1.589***	1.330**	1.318**
中部地区	0.724*	0.771	0.663**	0.636**	0.739*	0.721*
西部地区	0.672	0.718	0.714	0.674*	0.720*	0.682*
队列时变效应			1.047***		1.198***	

注：队列 1 为 1981 年以前参加工作的队列，队列 2 为 1981～1994 年参加工作，队列 3 为 1995 年及以后参加工作。

数据来源：CGSS 2006，N = 6231。 * $p < 0.05$，** $p < 0.01$，*** $p < 0.001$。

从时变 Cox 模型及分层 Cox 模型结果可以看到，尽管自变量系数的具体大小有所不同，但是整体差异不大，结论与无分层无时变变量模型高度一致。教育水平、父亲职业、父亲受教育水平以及家庭文化资本等是影响非农化的重要因素。队列差异上，除父亲受教育水平外，其他各种因素在新近参加工作的队列中的影响都相对变小且差异显著（除文化资本外）。个体教育水平影响减弱而父亲受教育水平的作用增强说明在新队列的职业非农化中教育的地位有所下降，还有其他职业非农化机制存在，且与父亲的受教育水平相关。时变模型还可以得到队列虚拟变量与时间 t 的线性作用系数。它们表示特定时点研究组相对于参照组（1981

年以前参加工作的队列）在风险比上的额外差异。例如，在控制自变量相同且年龄相同的情况下，1981～1994 年参加工作的队列职业非农化的风险是前一个队列的 1.047 倍；而在其他变量及风险时间相同的情况下，1995 年及以后参加工作的队列职业非农化风险规是参照组的 1.2 倍。

表 4 - 5 是利用狭义农民子女（14 岁时仍是农业户口且 18 岁时父母同为农业户口）案例拟合的时变交互作用模型。对比表 4 - 4，可以看到个体属性系数有所提高而家庭背景变量的影响有所降低，但主要结果并未有明显变化。

表 4 - 5　不同就业队列职业非农化的 Cox 时变模型结果（狭义农民子女）

自变量	队列 1		队列 2		队列 3	
	系数	Se	系数	Se	系数	Se
男性	1.617 ***	0.164	1.335 **	0.128	1.175	0.111
年龄	0.993	0.006	0.983 *	0.007	0.887 ***	0.009
汉族	0.713	0.204	0.787	0.254	1.171	0.23
受教育水平						
初中	1.734 ***	0.16	1.739 ***	0.192	2.345 ***	0.356
高中	1.852 **	0.402	2.362 ***	0.393	1.857 **	0.369
职校	3.091 ***	0.518	3.318 ***	0.558	2.269 ***	0.41
大专及以上	3.374 ***	1.028	3.285 ***	0.726	1.680 **	0.297
初职前为党员	0.9	0.211	1.085	0.305	0.621	0.175
参过军	1.644 **	0.287	0.851	0.185	1.461	0.293
父亲受教育水平						
小学	1.228 *	0.104	1.215	0.148	1.129	0.157
初中	0.886	0.155	1.286	0.197	1.422 **	0.188
高中及以上	1.426	0.505	1.071	0.277	1.375	0.236
18 岁时文化资本	1.100 *	0.049	1.069	0.041	1.094 **	0.036
18 岁时父有管职	1.204	0.246	1.318	0.23	0.743	0.201
18 岁时父职非农	1.348 *	0.19	1.516 **	0.241	1.343 **	0.142
中部地区	0.714 *	0.102	0.650 *	0.112	0.708 **	0.089
西部地区	0.651 *	0.138	0.724	0.14	0.699 *	0.11
队列时变效应			1.040 ***	0.008	1.195 ***	0.014

数据来源：CGSS 2006，N = 5594，农民子女狭义定义。队列 1 为 1981 年以前参加工作的队列，队列 2 为 1981～1994 年参加工作，队列 3 为 1995 年及以后参加工作。

也就是说，无论不同队列职业非农化的风险比是否成比例，或者采用何种定义的农民子女案例，教育及家庭背景变量对农民子女职业非农化概率影响显著。而且个体教育水平、性别等个体变量的影响随着队列的推移有所下降，而父亲文化水平的影响有所提升，家庭文化资本的影响则保持稳定。

（三）离散时间模型

由于 Cox 模型对事件的"结"敏感，在"结"过多（也就是同一时间有多个事件发生）的情况下，Cox 模型将无法精确辨别事件发生时的风险集构成，Cox 模型不得不进行近似，从而影响估计的精确性（杜本峰，2008）。因此，下面我们将采用离散时间方式对农民子女的职业非农化进行验证性分析。离散时间模型对时间发生的精确时间和先后顺序并不敏感，它仅仅关注一定风险期内事件的发生与否或者发生率。这种模型将每个案例分割为多条记录，每一条记录代表一定的风险期（比如 1 年）。在各个风险期内，案例都有可能发生状态转换，一旦发生状态转换，风险期也就结束，并且有一个变量标示事件发生，在此之前该变量标定时间未发生；如果状态一直未发生转换，那么记录将一直延续到观察结束，标定变量则一直显示事件没有发生（郭志刚，1999：445～453）。这些人年记录实际上就是"暴露"（Exposure）。在每一个风险期内，事件可能发生也可能不发生，通过对这种二分事件进行 logit 转换，我们即可以用其他的协变量来对事件发生与否的发生比进行拟合。和 Cox 模型相比，离散时间模型同样有着比例风险假定，它假定各个预测变量在每个风险期有着相同的影响，除非我们在模型中设定协变量与标示风险期的虚拟变量交互。Cox 不关心基准风险随着时间而发生的变化，在离散时间模型中，我们可以将人年记录中标示时间的虚拟变量组纳入模型，从而估计出各个风险期相对于参照风险期的风险比率变化。这种方法能够相当精确地估计风险率风险时间的推移而发生的变化，但并不简洁。前面的描述性分析已经表明，农民子女职业非农化的集中在成年早期，随后逐渐下降，我们可以在离散时间模型中将各个人年记录所对应的时间变量及其二次方作为预测变量。这里我们将观察案例在风险期所对应的年龄与 14 岁的差值作为时间变量 T。除没有纳入年龄变量外，模型中其他自变量和 Cox 模型中相同。

从表 4 - 6 可以看到，离散时间事件史模型的结果与 Cox 模型的结果基本相似。男性在年轻队列中并不具有显著的非农化优势；教育水平对年轻队列农民子女职业非农化风险的影响变小；参军经历对参加工作较早的队列具有显著的正向影响，但在年轻队列中此种正向的影响并不显著；父亲职业属性的影响在减小而教育水平的影响有所增大。从非农化的时间模式上看，第一个队列和后面两个队列存在一定的差异。对1981年以前参加工作的队列而言，非农化的风险从进入风险集就逐渐降低（T的系数小于1，为0.979），这与前面的简单描述存在一定的差异。从T和T的平方项的系数取值来看，1981年后参加工作的农民子女职业非农化风险先逐步上升，过了一定年龄后，转而下降。

表4－6　不同就业队列职业非农化离散时间模型

	队列1		队列2		队列3	
	系数	标准误	系数	标准误	系数	标准误
男性	1.541 ***	0.143	1.241 *	0.106	1.223	0.125
T	0.979 *	0.009	1.062 **	0.022	1.186 ***	0.041
T 平方	1.000	0.000	0.998 **	0.001	0.996 **	0.002
汉族	0.845	0.264	0.688	0.216	0.894	0.227
小学	1.655 ***	0.197	1.902 **	0.434	1.191	0.393
初中	2.678 ***	0.348	2.967 ***	0.668	2.650 **	0.776
高中	2.850 ***	0.711	4.525 ***	1.046	1.876	0.658
职校	4.382 ***	0.812	6.148 ***	1.557	2.543 **	0.740
大专及以上	5.226 ***	1.697	5.319 ***	1.318	1.853 *	0.542
初职前为党员	0.924	0.214	0.881	0.208	0.621 *	0.131
参过军	1.547 **	0.257	0.922	0.192	1.342	0.339
18 岁时父职非农	1.773 ***	0.184	1.636 ***	0.197	1.285 *	0.136
小学_ 父	1.218 *	0.101	1.184	0.142	1.572 **	0.237
初中_ 父	0.960	0.141	1.359 *	0.198	2.054 ***	0.329
初中以上_ 父	0.984	0.293	1.082	0.201	2.218 ***	0.424
18 岁时文化资本	1.126 **	0.048	1.076 *	0.034	1.101 **	0.039
18 岁时父有管职	1.131	0.157	1.237	0.159	0.764	0.186
中部地区	0.756	0.110	0.621 **	0.098	0.779	0.108
西部地区	0.712	0.147	0.681 *	0.126	0.740	0.118
队列主效应	0.009 ***	0.003	1.486	0.561	1.276	0.601

注：未加权人年记录数113238。设定从14岁开始进入职业非农化风险集。

通过上面的分析可以看到，就是否从事过非农职业的角度看，农民子女职业非农化主要受教育水平、当兵经历、性别、年龄等个人因素，父亲是否从事非农业生产、父亲受教育水平及家庭的文化资本等家庭背景因素的影响。民族、党员身份、父亲是否有管理职位等变量的影响很小。从上述变量的影响大小在队列上的差异来看，年轻队列中性别和受教育水平、父亲职业类型差异带来的职业非农化风险差异变小，而父亲受教育水平的差异带来的影响在变大，家庭文化资本的影响相对稳定。

第四节　具体非农职业的获得

上面讨论的仅仅是曾经是否从事过非农职业的问题，忽视了不同非农职业的差异，可能导致过于简化的认识。从当前或最后从事的职业类型来看（见图 4 - 16），不同年龄组的农民子女的职业构成差异较大，年轻队列中越来越多的人不再从事农业，而变为工人、个体户或更高职业从业者。显然，这些不同非农职业门槛高低不同，选拔机制也存在明显差异。不同变量对农民子女进入相关具体非农职业的作用也会存在较大差异。本节将对农民子女获得具体非农职业［工人、一般非体力劳动者（包括个体户与办事服务人员）、管理及专业技术人员］的机制进行分析和队列比较。

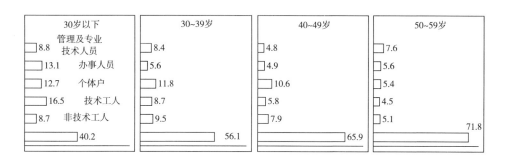

图 4 - 16　不同年龄组的农民子女的职业构成情况

说明：最下面一行为农业生产者。

数据来源：CGSS 2006。

一 具体非农职业获得概况

从事过非农职业并不意味着第一个职业或最终的职业就是非农职业，各个队列初职就实现非农化的职业结构存在较大差异。从表4-7中可以看到，从事过非农职业的农民子女中，初职即为非农职业的比例为53.5%（1-46.5%），终职或现职仍为非农职业的比例为72.4%。27.6%曾从事过非农生产的农民子女又返回农业生产中，46.5%从事过非农生产的农民子女是在从事过农业生产后跳到非农业的。60岁以下的年龄组中，越年轻初职即实现职业非农化的比例越大，且最终仍停留在非农生产领域的比例也越大。初职具体职业上，办事员和技术工人在年轻队列中占比较大，管理及专业技术人员在年龄较大的队列中占比较大。30岁以下的年龄组初职为农民的比例急剧下降，大量农民子女涌入办事人员、技术工人、个体户队伍。同样的模式也存在于最终从事的具体非农职业上。此外，实现过职业非农化的中年农民子女中当前或最后职业为个体户的比例很高。60岁以上农民子女中从事过非农职业的比例为43.7%，初职和终职为农民的比例相对于40～59岁年龄组都相对较低。这一队列获得非农工作的机会主要取决于初职，且工作时恰逢计划经济初期，非农化后再回到农业的比例较小。①

表4-7 从事过非农职业的人初职和现职/终职情况

单位：%，人

职业情况	30岁以下	30～39岁	40～49岁	50～59岁	60岁及以上	合计
初职						
管理及专业人员	10.0	10.7	8.8	15.1	23.7	12.3
办事人员	16.4	8.7	6.6	7.0	7.3	9.8
个体户	8.7	4.2	5.4	1.5	1.2	4.8
技术工人	25.5	18.1	9.6	7.2	16.1	16.2
非技术工	11.0	12.1	10.3	8.6	8.4	10.5

---

① 另一种可能与这一年龄组存活人口的选择性有关。这一年龄组的农民子女中，从事非农职业的人可能因为生活水平等原因存活到调查年份的概率更大。

续表

职业情况	30 岁以下	30~39 岁	40~49 岁	50~59 岁	60 岁及以上	合计
农民	28.5	46.1	59.4	60.7	43.4	46.5
人数	958	1009	730	667	395	3759
现职/终职						
管理及专业人员	11.2	14.0	10.1	16.6	19.9	13.6
办事人员	16.5	9.4	10.3	13.0	16.6	12.8
个体户	16.1	19.4	22.5	12.5	7.9	16.7
技术工人	22.1	14.0	12.3	10.3	19.0	15.6
非技术工	11.9	15.2	15.4	11.8	13.4	13.6
农民	22.2	28.0	29.4	35.5	23.1	27.6
人数	958	1008	730	664	394	3755

注：表中频数为加权之后的频数。

数据来源：CGSS 2006。

不同特征的农民子女进入具体非农职业的机会存在一定差异。表4-8呈现了不同类型的农民子女当前或最终的职业构成情况。可以看到，不同年龄组的农民子女进入中下层职业（一般非体力职业和生产工人）的比例存在较大差异。年龄越小，进入上述两类非农职业的比例越高，继续当农民的比例越小。年轻人进入管理及专业人员职位的比例有增加趋势，但在各年龄组间的差异不明显。

表4-8　不同特征的农民子女现职或终职类型分布

单位：%，人

不同特征	管理及专业技术人员	一般非体力劳动者	工人	农民	人数
30 岁以下	8.6	24.9	25.9	40.6	1255
30~39 岁	8.4	17.3	18.0	56.2	1673
40~49 岁	4.8	15.5	13.6	66.1	1550
50~59 岁	7.6	10.9	9.6	71.9	1557
60 岁及以上	9.6	11.8	15.8	62.8	819
文盲半文盲	0.9	5.7	8.0	85.4	1010
小学	1.7	9.9	12.0	76.4	2095
初中	5.1	19.6	22.2	53.2	2534
高中	14.6	29.6	19.5	36.2	602

续表

不同特征	管理及专业技术人员	一般非体力劳动者	工人	农民	人数
职校	35.9	25.7	20.9	17.5	428
大专及以上	57.1	32.3	7.6	3.1	186
女	6.1	16.9	13.3	63.6	3385
男	9.0	15.4	19.2	56.4	3468
少数民族	4.1	10.8	9.5	75.7	661
汉族	8.0	16.8	17.0	58.3	6192
初职前为党员	29.0	16.9	15.1	39.0	571
初职前为非党员	5.7	16.1	16.4	61.8	6282
现在为党员	24.4	25.7	22.3	27.5	107
现在不是党员	7.3	16.0	16.2	60.5	6746
父亲无管职	6.1	14.3	14.9	64.7	5896
父亲有管职	17.1	27.5	24.9	30.5	957
合计	7.6	16.2	16.3	59.9	6853

注：人数已经加权，未加权总人数为5777。

数据来源：CGSS 2006。

教育水平与现职类型之间高度相关。表中教育相关部分取值较大的百分比集中在主对角线下方，受教育水平越高，高等职位占比越大。受教育水平较低的农民子女更多留在农业生产中。

男性更多从事管理及专业人员类职业与体力工人类职业。汉族职业非农化比例更高，但控制其他变量之后，民族变量的作用并不显著。在具体职业的差异上，汉族与少数民族的差异有点类似于男性和女性的差异。农民子女中的党员更有可能处在管理及专业技术人员职业类型中。不过，对参加工作前即是党员的人而言，除进入管理及专业技术人员类职业的比例相对较高外，进入其他职业的比例相当。父亲处于管理职位的农民子女进入各类非农职业的比例都要高。

上述概况并未控制其他变量的影响，可能因为忽视相关变量，而导致估计偏差（谢宇，2010a：148～149）。下面我们将采用多元回归分析，探讨各个变量的独特影响。

二 多分类 Logit 回归与队列同质性模型

因变量职业类型具有多种名义取值，因此选择多分类 Logit 回归（Multinonial-logistic Regression）进行拟合。多分类 Logit 回归是二分类 Logistic 回归的自然扩展，当因变量取值不是二分类而变成多种可能时，可以建立如下方程组进行估计：

$$\ln(p_1/p_0) = \sum b_{i1} x_i$$
$$\ln(p_2/p_0) = \sum b_{i2} x_i \qquad\qquad 4-4$$
$$\ln(p_m/p_0) = \sum b_{im} x_i$$

其中，$p_1 + p_2 + \cdots + p_m = 1$，$p_i$ 表示在控制 X 后事件出现相应结果 i 的概率。因变量共有 m + 1 种可能取值，第 0 类被作为参照组，共有 m 个方程用来估计观察对象落入相应组而不是参照组的对数发生比。因此，一个自变量对应 M 个参数，如果模型中有 A 个自变量（包括截距项），则整个模型共有 A·M 个参数。这一模型获得的结果及回归系数的解释方式与二分类 Logistic 回归类似。通过这些对数发生比可以推导出因变量任意两个类别之间的对数发生比（王济川、郭志刚，2001：252）。例如第 1 种与第 m 种结果的对数发生比为：

$$\ln(p_1/p_m) = \ln(p_1/p_0) - \ln(p_m/p_0) = \sum b_{i1} x_i - \sum b_{im} x_i \qquad 4-5$$

方程中仅有相互比较的两个类别的系数隐含着多分类 Logistic 回归得以建立的一个重要假设——独立于无关选项（IIA 假设，Independence of Irrelevant Alternatives）。独立于无关选项假设要求因变量的各取值之间具有足够的差异。如果某些选项之间的差异大，而另一些选项之间的差异很小，那么决策将变为"树形"决策，某些选项的最终选定将变为大选择做出之后的条件选择。这种情况下，一个选项的出现或消失就会对各类结果的相对发生比产生不对等的影响，违背了 IIA 假设，导致不能直接使用多分类 Logistic 回归。在这种情况下，可以使用嵌套 Logit 模型进行处理，先对差异较小的类合并，然后再进行分析。如果仍有必要对合并起来的各类型之间的差异进行分析，可以在控制第一步选择的基础上，针对这些类型进行条件 Logit 分析。这里，我们将先用多分类 Logit 回归对农民子女最终职业类型进行分析，这些最终职业类型包括管理及专业人员、一般非体力劳动者、工人和农民四类。由于前三类都属于非农职业，他们之间的内部差异性相对于农民可能较小。因此，在后面的分析中，将专门分析这一部分最终职业仍为非农职业的人进入不同非农职业的条件 logit 模型。

首先呈现的是未考虑自变量作用存在就业队列差异的"队列同质性"模型（表4-9）。模型因变量的参照组为农民，其他各类职业对应的自变量系数表示自变量变化一个单位（或转换一种类型）使得农民子女进入相应职业而非农业的优势比发生变化的倍数，其解释类同于二项 Logit 模型中指数形式的回归系数。因变量有四个类别，因此有三个方程系数需要解释。可以先找出对进入三类非农职业都具有显著影响的共同因素，然后再比较对获得三类职业存在不同影响的因素。

从模型结果可以看到，年龄、受教育水平、18 岁时父亲是否从事非农职业、18 岁时家庭的藏书量、就业队列以及地区对于三类具体非农职业的获得都具有显著的正向影响；民族、参加工作前是否为党员、18 岁时父亲是否有管理职务在三类具体非农职业的获得中并无显著性影响；性别、参军经历、父亲的教育水平在不同非农职业获得中具有一定的影响。这一结果与笼统的职业非农化模型的结果的相同之处在于，个人人力资本因素以及家庭文化资本等家庭背景因素对于具体非农职业的获得存在普遍影响，不同之处在于，父亲受教育水平的影响在控制其他变量之后在具体非农职业的获得上的影响不太显著。

表4-9 具体非农职业的获得——队列同质性模型

自变量	管理、专业人员			一般非体力劳动者			工人		
	RRR	Se	P	RRR	Se	P	RRR	Se	P
性别	0.955	0.133	0.744	0.852	0.095	0.155	1.422	0.172	0.004
年龄	1.080	0.013	0.000	1.027	0.008	0.002	1.023	0.009	0.013
汉族	0.934	0.433	0.884	1.454	0.550	0.324	1.890	0.632	0.059
受教育水平									
初中	5.328	1.268	0.000	2.322	0.299	0.000	1.767	0.232	0.000

自变量	管理、专业人员			一般非体力劳动者			工人		
	RRR	Se	P	RRR	Se	P	RRR	Se	P
高中	17.756	5.205	0.000	4.729	1.030	0.000	2.036	0.471	0.003
职校	76.070	21.522	0.000	6.235	1.608	0.000	3.215	0.803	0.000
大专及以上	562.000	300.702	0.000	32.802	19.485	0.000	4.848	2.966	0.011
党员	0.946	0.460	0.909	1.236	0.532	0.624	0.863	0.335	0.706
参军	1.503	0.522	0.243	1.297	0.347	0.333	2.464	0.568	0.000
父亲受教育水平									
初中	1.309	0.243	0.149	1.270	0.160	0.061	1.341	0.155	0.012
高中及以上	1.333	0.300	0.204	1.194	0.213	0.323	1.299	0.245	0.169
18 岁时父职非农	3.147	0.643	0.000	2.521	0.418	0.000	2.409	0.413	0.000
18 岁时父有管职	1.064	0.360	0.856	1.333	0.291	0.191	1.270	0.333	0.363
家庭文化资本	1.371	0.101	0.000	1.218	0.073	0.001	1.186	0.068	0.004
工作队列									
1981～1994	2.147	0.539	0.003	2.035	0.336	0.000	2.480	0.467	0.000
1995 年及以后	6.347	2.095	0.000	5.052	1.261	0.000	6.502	1.810	0.000
地区									
中部地区	0.409	0.104	0.001	0.511	0.123	0.006	0.494	0.114	0.003
西部地区	0.369	0.104	0.001	0.336	0.091	0.000	0.359	0.096	0.000
截距	0.000	0.000	0.000	0.020	0.011	0.000	0.017	0.010	0.000

注：因变量参照职业为农民，RRR 表示 Relative Risk-Ratio，即优势比，后文同此。

数据来源：CGSS 2006。未加权样本数 5793 个。

具体比较各因素对获得不同非农职业的作用，可以发现更多有意思的模式。

首先，受教育水平越高越有可能获得非农职业，且对获得较好非农职业的影响更大。职校和大专及以上受教育水平的农民子女获得管理及专业技术类职业相对于农民职业的发生比分别是小学及以下水平农民子女的 76 倍和 562 倍，获得一般非体力职业的发生比分别是后者的 6 倍和 32 倍。相比之下，不同受教育水平的农民子女获得工人类职业的差异相对较小。类似的，18 岁时父亲是否从事非农职业以及家庭文化资本等其他存在显著作用的变量对获得具体非农职业的影响的相对大小关系类似，都对获得管理及专业技术人员这类较好的职业影响

"更大"。这实际上意味着不同非农职业之间存在明显的梯度。

其次，在控制其他变量的情况下，男性仅在进入工人类职业方面具有优势，发生比是女性的1.42倍，但在进入管理及专业技术人员类职业方面并不具有优势。从军经历对获得工人职业有帮助，发生比是没有从军经历者的2.46倍，但从军经历对获得其他非农职业的影响不显著。

最后，不同地区和队列的农民子女获得具体非农职业的概率存在显著差异。中部地区的农民子女获得非农职业的发生比只有东部地区农民子女的40%～50%；西部地区的农民子女更低，只有东部地区的35%左右。参加工作越晚的队列，获得非农职业（包括管理及专业技术人员类职业）的相对机会越高。1995年及以后参加工作的农民子女获得三类具体非农职业相对于从事农业生产的发生比是1981年以前参加工作的农民子女的5～6倍；而后者相对于1981年以前参加工作的队列的差异较小，只有2.0～2.5倍。

三 队列异质性模型

上一节的分析假定变量的影响在不同就业队列中相同，考虑到改革以来不同阶段制度与环境不同，这一假定可能并不合理。因此，下面的分析将把队列变量与各个自变量进行交互，从而考察自变量的影响在不同队列中是否存在差异。为了使模型更为简洁，前面分析不显著的变量未设立交互项（实际设立后，交互项也确实不显著）。得到的结果如表4-10所示。可以先看显著性水平在不同队列中存在差异的变量，然后比较显著性水平相似的情况下系数大小是否存在显著差异。

表4-10 具体非农职业的获得——队列异质性模型

	管理、专业人员			一般非体力劳动者			工人		
	RRR	Se	P	RRR	Se	P	RRR	Se	P
男性×队列1	0.940	0.216	0.789	0.918	0.155	0.614	1.566	0.292	0.018
男性×队列2	1.614	0.437	0.080	0.877	0.150	0.445	1.288	0.229	0.158
男性×队列3	0.638	0.186	0.126	0.734	0.174	0.195	1.369	0.271	0.115
年龄×队列1	1.088	0.015	0.000	1.016	0.008	0.041	1.012	0.010	0.242
年龄×队列2	1.069	0.023	0.003	1.036	0.011	0.001	1.023	0.017	0.158

	管理、专业人员			一般非体力劳动者			工人		
	RRR	Se	P	RRR	Se	P	RRR	Se	P
年龄 × 队列 3	1.092	0.022	0.000	1.053	0.016	0.001	1.044	0.014	0.002
汉族 × 队列 1	0.575	0.313	0.311	1.149	0.513	0.757	1.274	0.486	0.526
汉族 × 队列 2	1.015	0.610	0.981	1.281	0.585	0.589	2.066	0.770	0.054
汉族 × 队列 3	2.052	1.664	0.377	2.278	1.059	0.079	2.694	1.677	0.114
初中 × 队列 1	4.944	1.314	0.000	2.568	0.421	0.000	1.618	0.302	0.011
初中 × 队列 2	14.405	9.082	0.000	2.380	0.528	0.000	1.815	0.376	0.005
初中 × 队列 3	16.213	17.862	0.013	1.803	0.578	0.069	2.238	0.571	0.002
高中 × 队列 1	11.600	4.062	0.000	2.762	0.867	0.002	1.260	0.416	0.484
高中 × 队列 2	98.080	66.798	0.000	9.475	3.257	0.000	3.634	1.238	0.000
高中 × 队列 3	79.564	93.438	0.000	5.804	3.459	0.004	3.671	1.877	0.012
高中以上 × 队列 1	52.624	18.155	0.000	6.650	2.201	0.000	2.295	1.046	0.071
高中以上 × 队列 2	636.107	410.269	0.000	12.280	5.388	0.000	6.064	2.764	0.000
高中以上 × 队列 3	418.352	460.397	0.000	6.950	3.005	0.000	3.490	1.451	0.003
参军 × 队列 1	1.786	0.607	0.091	1.592	0.457	0.108	2.966	0.822	0.000
参军 × 队列 2	0.934	0.576	0.912	0.845	0.458	0.756	0.672	0.299	0.374
参军 × 队列 3	0.613	0.767	0.696	0.623	0.415	0.479	3.033	1.355	0.014
父职非农 × 队列 1	2.580	0.736	0.001	2.715	0.604	0.000	2.405	0.502	0.000
父职非农 × 队列 2	3.183	1.070	0.001	2.789	0.619	0.000	3.232	0.803	0.000
父职非农 × 队列 3	3.515	1.427	0.002	2.089	0.658	0.021	1.728	0.579	0.105
父_ 小学 × 队列 1	1.369	0.355	0.228	1.254	0.195	0.148	1.543	0.245	0.007
父_ 小学 × 队列 2	1.432	0.454	0.259	1.082	0.211	0.688	1.140	0.185	0.424
父_ 小学 × 队列 3	1.180	0.477	0.682	1.707	0.470	0.054	1.334	0.323	0.236
父_ 初中 × 队列 1	1.738	0.671	0.155	0.858	0.274	0.633	1.854	0.563	0.044
父_ 初中 × 队列 2	1.514	0.623	0.315	0.963	0.218	0.868	0.952	0.213	0.827
父_ 初中 × 队列 3	0.956	0.421	0.919	1.778	0.517	0.050	1.317	0.419	0.388
文化资本 × 队列 1	1.530	0.159	0.000	1.287	0.111	0.004	1.146	0.087	0.077
文化资本 × 队列 2	1.092	0.139	0.490	1.113	0.101	0.240	1.169	0.108	0.094
文化资本 × 队列 3	1.376	0.187	0.020	1.208	0.118	0.055	1.165	0.130	0.172

续表

	管理、专业人员			一般非体力劳动者			工人		
	RRR	Se	P	RRR	Se	P	RRR	Se	P
首职前为党员	1.254	0.577	0.623	1.474	0.623	0.361	0.963	0.380	0.924
父亲有管理职位	1.078	0.339	0.811	1.381	0.297	0.136	1.187	0.322	0.528
中部地区	0.418	0.105	0.001	0.510	0.122	0.006	0.490	0.113	0.002
西部地区	0.362	0.105	0.001	0.333	0.091	0.000	0.357	0.095	0.000
截距	0.000	0.000	0.000	0.038	0.018	0.000	0.043	0.024	0.000

注：未加权的样本数为5793。参照职业为农民。"父职非农"表示18岁时父亲从事非农生产，参照组为不从事；父亲教育水平的参照组为文盲，初中表示初中及以上；"文化资本"表示家庭文化资本，用18岁时家庭藏书量（不含教材和课本）测量。

第一，性别在同质性模型中对农民子女最终从事体力工人类职业具有显著的影响，但队列异质性模型显示此种显著的影响只存在于1981年以前参加工作的队列中。在后两个队列中，男性样本尽管获得工人职业的可能性比女性高，但这种差异来自随机误差的概率较大，统计检验不显著。第二，队列同质性模型中年龄对各具体非农职业的影响都是显著的，而队列异质性模型显示，年龄对1995年以前参加工作的农民子女获得工人类职业相对于从事农业生产的发生比并无显著影响。第三，参军对获得非农职业的影响呈现出奇特的队列特征，从军经历对获得工人类职业的显著影响仅存在于1981年以前及1995年及以后参加工作的队列中。第四，父亲是否从事非农业生产对1995年及以后参加工作的农民子女获得工人类职业无显著作用，这一变量在其他队列中的作用是显著的。第五，控制其他变量后，父亲教育水平对农民子女职业非农化的影响较小，仅对1981年参加工作的农民子女获得工人类职业有显著作用。第六，家庭文化资本对中间队列的影响不显著，只对首尾两个队列获得较好的职业有显著影响。在未控制教育水平的模型（即在上述模型中排除教育水平与队列的交互变量）中，家庭文化资本对于中间队列以及获得工人类职业都有显著影响。这意味着，在1981～1994年参加工作的农民子女中，家庭藏书量已经通过影响农民子女的教育水平（或者反过来，农民子女的教育水平影响家庭藏书量）的方式实现了对获得非农职业的影响，而不再具有直接的影响。

系数显著意味着调查中观察到的关系推论到总体的把握更大，一个系数显著而另一个不显著并不代表两者的大小存在"显著"的差异，需要对相关变量在各个队列中是否存在显著差异进行专门的统计检验。结果表明，绝大多数变量在不同队列中的作用大小不存在显著差异。同时纳入这些变量的主效应项及其与队列变量交互效应的模型中，将交互项设定为 0 并不会使模型拟合程度显著下降。总体而言，具体非农职业的获得机制具有高度的稳定性。但教育水平、从军经历的作用大小在不同队列存在显著差异。其中，教育（主要是高中及以上教育水平）的作用系数在表 4 - 11 所示队列 1 与队列 2 间存在显著差异。从军经历对1981 年以前工作的农民子女获得具体非农职业的影响为正向影响，但对 1981 ~ 1994 年参加工作的农民子女获得管理及专业技术人员类职业不利。

表 4 - 11　教育对不同队列获得具体非农职业的作用大小的差异性检验

管理及专业技术人员		队列 1 vs. 队列 2	队列 1 vs. 队列 3	队列 2 vs. 队列 3
初中	F	2.450	1.250	0.010
	Sig	0.121	0.267	0.909
高中	F	8.650	2.840	0.030
	Sig	0.004	0.095	0.864
高中以上	F	12.090	3.230	0.160
	Sig	0.001	0.075	0.690
一般非体力劳动者		队列 1 vs. 队列 3	队列 1 vs. 队列 3	队列 2 vs. 队列 3
初中	F	0.100	0.910	0.520
	Sig	0.753	0.342	0.472
高中	F	9.880	1.170	0.500
	Sig	0.002	0.282	0.482
高中以上	F	1.240	0.010	0.930
	Sig	0.269	0.932	0.337
工人		队列 1 vs. 队列 2	队列 1 vs. 队列 3	队列 2 vs. 队列 3
初中	F	0.180	1.180	0.450
	Sig	0.672	0.280	0.503
高中	F	7.250	3.300	0.000
	Sig	0.008	0.072	0.987
高中以上	F	2.260	0.480	0.800
	Sig	0.135	0.491	0.372

注：单个检验的自由度为 F (1, 115)。抽样设计中共有 124 个 PSU，9 个层，115 个自由度。

异质性模型结果表明相同自变量对获得不同非农职业的影响多数存在显著差异，这意味着不同非农职业存在明显差异，可以尝试在实现了非农就业的农民子女进行"内部分析"，建立的最终模型如表4-12。可以看到，在最终职业皆为非农职业的农民子女内部，性别、年龄、教育水平、参军经历等个体变量对其获得管理及专业技术人员职位或一般非体力工作有着显著影响，而对父亲受教育水平、职业、是否有管理职位等家庭背景变量影响已经不再显著，且影响的大小在队列间不存在显著差异（家庭的文化资本对获得管理及专业技术类职位的影响除外）。这意味着在已经非农化的农民子女内部，具体取得何种非农职位主要依靠个人能力、特征及经历，且决定机制在不同队列之间并没有太大不同。

表4-12　已非农化农民子女获得具体非农职业的影响因素

自变量	管理及专业人员			一般非体力人员		
	RRR	Se	P	RRR	Se	P
男性	0.738	0.119	0.062	0.609	0.083	0.000
汉族	0.535	0.213	0.118	0.769	0.303	0.506
年龄	1.044	0.009	0.000	1.003	0.007	0.637
受教育水平						
初中	2.897	0.716	0.000	1.236	0.209	0.214
高中	8.964	2.386	0.000	2.205	0.443	0.000
高中以上	36.467	9.843	0.000	2.466	0.572	0.000
初职前为党员	1.278	0.530	0.556	1.435	0.484	0.286
参军×队列1	0.628	0.207	0.161	0.592	0.170	0.070
参军×队列2	2.786	1.487	0.057	1.532	0.763	0.393
参军×队列3	0.189	0.204	0.125	0.201	0.110	0.004
父亲受教育水平						
小学	0.924	0.177	0.681	0.932	0.113	0.563
初中及以上	0.975	0.246	0.921	0.884	0.172	0.527
父职非农	1.314	0.228	0.119	1.047	0.162	0.769
父有管职	0.849	0.291	0.633	1.042	0.244	0.860
文化资本	1.171	0.088	0.037	1.041	0.066	0.532
中部×队列1	1.328	0.355	0.291	1.360	0.246	0.093
中部×队列2	0.524	0.158	0.034	0.938	0.203	0.769

自变量	管理及专业人员			一般非体力人员		
	RRR	Se	P	RRR	Se	P
中部 × 队列 3	0.635	0.183	0.117	0.835	0.215	0.486
西部 × 队列 1	1.492	0.515	0.250	1.019	0.304	0.949
西部 × 队列 2	0.357	0.128	0.005	0.683	0.196	0.188
西部 × 队列 3	1.391	0.527	0.386	1.051	0.383	0.891
截距	0.023	0.014	0.000	1.067	0.593	0.907

注：以工人为职业参照组。未加权样本数 N = 2675。

数据来源：CGSS 2006。

第五节　本章小结

本章对农民子女职业非农化的模式与机制，获得具体非农职业的影响因素进行了分析。结果表明：越年轻的农民子女职业非农化的水平越高。在最年轻的农民子女队列中从事过非农职业的比例接近 100%。从时期来看，职业非农化的水平在 1960 年代中期到 1980 年代中期并无显著变化，1980 年代中期后才逐步上升。职业非农化有着特定的年龄模式，成年早期是农民子女职业非农化的高峰时期，此后逐渐下降。不过，1981 年以前参加工作的队列在 30 岁之后还有一个职业非农化的小高峰。

在职业非农化的决定机制上，事件史模型结果表明，在控制其他变量后，教育水平及从军经历对获得非农职业有着显著影响，但此种影响在年轻队列中相对较小。家庭背景中父亲的文化水平、父亲的职业类型以及家庭文化资本影响显著，并且在越晚近的队列中父亲文化水平的影响越大。这意味着，随着队列的推移，个人教育水平在职业地位获得中的中介作用有所下降，家庭背景因素还可通过其他机制影响子女的职业非农化。此外，政治面貌对农民子女职业非农化的影响是负向的，不同情境下党员身份存在不同影响。

在具体非农职业的获得上，教育对获得管理及专业技术人员类职业的影响要比对获得其他非农职业的影响更大，从军经历仅对获得工人类非农职业具有显著的正向影响。家庭背景变量中父亲职业以及家庭文化资本对获得各种非农职业都有显著影响，但父亲文化水平在控制其他变量后对获得较好非农职业的影响并不显著。队列异质性模型表明，绝大多数变量对获得具体非农职业的影响在不同队列中并不存在显著的差异，仅教育水平和从军经历在不同队列中的作用大小有所不同。

本章讨论的职业非农化是单向一次性非农化，没有过多讨论职业非农化的"质量"问题。实际上，部分农民子女的职业非农化是不稳定的，经常在农业、非农业之间转换职业。即使是长期从事非农业生产的农民子女，也可能在一定年龄阶段回流农村和农业（盛来运，2008：105～106）。这种非农化的反复与我国劳动力市场的分割、农民子女市民化制度安排不合理等有很大关系。

第五章
体制分割与农民子女的市民化

第四章详细讨论了农民子女职业非农化及获得具体非农职业的机制及其队列差异问题。站在农民子女的立场看，职业非农化只是社会流动中相对容易的一环，如果非农工作不稳定且缺少平等的市民身份和社会保障，即使"曾经"实现了非农就业，最终也可能不得不再次"返乡"从事农业生产。由于我国实施的是渐进双轨制非均衡改革，改革后城乡二元结构以及体制内外的差异仍然持续存在，人们不仅可以通过劳动力市场获得收入和地位，也可依托不同的身份资格从单位、社区、地方政府（甚至中央政府）等再分配系统及公共部门获得不等的资源和地位。因此，相同的职业如果处于不同劳动力市场、不同垄断程度的行业或不同所有制单位，除经济收入及生活模式存在差异外（边燕杰、张展新，2002；郭丛斌，2008），可以获得的社会保护和公共福利也存在较大差异（蔡昉等，2001；李骏、顾燕峰，2011；聂盛，2004；余东华，2006；张展新，2004；郑路，1999）。忽略城乡分割与体制分割造成的劳动力市场分割，也就忽略了中国社会极为重要的不平等维度，忽视了社会流动中更为关键的身份转换与市民化问题。因此，非常有必要结合劳动力市场分割情况及农民子女在获取社会保护与公共服务方面的分化来研究其社会流动问题。由于这方面的不平等主要体现为依托于单位和市民身份的社会权利和公共福利不平等，故称其市民地位的不平等。可以从职业类型，劳动者的就业单位性质、雇佣关系类型以及户口性质等方面进行测量。

第一节　体制分割与市民地位

我国劳动力市场分割特征与既有社会管理体制基础上的渐进改革模式紧密相关。社会主义市场化改革可以看作两个相对运作的过程：一个是再分配体制在传统单位及社区民生服务领域逐渐让步于竞争体制的过程，另一个是社会保障制度以及法制化的安全生产、劳动监管制度在私营经济领域逐步成长的过程。在不同地区和单位，这两个过程有快有慢，从而导致不同单位回报模式与福利待遇差异巨大。如，有些效益较好的国有企业福利社会化相对较慢，而那些效益不好的企业反而通过下岗、买断工龄等"快刀斩乱麻"式的改革迅速将部分包袱抛给了政府和社会。而同样是非国有经济，外资企业被要求严格实行劳动制度，而很多本地企业中，所有者、管理者与政府有着千丝万缕的联系，在劳工权益保护及法律制度贯彻执行方面落实得相对较差。简单地讲，国家在不同劳动力市场上承担的保护和服务责任存在差异，不同性质的就业单位和不同的劳动市场有着不同的薪酬与社会保障水平、权利分享级别和市民化程度。

体制分割与市场分割影响了农民子女分化和流动的路径。从微观分化和流动过程来看，农民子女是在接受教育的过程中被逐步分流到不同就业市场的。因此，朱镜德建立了如图5-1所示的劳动力市场流动模型，其中教育水平是决定劳动力去向的关键因素（朱镜德，2001）。对农民子女而言，如果留在农村，在职业上面临着从事纯农业生产还是主要从事非农业生产的选择，但在市民化上只能等待国家政策调整和区域城市化而"被市民化"。如果进城工作，则存在城市正规劳动力市场还是非正规劳动力市场的差别。因为不同劳动力市场代表着不同的社会地位和市民地位，亦即不同的资源获取能力和权利。从职业甚至从生活模式上看，农民工中有相当部分已经与城市居民没有实质性的差别。但是，由于相当长时间内国家和城市政府在社会保护和公共福利领域（教育、医疗、养老、住房、市政服务等）奉行新自由主义"市场化"改革主张，由农民自发转变而来的"城市居民"未能获得平等分享由公共部门提供的社会保护与服务的权利。相对于城市原有居民及"经过官方认证"的"合法"新市民，他们不得不付出更多私人成本以维持在城市的生活（蔡禾、王进，2007）。

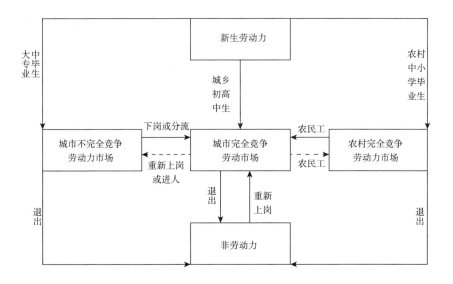

图 5-1　朱镜德：中国劳动力市场流动模型

由于国家在农民工生产和再生产的集体性消费领域（劳动权益保护、就业、教育、医疗、养老、住房等）缺位，加上资本的剥削，相当部分农民子女无法体面地生活在普通城市社区，只能在工厂宿舍、城中村、城郊村、地下室、工棚完成劳动力的再生产，同时在农村老家完成下一代的生养（任焰、潘毅，2008）。基于 2005 年小普查数据的分析表明，在控制其他相关变量后，农民在劳动回报、职业提升以及劳动权益保护（如收入水平、是否签订劳动合同、是否享受社会保险、劳动时间长度）方面相对于城市居民都存在显著的弱势（杨舸，2010）。陆学艺总结认为农民工有 10 个方面的正当权益得不到保障，包括：就业居住方面的限制与歧视，劳动条件、生活条件艰苦，工资低且经常被克扣，需要办理各种管理证件，容易被城市管理者处罚，子女不能在城市接受平等教育，没有医疗、失业、养老等保险，不享有选举权，文化生活缺乏，被城市人认为素质低、被歧视等（陆学艺，2003）。也正是在这个意义上，职业的非农化只是多数农民子女社会分化和流动的起步，还有更远的路和更大的挑战。

因此，在职业地位之外，本研究特别提出"市民地位"的概念。地位这一概念在社会学中最初是由韦伯提出的，后被索罗金等操作化为垂直社会不平等的概念，包括三个部分：经济地位、政治地位与职业地位（格伦斯基，2005：252）。在政府相对较小、公民权相对平等的西方现代社会，一个人的经济收入和社会声望主要由所从事的职业决定，因此这一概念在社会分层研究中被换成更具操作化意味的"社会经济地位"，并主要通过职业声望或者 Duncan 的 SEI 指数进行测量。这种操作化策略使社会地位研究得到了空前发展，但地位本身的内涵也越来越薄。它并未囊括现实中人们关于社会不平等与等级差别的全部考量因素，在中国更是如此。

在中国，人们不仅会问你从事什么职业，还会问你在什么单位工作，因为后者可能更能决定社会地位。职业只是个体获得经济收入、管理权力与社会声望的一种渠道，除此之外，人们还因属于不同单位、社区、城市的成员而获得不同的社会保护与公共福利。这可被称为不同的"市民地位"，因为依据这种地位分配的资源和服务主要来源于城市政府与公共部门。这些资源、权利并不因职业不同而存在太大差异，关键在于是否具有对应的成员身份和资历（Lin & Bian，1991）。

本书将就业单位性质、与雇主劳动关系正式程度以及是否具有城市户籍作为市民地位的核心测量，综合起来反映农民子女在单位体系及城乡社会中的位置。其中，就业单位的性质区分为国有集体单位（包括政府部门、事业单位、国家及集体控股的企业）、私营个体单位（包括个体经济、私营或者非国有集体资本控股的企业）以及农村联产承包户三类。与雇主劳动关系的正式程度则分为有固定的雇用者且签订劳动合同、有固定雇用者没有劳动合同、自我雇用或者雇佣关系不稳定，最后是劳动关系较为稳定但很难说是雇佣关系的作为参照组的农村土地承包户。户籍性质主要区分为非农户籍和农业户籍。但考虑到中国户籍正在逐步改革且不同城市的户籍"含金量"存在差别（王美艳、蔡昉，2008），在中央财政实力强的背景下，行政级别越高的城市户籍意味着可以享受由更为雄厚的公共财政所支持的公共服务的权利，因此，结合城市行政级别本研究区分出更细的非农户籍类型，具体来说，分为直辖市非农户口、省会非农户口、地级市非农户口、县城非农户口、乡镇非农户口以及农村户口。

第二节 市民地位获得及其队列变化

结合"市民地位"的概念，这一节主要讨论决定农民子女初职单位性质、现（终）职单位性质以及劳动雇佣关系正式程度的影响因素及其影响在不同队列中的差异。

一 初职工作单位

根据前面的操作化定义，相关自变量与初职单位类型（国有集体单位、私营个体单位和家庭农户三类）的概要描述如表 5－1。可以看到，在未控制其他变量的情况下，自变量与因变量之间都存在较为显著的关系。年龄越小的农民子女初职进入私营个体单位的比例越大，进入国有集体单位的绝对比例虽未见大幅增长，但由于从事农业的比例大幅下降，因而相对于从事农业生产的发生比同样大幅提高了。教育差异带来的差距非常明显，受教育水平越高的人进入国有集体单位的比例越高。受教育水平对进入私营个体单位的影响具有门槛和平台效应。只要达到初中水平，农民子女进入私营个体单位的概率就会大大提高，但更高的教育水平对进入个体私营领域并无明显促进作用。男性初职进入国有集体单位的比例相对较大，但在进入私营个体单位方面与女性不存在显著差异。农民子女中汉族、党员、父亲有管职及教育水平较高的人初职进入国有集体单位及私营个体单位的比例也都相对较高。

表 5－1　不同特征的农民子女初职单位类型分布情况

单位：% ，人

自变量	属性特征	国有集体	私营个体	家庭农户	人数
年龄	30 岁以下	13.7	40.0	46.4	1227
	30～39 岁	16.2	15.5	68.4	1640
	40～49 岁	11.6	7.2	81.2	1529
	50～59 岁	13.8	2.5	83.7	1533
	60 岁及以上	22.6	3.3	74.1	801

续表

自变量	属性特征	国有集体	私营个体	家庭农户	人数
性别	女	12.9	13.6	73.5	3335
	男	16.8	13.7	69.5	3396
民族	少数民族	5.3	9.0	85.7	656
	汉族	15.9	14.1	69.9	6075
受教育程度	文盲半文盲	2.8	2.0	95.2	997
	小学	6.0	6.3	87.7	2064
	初中	12.9	20.9	66.3	2481
	高中	32.5	20.4	47.1	588
	职校	51.8	21.0	27.2	418
	大专以上	68.1	23.0	8.8	183
政治面貌	非党员	14.4	13.6	72.1	6625
	党员	48.7	19.9	31.5	106
职业	管理及专业人员	89.9	10.1	0.0	434
	一般非体力人员	35.0	65.0	0.0	519
	技术工人	45.5	54.5	0.0	594
	非技术工	43.1	56.9	0.0	371
	农民	0.0	0.0	100.0	4809
父亲有无管理职务	无管职	11.9	12.1	76.0	5790
	有管职	33.3	23.3	43.4	941
父亲受教育程度	文盲	10.9	7.1	82.1	3258
	小学	15.8	17.1	67.1	2337
	初中	21.9	27.2	50.9	782
	初中以上	30.5	24.7	44.7	291
合计		14.9	13.6	71.4	6731

注：表中人数为加权后的人数。

数据来源：CGSS 2006。

为综合研究上述自变量与初职单位类型之间的关系，取得各个变量相对独特的影响，下面将采用 Mlogit 模型进行多元回归分析。研究变量仍是代表个体能力与人力资本的年龄、性别、教育、党员身份、从军经历等变量和代表家庭背景与先天优势的 18 岁时父亲职业、父亲受教育水平以及家庭文化资本等因素。首先建立的模型是队列同质性模型，它假定各个自变量在不同队列中的作用大小相同；其次是队列异质性模型，用队列变量与各自变量进行交互，交互项显著则说明自变量的作用在队列之间存在显著差异。这里只呈现最终模型结果（见表 5 - 2），它只保留有队列与教育和参军经历这两个对农民子女非常重要的因素的交互项。

表 5 - 2 初职单位类型的队列异质模型（Mlogit 模型）

自变量	国有集体单位			私营个体		
男性	0.792	0.101	0.070	1.028	0.118	0.810
年龄	1.108	0.010	0.000	1.015	0.012	0.215
汉族	1.993	0.766	0.075	1.818	0.555	0.052
职前为党员	1.664	0.643	0.191	1.819	0.828	0.191
父亲受教育水平						
小学	1.272	0.173	0.080	1.274	0.196	0.118
初中及以上	1.347	0.245	0.105	1.158	0.186	0.362
18 岁时父职非农	3.157	0.527	0.000	2.477	0.416	0.000
18 岁时文化资本	1.163	0.064	0.007	1.129	0.072	0.058
18 岁时父有管职	1.136	0.265	0.586	0.579	0.132	0.018
教育程度与队列交互						
初中 × 队列 1	4.178	0.674	0.000	2.125	0.630	0.012
初中 × 队列 2	3.483	1.197	0.000	2.045	0.420	0.001
初中 × 队列 3	7.172	3.741	0.000	1.946	0.515	0.013
高中 × 队列 1	10.715	2.816	0.000	3.156	1.617	0.027
高中 × 队列 2	13.362	4.965	0.000	3.561	1.112	0.000
高中 × 队列 3	31.067	21.518	0.000	4.786	2.228	0.001
职校以上 × 队列 1	17.959	4.794	0.000	3.383	1.968	0.038
职校以上 × 队列 2	47.359	20.747	0.000	3.326	1.434	0.006
职校以上 × 队列 3	93.906	54.363	0.000	3.968	1.674	0.001
从军经历与队列交互						
参军 × 队列 1	3.573	0.937	0.000	2.589	1.617	0.130
参军 × 队列 2	0.681	0.300	0.385	0.538	0.287	0.248
参军 × 队列 3	2.262	1.482	0.215	1.600	0.746	0.315
队列及地区变量						
队列 2	5.153	1.741	0.000	7.856	2.489	0.000
队列 3	9.532	4.943	0.000	40.381	16.379	0.000

自变量	国有集体单位			私营个体		
地区__中部	0.803	0.215	0.415	0.593	0.146	0.036
地区__西部	0.637	0.169	0.092	0.312	0.079	0.000
截距	0.000	0.000	0.000	0.005	0.004	0.000

注：未加权样本数 5660。F（50，66）= 37.41。因变量参照组为农地承包户。队列 1 = 1981 年以前参加工作（为参照组），队列 2 = 1981 ~ 1994 年参加工作，队列 3 = 1995 年及以后参加工作。自变量教育的参照组为小学及以下，地区的参照类为东部地区。

数据来源：CGSS 2006。

从结果可以看到，除父亲是否具有管理职位以及参加工作前是否为党员的影响不显著外，其他变量都具有显著的独特影响。这些因素中性别、年龄、民族、父亲职业、父亲受教育水平与家庭文化资本等变量在三个队列中有着近似的影响，它们与队列变量的交互项不显著。教育变量与从军经历在不同队列中的作用存在显著差异。在最近参加工作的两个队列中，受教育程度对农民子女初职进入国有集体单位和私营个体单位的影响较大，教育水平的相对差异带来的进入这两类工作单位相对于留在家中进行农业生产发生比的倍数差异都随着队列的推移而提升。参军经历对农民子女初职进入国有集体单位在 1981 年以前参加工作的队列中有显著的正向作用，但在 1981 ~ 1994 年参加工作的队列中变成负向作用，这一时期参加工作的军人样本反而更有可能回到农村从事农业生产。

具体分析上述因素对进入不同单位的影响，可以发现，教育水平对农民子女初职进入国有集体单位"加分"作用更大，对进入个体私营单位的影响较小。随着体制外就业机会的增加，上述变量对于农民子女初步的职业非农化的影响也就越来越弱。前文关于职业非农化的研究支持同样的结论。除此之外，18 岁时父亲是否具有管理职位也在 0.06 水平上显著，处于管理职位的父亲的子女进入私营个体单位（相对于从事农业生产）的发生比要小于父亲没有管理职位的农民子女。

队列变量的主效应显示新近参加工作的队列进入国有集体单位的发生比反而更高，这与我们的常识不符。实际上，随着市场化改革的推行，农民子女进入国有集体单位的可能性下降。之所以会出现这种情况，是因为我们的模型中纳入了 2006 年时受访者的年龄。其系数大于 1，意味着年龄越大进入国有集体单位的可能性越高，而年龄越大更有可能属于较早参加工作的队列。这两种作用抵消后，实际上越晚参加工作的人进入国有集体单位的发生比要低很多。将上述模型中的年龄变量删除后，进入国有集体单位子方程中队列2的系数为0.56，队列3的系数为1.2，两者都不显著；而进入私营个体单位对应的系数分别为5.9和33.2，且都显著。这意味着，如果不考虑队列内的年龄差异，年轻的队列进入国有集体单位的可能性并没有实质性提高，但进入私营个体单位的可能性大大提高。这与改革开放后支持农民职业非农化的主要是非公有制经济和非正规经济的判断是一致的。

二 现职工作单位

初职只是职业生涯的起点，通过代内流动，个体仍有改变职业和市民地位的机会。有关初职的分析并不能完全代替关于现职的分析。无交互作用的队列同质性模型（未列出）显示年龄、教育和从军经历等个体变量对农民子女现职进入国有集体单位具有显著的影响，性别、民族、参加工作前是否有党员身份等个体变量的影响不显著。家庭背景变量中除18岁时父亲是否有管理职位没有显著的影响外，其他变量对现职进入国有集体单位有着显著的正向影响。与进入国有集体单位的情况不同，这些自变量中仅个体教育水平、18岁时父亲职业类型、家庭文化资本拥有量对农民子女现职进入私营个体单位有显著影响。这意味着，无论现职是进入国有集体单位还是私营个体单位，教育水平以及家庭背景都具有重要影响。但它们对农民子女进入国有集体单位的影响更大，或者说国有集体单位"更看重"这些因素，而私营个体单位对此要求相对较低（统计检验表明，性别、年龄、受教育程度、从军经历等变量在两个子方程中的系数大小都存在显著差异）。

当分析样本被限定为20~59岁的狭义农民子女时，得到的结果相似：文化程度、父亲职业类型与家庭文化资本等仍是决定农民子女现职是否进入国有集体单位的显著因素；而在进入私营个体单位方面，仅受教育水平及父亲职业类型具有显著影响。总而言之，受教育水平与家庭背景对农民子女现职属于何种单位都有影响。

这种影响将如何变化呢？随着市场化程度的提高，国有集体单位的职位进一步收缩，但仍保有相对较好的福利和待遇，农民子女要进入国有集体单位就只能凭借更高的人力资本，因此，可以预计普通教育水平在新近参加工作的队列中带来的差异预期将会减小；与此同时，随着非正规经济的发展和就业机会的增长，教育等对年轻农民子女进入私营个体单位的作用可能会有所下降。

实际的队列交互效应模型结果如表5－3。首先仍然看到新近参加工作的队列进入国有集体单位的基准发生比不如改革前参加工作的队列，但进入私营个体单位的基准发生比有显著提高。在自变量作用队列异质性方面，性别、年龄和教育水平的作用在队列之间存在显著差异，其他变量在不同队列间并不存在显著差异。具体而言，教育水平在改革初期作用显著大于改革之前；改革后期作用有所回落，但这种回落在统计上尚不显著。男性相对于女性的优势仅存在于改革以前进入私营个体单位的情况，样本中的男性进入国有集体单位的概率甚至不如女性。从军经历对农民子女进入个体私营单位的作用不明显，但在改革之前和改革后期对进入国有集体单位有显著的促进作用。父亲职业及家庭藏书量等家庭背景变量对较早参加工作的农民子女获得国有集体单位及私营个体单位的工作有显著的促进作用，但是在新近参加工作的队列中，作用变得不再显著。

表5－3　现职单位类型的队列交互模型（Mlogit 模型）

自变量	国有集体单位			私营个体		
	RRR	Se	P	RRR	Se	P
汉族	2.022	0.722	0.051	1.440	0.420	0.214
初职前为党员	1.442	0.620	0.397	1.154	0.431	0.702
父亲受教育水平						
小学	1.311	0.161	0.030	1.193	0.148	0.157
初中及以上	1.202	0.231	0.340	1.070	0.169	0.666
18 岁父亲有管理职务	1.225	0.306	0.417	1.084	0.233	0.708
性别与队列交互						
男性×队列1	0.927	0.152	0.644	1.522	0.248	0.011
男性×队列2	0.826	0.156	0.313	1.260	0.189	0.125
男性×队列3	1.086	0.250	0.720	0.948	0.168	0.763
教育水平与队列交互						
初中×队列1	2.802	0.484	0.000	1.758	0.285	0.001

续表

自变量	国有集体单位			私营个体		
	RRR	Se	P	RRR	Se	P
初中 × 队列 2	3.574	1.263	0.000	1.998	0.325	0.000
初中 × 队列 3	2.310	1.065	0.072	1.966	0.496	0.008
高中 × 队列 1	4.096	1.364	0.000	1.431	0.404	0.207
高中 × 队列 2	19.835	8.804	0.000	5.501	1.690	0.000
高中 × 队列 3	11.915	7.388	0.000	4.755	2.531	0.004
职校以上 × 队列 1	19.228	6.091	0.000	2.163	0.964	0.086
职校以上 × 队列 2	74.176	37.073	0.000	5.832	2.556	0.000
职校以上 × 队列 3	30.539	15.348	0.000	5.126	2.051	0.000
从军经历与队列交互						
参军 × 队列 1	3.637	1.134	0.000	1.263	0.424	0.488
参军 × 队列 2	1.728	0.863	0.276	0.717	0.352	0.498
参军 × 队列 3	3.317	1.858	0.034	1.751	0.969	0.313
家庭背景交互变量						
父职非农 × 队列 1	2.852	0.573	0.000	2.613	0.555	0.000
父职非农 × 队列 2	3.675	0.914	0.000	2.870	0.584	0.000
父职非农 × 队列 3	1.788	0.606	0.089	1.951	0.570	0.024
家庭藏书 × 队列 1	1.280	0.111	0.005	1.239	0.091	0.004
家庭藏书 × 队列 2	1.079	0.112	0.466	1.160	0.104	0.101
家庭藏书 × 队列 3	1.175	0.155	0.226	1.209	0.117	0.053
队列与区域变量						
队列 2：1981～1994 年工作	0.627	0.270	0.280	2.160	0.496	0.001
队列 3：1995 年及以后工作	1.077	0.561	0.888	5.453	1.923	0.000
中部	0.493	0.123	0.006	0.474	0.108	0.001
西部	0.382	0.107	0.001	0.303	0.076	0.000
截距	0.047	0.021	0.000	0.093	0.034	0.000

　　注：未加权的样本数为5707。F（60，56）＝22.39。因变量参照组为农地承包户。队列 1 ＝ 1981 年以前参加工作，队列 2 ＝ 1981～1994 年参加工作，队列 3 ＝ 1995 年及以后参加工作。自变量教育的参照组为小学及以下。

　　数据来源：CGSS 2006。

表 5 - 4　现职单位类型的队列交互模型——含初职单位（Mlogit 模型）

	国有集体单位			私营个体		
男性	1.005	0.145	0.975	1.254	0.147	0.056
汉族	1.552	0.561	0.226	1.133	0.376	0.707
参军	1.774	0.642	0.116	0.868	0.232	0.598
初职前为党员	0.831	0.333	0.645	0.814	0.335	0.619
教育与队列交互						
初中×队列 1	2.160	0.439	0.000	1.705	0.293	0.002
初中×队列 2	2.414	0.855	0.014	1.607	0.300	0.012
初中×队列 3	1.215	0.582	0.685	1.346	0.311	0.201
高中×队列 1	1.749	0.641	0.130	1.054	0.297	0.852
高中×队列 2	6.786	3.451	0.000	3.756	1.349	0.000
高中×队列 3	3.298	2.209	0.077	2.014	0.996	0.160
职校大专以上×队列 1	7.968	2.973	0.000	1.537	0.775	0.395
职校大专以上×队列 2	14.641	8.950	0.000	3.303	1.845	0.035
职校大专以上×队列 3	4.473	2.269	0.004	2.464	1.133	0.052
家庭背景变量						
小学_父亲教育	1.537	0.228	0.005	1.172	0.157	0.238
初中及以上_父亲教育	1.430	0.334	0.129	1.054	0.194	0.775
18 岁父职非农	1.532	0.268	0.016	1.964	0.321	0.000
18 岁家藏书量	1.146	0.096	0.108	1.181	0.067	0.004
18 岁父有管职	1.302	0.374	0.361	1.390	0.336	0.176
初职单位类型						
初职为国有集体单位	93.636	19.701	0.000	11.031	2.467	0.000
初职为个体私营单位	6.775	1.827	0.000	25.766	4.510	0.000
队列与地区变量						
队列 2：1981~1994 年工作	0.387	0.143	0.011	1.213	0.242	0.336
队列 3：1995 年及以后工作	0.814	0.354	0.638	1.536	0.451	0.146
中部	0.417	0.099	0.000	0.493	0.109	0.002
西部	0.359	0.092	0.000	0.378	0.092	0.000
截距	0.039	0.017	0.000	0.105	0.040	0.000

注：未加权的样本数为 5604。

数据来源：CGSS 2006。

　　个人能力和家庭背景对现职的影响是逐步实现的。将初职单位性质纳入模型（见表 5 - 4），能够发现初职单位性质对现职单位性质有很好的预测效果，且其他相关变量仍有一定影响。初职为国有集体单位的人有很高的可能性仍留在国有集体单位（发生比是农民的 93 倍），私营个体单位从业的农民子女留在该类企业的发生率很高，但进入国有集体单位的可能性大于初职从事农业生产的人。纳入初职单位类型后，个体受教育水平、父亲受教育水平、父亲职业类型、家庭文化资本变量对现职单位类型仍然具有显著影响。这一模型中，教育水平仍然对在改革初期参加工作的队列进入国有集体单位及私营个体单位有着更大的决定作用，在改革后期有所减弱，但变化不显著。总而言之，控制了初职单位之后，个体教育水平以及家庭背景因素对个体进入非农工作单位（尤其是国有集体单位）仍具有直接影响。

三　雇佣关系类型

　　雇佣关系的正式程度是衡量劳动者"市民地位"的重要指标。公共部门和个体私营单位都有控制员工报酬、削减开支的动力，前者为了精简机构、降低财政负担、平息社会不满，后者为了获得更高的利润。随着市场化改革的推进，越来越多的企业实行灵活多样的聘用制度，对员工实行差别待遇，以最大限度地缩减成本。更正式和严格的聘任，如公共管理及事业部门有编制的岗位，通常意味着更稳定的收入与更齐全的社会保障与福利。因此，人们可以在各类政府机关、事业部门、国有企业、社区单位，甚至私营个体企业看到各种雇用形式的劳动者：正式工作人员、合同工、临时工、派遣工……。本书将现职（终职）的雇佣关系分为如下四种类型：①有固定的雇主并且与雇主签订了劳动合同；②有固定的雇主但是并未签订劳动合同；③无固定雇主或在自家企业工作，一个人工作、经营或者自己做老板等自雇或无固定雇佣关系；④目前从事农业生产或干家务。

　　从表 5 - 5 可以看到，农民子女中有合同且雇佣关系固定的仅占 8% 左右，在从事非农职业的农民子女中这一比例也只有 20%。80% 从事非农生产的农民子女处于自雇、无合同雇用或无固定雇主状态。现职在国有或集体单位的农民子女也有 63% 没有劳动合同，在私营及个体单位工作的农民子女中有固定雇主的只有 30%，有合同的只有 10%，剩下的 60% 都属于没有固定雇主或自雇。这些数据充分反映了农民子女所从事非农工作的"非正规"性。

不同特征的农民子女雇用状态存在一定差异，具有如下模式：年龄较小、文化水平较高、有过从军经历、参加工作前为党员、出生于东部地区、参加工作较晚的男性农民子女获得有合同或固定的工作的可能性更大。家庭背景变量与当前雇用形式也存在一定相关，父亲从事非农职业，文化水平越高，其子女获得有合同或固定的工作的比例较大。条件相对"较差"或中等的农民子女成为自雇者或者不固定雇用者比例更大。

表 5－5　不同特征的农民子女现职雇佣关系类型分布

单位：％，人

自变量	农民子女特征	固定受雇有合同	固定受雇无合同	自雇或无固定雇用	农民	人数
年龄组	30 岁以下	15.4	26.8	17.4	40.5	1256
	30～39 岁	9.4	15.7	18.6	56.3	1671
	40～49 岁	4.5	12.5	16.5	66.5	1540
	50～59 岁	5.1	13.7	9.0	72.2	1550
	60 岁及以上	5.7	25.1	6.3	62.8	819
受教育水平	文盲半文盲	1.7	5.7	7.2	85.4	1010
	小学	2.5	9.6	11.2	76.7	2086
	初中	8.3	21.1	17.3	53.4	2524
	高中	14.4	28.3	21.1	36.1	603
	职校	24.8	39.7	17.9	17.5	428
	大专及以上	40.0	41.7	15.2	3.1	186
性别	男性	6.9	17.6	11.9	63.7	3382
	女性	9.1	17.7	16.6	56.6	3454
民族	少数民族	3.7	9.5	11.1	75.7	661
	汉族	8.5	18.5	14.6	58.4	6175
政治面貌	初职前非党员	7.8	17.3	14.3	60.6	6726
	初职前党员	23.0	39.0	11.0	26.9	110
从军经历	从未参军	7.4	17.1	14.4	61.0	6525
	参军	19.7	29.4	10.1	40.7	311

续表

自变量	农民子女特征	固定受雇有合同	固定受雇无合同	自雇或无固定雇用	农民	人数
初职类型	管理及专业技术员	30.8	62.0	7.2	0.0	512
	办事人员	28.0	61.4	10.7	0.0	480
	个体户	0.8	3.5	95.7	0.0	629
	技术工人	26.8	57.0	16.2	0.0	587
	非技术工	17.8	46.2	36.0	0.0	511
	农民	0.0	0.0	0.0	100.0	4108
初职单位	国有集体	33.6	63.2	3.3	0.0	1060
	私营个体	10.5	31.0	58.4	0.0	1606
父亲职业	18岁父职农业	6.7	15.6	12.8	64.9	5878
	18岁父职非农	16.0	30.5	23.1	30.4	958
父亲受教育水平	文盲	4.5	12.8	11.5	71.2	3298
	小学	8.6	21.0	15.9	54.5	2381
	初中	16.7	23.1	19.9	40.3	802
	初中以上	17.9	28.6	17.0	36.5	292
工作队列	1981年前工作	4.7	14.1	9.9	71.2	3543
	1982~1994年工作	7.6	15.7	18.4	58.3	1910
	1995年及以后工作	16.9	29.4	19.7	34.0	1383
出身地区	东部	12.0	27.3	19.4	41.4	1963
	中部	6.8	14.2	13.5	65.5	3025
	西部	5.7	13.2	10.0	71.1	1847
合计		8.0	17.7	14.2	60.1	6836

注：表中频数为加权后的数字。
数据来源：CGSS 2006。

　　控制其他变量后上述简单相关是否仍然存在呢？基于Mlogit的多元回归可以实现对其他变量的控制，结果如表5-6所示。可以看到，控制模型中的其他变量后，民族、初职前是否为党员、年轻时父亲是否有管理职位和在单位类型模型中一样不再显著，但受教育水平、从军经历、父亲受教育水平、父亲职业类型、家庭文化资本等变量对现职雇佣关系有显著的解释效果，且影响方向与简单描述结论相似。

表 5 - 6　现职雇佣关系类型影响机制队列同质性模型（Mlogit 模型）

自变量	固定受雇有合同			固定受雇无合同			自雇或无固定雇用		
	RRR	Se	P	RRR	Se	P	RRR	Se	P
男性	1.019	0.155	0.903	0.811	0.090	0.060	1.485	0.184	0.002
年龄	1.029	0.014	0.039	1.059	0.010	0.000	1.002	0.009	0.831
汉族	1.735	0.783	0.225	1.534	0.632	0.301	1.477	0.471	0.224
初职前为党员	0.946	0.428	0.903	1.193	0.459	0.647	0.913	0.437	0.850
曾经参军	3.892	1.118	0.000	2.100	0.558	0.006	0.943	0.273	0.840
受教育水平									
初中	3.107	0.622	0.000	3.016	0.370	0.000	1.554	0.213	0.002
高中	6.841	2.405	0.000	5.173	1.180	0.000	2.670	0.612	0.000
职校	18.113	5.488	0.000	11.198	2.439	0.000	3.495	1.002	0.000
大专及以上	120.543	73.524	0.000	48.904	26.197	0.000	14.040	8.456	0.000
父亲受教育水平									
小学	1.451	0.244	0.029	1.444	0.182	0.004	1.139	0.146	0.312
小学以上	1.750	0.397	0.015	1.239	0.221	0.231	1.046	0.195	0.811
家庭背景变量									
18 岁父职非农	2.420	0.456	0.000	2.504	0.435	0.000	2.797	0.459	0.000
18 岁父有管职	1.363	0.319	0.188	1.271	0.317	0.339	1.099	0.282	0.713
18 岁文化资本	1.283	0.102	0.002	1.232	0.071	0.000	1.173	0.071	0.010
工作队列									
1981 ~ 1994 年工作	1.947	0.447	0.004	2.384	0.417	0.000	2.004	0.403	0.001
1995 ~ 2006 年工作	6.297	2.235	0.000	10.003	2.503	0.000	3.080	1.033	0.001
地区									
中部	0.522	0.156	0.032	0.426	0.096	0.000	0.537	0.124	0.008
西部	0.369	0.122	0.003	0.359	0.085	0.000	0.339	0.086	0.000
截距	0.003	0.002	0.000	0.004	0.002	0.000	0.064	0.038	0.000

数据来源：CGSS 2006。未加权的 N = 5785，加权的 N = 6857。

具体来看，教育水平越高的人获得有合同工作或者固定但无合同工作的概率越高（回归系数越大）。例如，大专及以上文化水平的农民子女获得有合同工作相对于成为联产承包户的发生比是小学及以下文化水平的农民子女的 120 倍，它们获得没有合同但固定受雇工作的发生比也达到后者的 49 倍。从军经历对获取前两种类型的雇佣关系作用明显，且对获得有合同工作的作用明显大于获得固定但无合同工作的作用。如果将现职是农民的农民子女排除，以无合同的固定受雇作为参照类，重新拟合一个多项 logit 模型（本文未列出相关结果），将发现与有合同受雇状态对应的方程系数中仅有高中以上两个受教育水平、是否从军、父亲受教育水平初中以上四个变量显著，且系数（指数形式）与 1 的差异都不大。这意味着，如果将农民排除出模型，模型会低估有关变量的影响。

由于因变量的分类过多使得交互模型过度复杂，下面的队列异质性模型仅关注目前或最终从事非农职业的农民子女是受雇于人还是自我雇用。也因为自我雇用在农民子女非农就业中的普遍性及重要意义，越来越多的农民子女希望通过自我创业来实现社会流动与身份转化（万向东，2008，2009）。相对于其他受雇者，他们有更多的支配自身劳动力的自由，可以尝试通过延时劳动"自我剥削"，以实现资本和经验的积累（万向东，2008）；有着更强烈的"企业家"精神（吴晓刚，2006）。

具体操作中本书将零工、散工（无固定雇主的受雇者）也归为自雇劳动者。除此之外，还包括在自家企业中帮忙、自己一个人工作不雇用他人、自己经营或做买卖但不雇用他人、自己做老板且雇用他人等四类自雇劳动。模型结果如表 5 - 7，左边是没有设置交互效应的队列同质性模型；右边是全交互模型，除地区外其他自变量都与队列变量进行了交互。从队列同质性模型可以看到除性别、受教育水平、参军等与人力资本紧密相关的变量外，其他变量尤其是家庭背景变量对从事非农职业的农民子女进入自雇状态没有显著作用。队列异质性模型结果表明，多数变量在改革的不同时期并不存在显著差异，仅民族以及 18 岁时父亲从事非农职业这两个变量在改革后的作用显著地大于改革前。总之，实现了职业非农化的农民子女是否从事自雇用职业主要受个体特征影响，且影响在不同队列中保持稳定。

表 5 - 7 个体从事自雇用职业的影响因素模型（二项 logit 模型）

自变量	队列同质性模型			队列交互模型		
	RRR	Se	P	RRR	Se	P
性别__男性	1.559	0.205	0.001	1.217	0.277	0.391
民族__汉族	0.843	0.342	0.676	0.465	0.196	0.072
参加工作前是党员	0.617	0.248	0.232	0.859	0.483	0.787

续表

自变量	队列同质性模型			队列交互模型		
	RRR	Se	P	RRR	Se	P
教育水平__初中	0.589	0.093	0.001	0.703	0.145	0.090
教育水平__高中	0.518	0.114	0.003	0.356	0.128	0.005
教育水平__职校以上	0.258	0.057	0.000	0.164	0.065	0.000
曾经参军	0.329	0.085	0.000	0.338	0.129	0.005
父亲教育__小学	0.904	0.114	0.427	0.932	0.335	0.846
父亲教育__小学以上	0.906	0.156	0.566	1.006	0.094	0.950
18岁父有管职	0.801	0.185	0.340	0.720	0.185	0.204
18岁文化资本	0.943	0.066	0.404	0.593	0.261	0.237
18岁父职非农	1.070	0.145	0.620	0.540	0.374	0.376
1981~1994年工作（队列2）	1.903	0.261	0.000	0.985	0.185	0.937
1995~2006年工作（队列3）	1.202	0.225	0.328	0.800	0.245	0.469
地区__中部	1.220	0.193	0.211	1.238	0.198	0.186
地区__西部	0.988	0.191	0.952	1.019	0.200	0.926
男性×队列2				1.448	0.355	0.133
汉族×队列2				2.709	1.045	0.011
初中×队列2				0.935	0.348	0.857
高中×队列2				2.022	1.023	0.166
职校及以上×队列2				1.580	0.927	0.438
参军×队列2				1.427	0.946	0.593
初职前为党员×队列2				0.681	0.611	0.669
父职非农×队列2				1.223	0.453	0.587
小学__父×队列2				0.924	0.244	0.767
小学以上__父×队列2				1.046	0.370	0.900
家庭文化资本×队列2				0.928	0.106	0.514
父有管职×队列2				1.475	0.815	0.482
男性×队列3				1.524	0.393	0.105
汉族×队列3				2.582	1.460	0.096
初中×队列3				0.624	0.239	0.220

自变量	队列同质性模型			队列交互模型		
	RRR	Se	P	RRR	Se	P
高中×队列3				1.318	0.690	0.598
职校及以上×队列3				1.562	0.825	0.400
参军×队列3				0.620	0.512	0.564
初职前为党员×队列3				0.391	0.393	0.352
父职非农×队列3				2.260	0.835	0.029
小学__父×队列3				0.876	0.301	0.702
小学以上__父×队列3				1.217	0.482	0.620
家庭文化资本×队列3				0.882	0.141	0.435
父有管职×队列3				0.326	0.202	0.073
截距	0.829	0.363	0.670	1.542	0.711	0.349

总结起来，与具体非农职业的获得类似，进入不同性质的就业单位同样受到教育水平、从军经历等个人特征，父亲文化水平、职业类型以及家庭文化资本等家庭特征的影响，并且教育水平、从军经历的影响在不同队列中存在差异。这些变量同样影响到农民子女的受雇形式，包括是否成为自雇者。如果只在已经非农化的农民子女中做分析，这些因素对获得合同和成为自雇者的解释力都相对较弱。在受雇于人的情况下，人力资本是保障个体获得形式合约的关键因素。越来越多的农民子女试图通过自雇，以寻求更为自由的劳动安排和更具弹性的劳动积累与社会流动，这同样依赖于个体教育水平等能力因素，其他变量的影响都相对模糊。

第三节　户籍非农化机会与机制

户籍暂时仍是衡量市民地位的可用指标。户籍不平等关键在于其背后所代表的城市公共福利与社会保障权利差异。对一个处于不断商品化、市场化的社会来说，获得来自公共部门的"社会保护"资源，以对抗资本的剥削与市场风险至关重要（蔡昉，2010c）。缺乏集体性的"社会保护"，"脱嵌"的商品经济将加剧劳动的异化，迫使劳动者长期处于贫困边缘，只能进行低水平再生产，得不到发展和解放。尽管不少地方在逐渐取消城乡户籍，甚至在人口抽样调查中不再询问受访者的户籍类型，但是真正消除社会保障与公共服务城乡差异的地方仍然屈指可数（王美艳、蔡昉，2008）。这种局面的出现，将迫使研究者不得不选择其他指标以标示城乡居民在获取"国民待遇"或公共服务方面的差异。考虑到本书所用数据来自2006年，名义上取消农业户籍的行政作为还不那么普遍，这里仍然以户籍类型来测量此种"国民待遇"上的不平等。

一 户籍非农化的描述

户籍非农化的时期模式、年龄模式等基本情况值得首先被了解。从图5-2可以看到，在整个计划经济时代，受访农民子女中获得非农户籍的非常少。改革开放后，每年获得非农户籍的农民子女人数虽然有所增加，但相对于前面讨论过的职业非农化，规模小了一半多。除去1996年的极大值，可以看到改革开放后的几十年中各年获得非农户口的农民子女人数并不见快速增加。如果控制人口基数的影响，采用户籍非农化风险水平来衡量，这种不变性将更加明显。

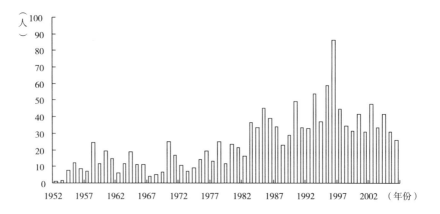

图5-2 样本中各年获得非农户籍的农民子女人数

数据来源：CGSS 2006。

通过将观察数据处理为人年数据，计算各个年份中获得非农户籍的人占当年处于风险中农民子女人数的比例，即可得到各年户籍非农化风险水平，结果如图 5 - 3 所示。与吴晓刚等得出的结论一致，户籍非农化的水平自 1960 年以来非常稳定（Wu & Treiman，2004）。户籍制度建立初期，农业户籍转非农户籍的概率比较高，即使在 1958 年国家开始严格控制城乡人口迁移的特殊时期，户口非农化的风险率仍然相对比较高。进入 1960 年代后，户籍非农化速度大大降低，并在此后一直保持稳定。与吴晓刚等利用 LHSCCCH1996 数据得出的结论认为1996 年之前的 10 年户籍非农化的风险水平有所下降不同，CGSS 2006 数据表明，1996 年及此前的 10 年户籍非农化水平并未显著下降，倒是 1996 年前后出现了一个高峰，之后的 10 年内户籍非农化水平则有所下降。对待这一结论应该像对待吴晓刚等的结论一样小心，因为抽样调查都有可能因为少抽了调查时的年轻人口而导致对于靠近调查年份的户籍非农化水平的低估（户籍非农化主要集中在18～20 岁），这和抽样调查数据由于丢失大量年轻未婚人口而高估近期生育水平的道理类似（郭志刚，2009，2010a）。

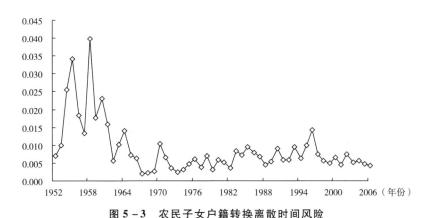

图 5 - 3　农民子女户籍转换离散时间风险

说明：纵轴表示风险比率。

数据来源：CGSS 2006。

户籍非农化有着明显的年龄模式（见图 5 - 4）。同职业非农化一样，户籍非农化也主要集中在成年早期，19～20 岁是高峰期，比职业非农化高峰期（17～18岁）稍晚。高峰期过后，户籍非农化的规模持续下降，30 岁之后有一个回升，但是回升幅度不大。此种回升是因为改革以前参加工作的队列（见图 5 - 5、图 5 - 6）在 30～50 岁有一个户籍非农化的次高峰。正如他们的职业非农化一样，这是恢复高考和改革开放创造的机会。改革开放后参加工作的农民子女户籍非农化的年龄集中在 15~30 岁，20 岁以后就逐步降低。

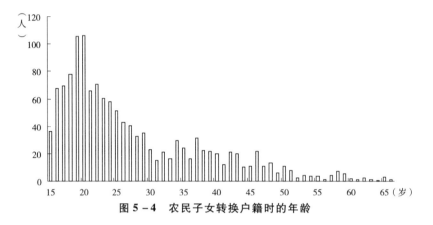

图 5-4　农民子女转换户籍时的年龄

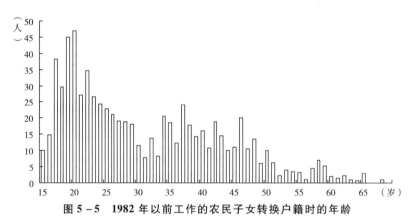

图 5-5　1982 年以前工作的农民子女转换户籍时的年龄

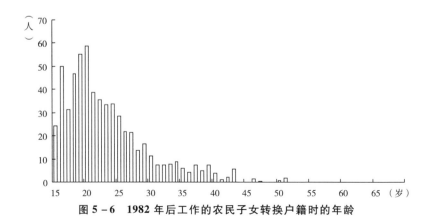

图 5-6　1982 年后工作的农民子女转换户籍时的年龄

如果用生存函数来描述不同队列农民子女户籍非农化水平和模式，得到的K－M生存曲线如图5－7所示。首先，从整体水平上看，户籍非农化的水平远远低于职业非农化的水平。只有30%的农民子女能够实现户籍非农化，70%会保持非农户籍状态。但职业非农化分析（图5－7）表明，即使1982年以前参加工作的队列从事过非农工作的比例也在50%以上，改革以后参加工作的队列甚至可以达到75%和100%。其次，从不同队列的情况来看，1981年以前参加工作的农民子女户籍非农化的风险随着年龄增长稳中有降，生存函数曲线形状为斜直线。1982～1994年参加工作的队列户籍非农化的累计水平比前一个队列高，其风险水平与年龄的关系模式较为复杂，部分案例在40岁后发生了户籍变换，生存函数曲线在对应年龄段出现较大幅度下降。1995年及以后参加工作的队列30岁以前的户籍转换的风险相对平稳，生存函数曲线前半段具有较好的直线性。这个队列已被观察的风险期相对较短，35岁以后的发展轨迹还需考察。

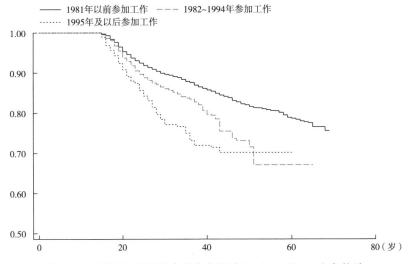

图5－7 不同就业队列户籍非农化的 Kaplan－Meier 生存估计

从出生队列来看（见图5－8），1946～1966年出生（40～60岁）的农民子女户籍非农化的水平及模式都十分接近；而1966年后出生的农民子女户籍非农化的水平和模式在观察区间内差异也非常小。将上述队列分别合并，得到更为简洁的生存函数曲线（见图5－9）。

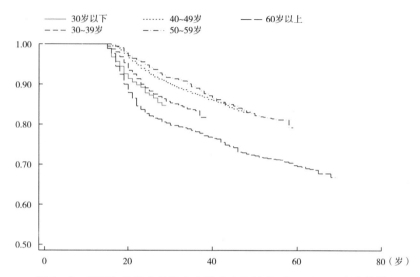

图 5 - 8　不同年龄组农民子女户籍非农化的 Kaplan - Meier 生存估计

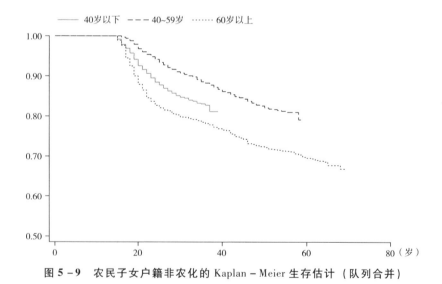

图 5 - 9　农民子女户籍非农化的 Kaplan - Meier 生存估计（队列合并）

可以看到，1966 年后出生的农民子女户籍非农化的风险模式与其他两个队列相差不大，非农化水平比 1966 年以前出生的队列高，但比 1946 年以前出生的队列低。1946 年以前出生的农民子女户籍非农化水平更高与户籍制度从

1958 年才开始严格实行有关，当时的城市居民很多由农民转变而来。根据本研究对农民子女的定义，他们很多在 14 岁以后获得非农户口，被认为发生了户籍转换。另一种可能是，60 岁以后死亡概率迅速提高，活着进入 CGSS 2006 的老人具有较强的选择性。实现了户籍转换的农民子女可能具有更高的生存概率，而农业户籍的农民子女大量过世无法进入样本，从而高估这群人的户籍非农化水平。不过，即便舍弃这一老年人口队列，仍可以发现"文化大革命"后出生的下一代并没有获得相对于"文化大革命"一代的户籍非农化优势。一方面是水平更高的职业非农化，另一方面是没有改善的户籍非农化。难怪"新生代农民工"及"蚁族"之类的年轻群体会产生更为强烈的"社会结构固化"感。

二　户籍非农化的机制分析

相对于事件发生的时间模式和队列差异，更让人关注的是哪些因素会影响户籍非农化机会，相关的影响机制是否会发生变化。这一节将尝试用事件史模型对此进行分析。先做以下描述和假设。

第一，男女存在不同的户籍非农化渠道。女性更有可能通过婚姻获得非农户籍，而男性可能更多依赖升学、当兵、招工等渠道。如果男女两性有着表面上类似的户口非农化水平，那么控制教育水平、当兵经历之后，女性获得非农户口的可能性更高。这种性别差异有可能会随着队列的变化有所不同。由于人口城乡迁移规模的扩大以及城市人口结构的变化，越来越多的农村男性也有可能"嫁"到城市。这样在年轻的队列中，控制了受教育水平、参军经历后，女性获得非农户籍的优势就不如早前队列中那么明显。表 5－8 呈现了婚前是农业户口的农民子女其后获得非农户口的比例。整体而言，婚前为农业户口的女性其后获得非农户口的比例（7.3%）高于男性。如果双方都是农业户口，那么男性获得非农户口的比例更高（男性为 5.2%，女性为 3.8%）。如果配偶结婚前为非农户口，那么受访者其后获得非农户口的比例要高很多，女性获得非农户口的比例更大（近 38%）。找一个非农户籍的配偶将有助于获得非农户籍，对于农民女儿更是如此，而且各个级别的城市户籍都可以。

表 5 - 8 婚前为农业户口的农民子女其后获得非农户口的比例

单位：%，人

婚前配偶户口	女性	男性	合计	人口基数
农村户口	3.8	5.2	4.5	5629
非农户口	38.2	34.2	37.6	385
乡镇非农	29.1	38.5	30.7	148
县城非农	39.9	25.7	37.5	131
地级市非	35.2	39.7	35.8	69
省会非农	79.7	43.1	75.9	30
直辖市非农	37.6		37.6	7
合计	7.3	5.9	6.6	
人数	3244	2770	6014	

第二，受教育水平是影响农民子女非农户籍获得的核心因素。在相当长时间内，农民子女主要通过高等教育及毕业分配工作来获得非农户籍。尽管空间城市化带动的户籍城市化在加快，且越来越多农民通过类似于"投资移民"的方式获得了城市户籍，升学获得非农户籍仍然是户籍非农化的重要方式之一。可以预计教育水平特别是大专以上受教育水平对获得非农户籍有十分明显的促进作用。而且不管在哪一个队列中，此种促进作用都十分明显且保持稳定。

第三，家庭背景对非农户籍获得应该有显著影响，但在不同队列中的作用方式和大小可能存在一定差异。改革开放以前，现代教育系统并不完善且功能发挥有限，教育水平高的人还有可能受到打压。因此，家庭文化资本等背景因素可能并非通过提高子女教育水平的方式来促进子女非农地位的获得。这表现为，控制教育水平后，家庭文化资本等因素对事件发生率仍存在显著影响。改革开放后，教育系统逐步建立且在户籍非农化方面起着关键作用。优势家庭可以直接通过提高子女教育水平来帮助实现户籍非农化。因此，在多元模型中控制教育水平之后，家庭文化资本等背景变量的影响可能下降，甚至不复存在。

第四，空间城市化会影响户籍转换过程。由于行政区划变更以及城市扩张，相关地区的农业户籍人口被转化为城市户籍居民。这使得户籍非农化与个体特征无关，而更多地与区域特征相关。考虑到这种进程的影响，城市化发展相对较快的地区，农民户籍非农化的可能性应该更高。

各类农民子女获得非农户籍的比例如表 5-9 所示。可以看到，男女在户籍非农化上似乎并不存在显著差异；年轻人户籍非农化的比例相对较低；教育水平不同的人户籍非农化的比例相差巨大，教育水平越高，获得非农户籍的农民子女比例越大；党员身份、初职类型以及从军经历与非农户口的获得之间都存在正向的关联。

表 5-9　不同特征的农民子女获得非农户籍的比例

单位：％，人

变量	属性	比例	人口基数
性别	女性	17.1	3944
	男性	18.2	3706
民族	少数民族	7.1	696
	汉族	18.7	6953
年龄	30 岁以下	11.5	1518
	30～39 岁	16.6	1812
	40～49 岁	15.5	1690
	50～59 岁	18.8	1710
	60 岁及以上	31.5	919
文化水平	文盲半文盲	8.3	1154
	小学	11.6	2357
	初中	14.3	2753
	高中	31.1	675
	职校	47.1	479
	大专及以上	65.7	231
政治面貌	非党员	17.2	7516
	党员	42.3	134
初职类型	非农业	36.2	2796
	农业	6.9	4853
从军经历	未参军	16.7	7330
	参军	39.2	319

续表

变量	属性	比例	人口基数
地区	东部	22.3	2298
	中部	16.2	3357
	西部	14.7	1994
参加工作时间	1970 年以前	21.3	1912
	1970～1981 年	16.3	2034
	1982～1994 年	17.3	2096
	1995 年及以后	15.6	1508
合计		17.6	7649

注：表中的频数为加权之后的数据。

数据来源：CGSS 2006。

下面将利用 Cox 事件史模型对影响农民子女户籍非农化的因素进行多变量分析，特别关注性别、受教育水平及家庭背景变量的影响及其在不同就业队列中的变化。模型将获得非农户籍时的年龄作为事件发生的时间，如果案例一直未获得非农户籍，则对应的风险期将延续到 2006 年并发生删失。

前面对户籍非农化的生存函数描述表明不同就业队列的生存函数存在细微交叉，比例风险假设检验图（见图 5－10）同样显示这一变量有点违背风险比例平行性假定，理应进行分层 Cox 模型分析。不过，如果我们将队列变量作为分层变量纳入 Cox 模型，对各个队列分别进行参数估计，各个队列的基准风险函数（当所有自变量等于 0 时的风险）将互不相同，从而影响系数的比较。如果我们采用时变变量法，将导致无法使用复杂加权，引起标准误估计偏差，影响统计检验准确性。权衡之下，最终选择不含分层变量的完全交互模型，并以时变变量法进行稳健性检验，结果如表 5－10 所示。相关结果与时变变量法得到的参数存在细微差异，但总结论完全一致。

第一，从队列交互 Cox 模型结果来看，控制其他变量后，男性户籍非农化的可能性显著低于女性。如其他条件相同的情况下，1981 年以前参加工作的男性农民子女获得非农户籍的发生比只有女性的 64%，在 1982～1994 年参加工作的农民子女中这一比例为 66%。这种显著差异在未控制受教育水平、政治面貌和参军经历的情况下是不存在的。也就是说，男性更有可能通过在教育、政治身份及从军经历上的优势获得与女性近似的户籍非农化水平，而女性凭借性别及其背

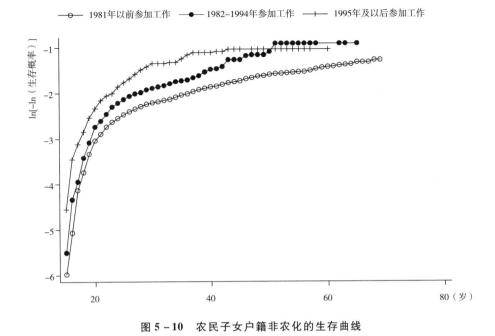

图 5 - 10　农民子女户籍非农化的生存曲线

后的婚姻流动渠道实现了类似水平的户籍非农化。一旦女性具有同样的教育水平、从军经历，性别优势就会显示出来。不过，这种性别优势在最年轻的队列中已经变得不显著了。其原因可能与城市人口结构的变化，以及农村男性与城市姑娘结婚的情况增加有关（郭志刚、李丁，2010）。

表 5 - 10　农民子女户籍非农化的队列交互 Cox 模型

自变量	1981 年前参加工作		1982 ~ 1994 年参加工作		1995 年及以后参加工作	
	风险比	标准误	风险比	标准误	风险比	标准误
男性	0.638 ***	0.077	0.663 **	0.086	0.896	0.144
年龄	1.049 ***	0.010	1.048 ***	0.013	1.014	0.012
汉族	0.910	0.326	1.968	0.866	6.065 *	4.431
受教育水平						
初中	1.904 ***	0.245	1.874 *	0.457	2.328	1.129
高中	3.030 ***	0.732	5.533 ***	1.407	6.123 **	3.595

续表

自变量	1981年前参加工作		1982~1994年参加工作		1995年及以后参加工作	
	风险比	标准误	风险比	标准误	风险比	标准误
职校	7.035 ***	1.433	10.625 ***	3.010	13.690 ***	6.602
大专及以上	8.039 ***	1.987	16.125 ***	5.687	21.575 ***	11.365
初职前为党员	0.814	0.209	1.029	0.391	1.015	0.265
参军	2.700 ***	0.531	0.903	0.327	1.047	0.491
父亲受教育水平						
小学	1.439 **	0.183	1.255	0.250	0.599	0.161
初中	1.291	0.333	1.599 *	0.321	0.756	0.221
初中以上	1.348	0.450	1.464	0.373	0.849	0.307
18岁时父职非农	1.646 ***	0.240	1.938 **	0.403	2.065 ***	0.384
18岁时父有管职	0.808	0.159	1.201	0.282	0.695	0.222
18岁时文化资本	1.162 **	0.065	1.013	0.056	1.084	0.085
中部地区	0.786	0.165	0.837	0.153	0.800	0.213
西部地区	0.735	0.177	0.845	0.241	1.352	0.404

注：N=6383。* $p<0.05$，** $p<0.01$，*** $p<0.001$。如果将样本进一步控制在18岁时父母都是农业户口的样本，受教育水平的作用进一步提高，其他变量的系数变化不明显。

第二，受教育水平对户籍非农化的影响正如我们假设的那样，影响很大并且系数在越新近参加工作的队列中越大（后两个队列的系数差异统计上不显著）。由于国家在户籍制度方面的变革缓慢，户籍转换的水平仍然不高，受教育水平的作用越来越重要。从军经历仅对1981年以前参加工作的队列有显著影响，在此后的队列中的影响不显著。参军曾经是农民子女实现社会流动的渠道之一，但是，随着军队规模的裁减以及复员转业安排的改革，从军经历对社会流动的作用已经不甚明显。初职以前的党员身份在控制其他变量的情况下对户籍非农化并无促进作用。这再次说明农民子女中的党员更可能是基层党组织培养以服务农村的，党员身份对其离开农村社区并无明显促进作用。

第三，在控制其他变量后，家庭背景变量如父亲受教育水平、父亲职业、家庭藏书量等对1994年以前参加工作农民子女的作用更大，对1995年及以后参加工作的农民子女影响很小。父亲处于管理职位对改革早期参加工作的农民子女获得非农户籍有促进作用。而且，如果采用狭义的农民子女定义，这一作用甚至在统计上显著区别于 0。概括起来说，教育对农民子女获得非农户籍的作用在增强，而家庭背景的直接作用在降低。

第四，样本里面中部地区及西部地区的农民子女获得非农户籍的机会不如东部的农民子女。但这种差异在统计上不显著。这可能归结于地区变量太过粗糙，尚无法测量城市化水平的差异。

为了避免"事件结"对 Cox 模型的影响，在人年数据基础上估计了上述事件史模型的离散时间版本，以对相关结论进行稳健性检验。所得结果（表 5 - 11）重现了上述 Cox 模型的结果：控制其他变量后男性获得非农户籍的可能性更低，教育水平越高在获得非农户籍上具有更大优势；家庭背景的影响相对较小。多数变量在不同队列中的作用相似，但教育水平在新近参加工作的队列中作用较大，而从军经历以及父亲受教育水平在新近队列中的作用显著下降。

表 5 - 11　农民子女户籍非农化的离散时间模型

	1981 年前参加工作		1981 ~ 1994 年参加工作		1995 年及以后参加工作	
	风险比	标准误	风险比	标准误	风险比	标准误
男性	0.622 ***	0.079	0.641 ***	0.084	0.877	0.141
年龄	1.064 ***	0.010	1.052 ***	0.014	1.005	0.012
汉族	1.205	0.476	2.436	1.152	3.145 *	1.564
受教育水平						
初中	2.077 ***	0.279	1.948 **	0.484	1.856	0.793
高中	3.520 ***	0.893	5.783 ***	1.514	5.038 **	2.627
职校	7.778 ***	1.642	11.551 ***	3.395	11.023 ***	4.543
大专及以上	8.900 ***	2.362	18.254 ***	6.565	18.846 ***	8.599
初职前为党员	0.806	0.208	1.012	0.415	1.035	0.286
参军	2.738 ***	0.570	0.879	0.337	1.092	0.516
父亲受教育水平						
小学	1.526 **	0.204	1.304	0.272	0.582 *	0.151
初中	1.394	0.377	1.697 *	0.353	0.748	0.209
初中以上	1.396	0.501	1.561	0.421	0.855	0.296
18 岁时父职非农	1.703 ***	0.261	1.967 **	0.420	2.047 ***	0.365
18 岁时文化资本	1.197 **	0.069	1.017	0.059	1.079	0.085

	1981 年前参加工作		1981~1994 年参加工作		1995 年及以后参加工作	
	风险比	标准误	风险比	标准误	风险比	标准误
18 岁时父有管职	0.834	0.173	1.254	0.299	0.696	0.217
中部地区	0.853	0.194	0.841	0.162	0.763	0.206
西部地区	0.799	0.199	0.850	0.251	1.291	0.395
截距	1.000	——	2.383	1.890	12.845 **	11.183

注：未加权的人年记录数 162574。加权后的人年记录数 196494。

数据来源：CGSS 2006。

第四节　本章小结

本章从初职单位性质、现职单位性质、现职雇用类型、非农户籍获得四个方面对农民子女"市民地位"获得与分化机制进行了分析，结果表明，农民子女的市民化水平远远滞后于职业非农化水平。非正规就业是他们实现职业非农化的主要形式。实现了职业非农化的农民子女半数在个体私营单位工作，1/3 以上属于自雇劳动者，有固定职业且签订合同的比例不足 20%。在户籍非农化方面更令人失望，1960 年代到现在，户籍非农化水平并无显著提高。几十年积累下来，农民子女中获得非农户籍的比例仅 17.6%，各个队列之间的差异很小。

在初职单位类型的决定机制上，教育水平、从军经历等个体变量与父亲受教育水平、职业类型、家庭文化资本等家庭背景变量具有显著作用，且对农民子女进入国有或集体单位的作用更大。从队列差异上看，教育水平对农民子女进入国有或集体单位的作用在年轻队列中更大，而从军经历的影响有所下降。其他变量对于初职单位类型的影响在队列间不存在显著差异。

现职单位类型的决定机制与初职单位类似，在进入国有或集体单位上，个体的受教育水平和从军经历，父亲的文化水平、职业类型、家庭的文化资本都具有显著的影响，但在进入个体及私营单位方面，仅个体的文化水平及父亲职业类型及家庭文化资本有显著作用。而且从队列差异上看，教育等变量对进入国有或集体单位的作用在改革后期较大，但从军经历与家庭文化资本在改革前参加工作的队列中作用较大。

　　在雇用形式的决定因素上，性别、受教育水平、从军经历等个人变量，以及父亲教育水平、家庭文化资本等家庭变量都有显著作用。这些变量在预测农民子女是否拥有固定工作上具有显著作用，但在进一步预测农民子女能否获得正式劳动合同上解释效果不足。就这些变量对获得有合同且固定的受雇机会与无合同但固定的受雇机会的作用而言，这两种雇用形式可以合并为一类。而在是否成为自雇者方面，除了教育水平和从军经历有显著的预测效果外（教育水平高及有从军经历的人进入自雇业的可能性较低），其他变量都没有显著的作用，并且在各个队列中几乎都是如此。

　　在非农户籍获得机制方面，控制其他条件相同情况下，女性获得非农户籍的可能性更大，这主要得益于婚姻这一流动渠道。这种性别优势在新近参加工作的队列中逐渐消失。教育在各个就业队列中都是影响非农户籍获得的重要因素，而且越在年轻队列中的作用越大。控制其他变量后，家庭背景对非农户籍获得的影响在1991年以前参加工作的农民子女中更显著。

　　总体而言，农民子女市民化的水平相对稳定，市民化的机制稍有变化。教育对农民子女获得较好的市民地位的作用被不断强化，越好的社会位置对教育的要求越高，且此种作用在年轻队列中更大。从军经历对获得较好的市民地位的作用在年轻队列中有所减弱。家庭背景变量与初职单位类型、雇佣关系形式等因变量的关系相对稳定，它们对现职单位类型的影响在改革早期相对较大，但对非农户籍获得的影响越来越弱。

　　由于双轨制改革的延续性以及国家在农民市民化方面的不作为，农民子女获得市民地位的过程相对缓慢，机制相对稳定。教育始终是农民子女获得市民地位的主要渠道。随着通婚、从军、招工等市民化渠道的衰落，农民子女在文化教育方面的竞争进一步激烈化。与此同时，教育市场化以及教育资源的城乡分配不均使得农民子女日渐处于社会竞争的劣势地位。高校毕业生就业方式的市场化使得家庭背景对就业的影响越来越大。农民子女要争取到优质的教育资源越来越难，即使争取到深造机会，付出的成本也越来越大，毕业后还不一定能够找到好工作。读书无用论在农民子女中有所传播。长期未得到明显改善的市民化速度与市民化机制维持并进一步扩大了中国的城乡差距。

第六章
农民子女的社会地位获得

前面章节对农民子女职业非农化以及市民地位的获得进行了细致的探讨和分析，分析中将职业地位与市民地位分别对待，对农民子女社会分化和流动有了新的认识。本章尝试把职业地位与市民地位结合起来，作为"社会地位"这一"潜在"综合地位的外显测量指标，并利用结构方程模型（SEM）对农民子女的社会地位获得机制进行综合性的分析。分析将特别关注教育在农民子女社会地位获得中的中介影响，并尝试对不同队列和不同性别的农民子女地位获得机制进行比较。

第一节　地位获得模型及其改进

地位获得模型是布劳和邓肯在对美国社会职业结构及分层过程（process of stratification）进行研究时提出来的（Blau & Duncan, 1967），并在后续的研究中得到深化和概括（Duncan etc., 1972）。这一模型的主要诉求在于以下两个方面。第一，将职业当作一种获得的地位（Achieved status）进行研究，并将其获得过程嵌入在生命历程（life cycle）中进行分析。在这些生命历程中有三个环节（家庭、学校教育、职业生涯）是被特别关注的。第二，探讨上述地位获得过程在多大程度上取决于个体的竞争力和偏好，而这些竞争力和偏好本身又在多大程度上取决于个体的能力及已有成就（Duncan etc., 1972）。他们特别关注了家庭社会经济背景对于职业地位获得的影响。在他们看来，尽管职业地位是个体后天获得的，但家庭出身同样重要，从而表现出或大或小的关联性，关联的大小是多种机制综合作用的结果。研究者的目的就是要勾画出这些主要机制，而不在于对现实的完全重现（Duncan etc.，1972：2）。在上述框架和目的下，他们特别强调教育在职业地位获得中的中介作用。这一中介作用的大小后来被当作社会系统开放程度或公平水平的指标。教育机制被认为是现代社会中获取社会地位的主要且相对合理的机制，如果这一机制的影响有限，说明其他的潜在机制扮演着更为重要的作用。

在分析方法上，地位获得模型主要采用了路径分析的方法。他们提出的基础模型包括五个便于测量和使用的变量：父亲的教育水平（用受教育年数或者级别数测量）、父亲的职业地位（用职业声望或社会经济地位指数测量）、受访者的教育水平（测量方式同父亲的教育）、受访者第一个职业地位（测量方式同父亲的职业地位）、受访者现在的职业地位（在他们的研究中为1962年的职业地位）。建立起来基础模型及其结果如图6-1。在这一模型中，代表家庭背景的是户主（父亲）的教育水平及职业，它们都会对子代的教育产生影响，而教育又会对儿子的初职社会地位以及现职社会地位产生影响，从而将家庭背景的影响传递（Transmit）到下一生命阶段。除教育这一中介变量和传递机制外，还有其他的多种传递途径，它们在模型中被表达为家庭背景对受访者职业地位的"直接影响"。

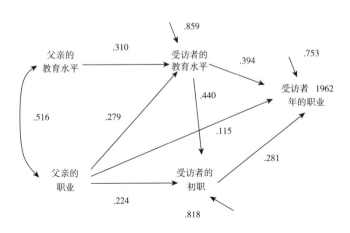

图6-1　布劳-邓肯地位获得基础模型

说明：转引自格伦斯基，2005：344。

这一基础模型只是探讨的开端，它被后续研究大大扩展（周怡，2009）。即便仅仅存在教育这一种中介机制，那么家庭背景到教育成就之间还会存在其他中间过程，如学校质量、家庭环境等。事实上，除了教育这一中介机制外，还存在大量其他中介机制，如个体的智力水平、职业期望、成就动机等都是影响最终职业地位的不同因素，它们本身又受到家庭背景的影响。此外，在不同的环境和制度下，同样的中介机制也会存在作用大小上的差异。在这一基础模型上，邓肯等就用OCG（Occupational Changes in a Generation）数据对不同年龄组、不同民族、不同出生地、不同出身家庭结构、不同就业时间、不同婚姻状态、不同的生育水平的人群的地位获得过程进行了比较，并考虑了智力水平、期望与动机水平、各种社会关系（如婚姻、父母、同辈群体、学校）等中介变量影响（Duncan etc.，1972）。这些分析和研究奠定了此后关于社会分层过程研究的模式和框架。后来的研究者尽管从不同的角度对这一模型进行了修正并试图挑战它，详细分析起来，实际上并未对邓肯等人提出的分析思路和抽象模型构成颠覆性影响和超越（周怡，2009）。后人的批评中有很多是片面的，原因在于对上述模型的误解。首先，邓肯等人并没有试图以此模型完全真实地反映社会分层机制，而只是试图展现和合理解释现实中某些方面间的关联。在概括什么是研究（investigation）的精神时，他们认为"Its intention is to develop a special - purpose map of the terrain rather than to provide an aerial photograph of it"（Duncan etc.，1972：2）。其次，邓肯等并不认为自己设计的地位获得模型适应于所有人群及社会环境，相反他们自己带头对不同人群（不同族群、不同队列）的社会分层过程进行了比较分析，并将他们认为重要的中介变量考虑在内。例如女性主义的批评认为邓肯等人忽视了社会分层过程性别的差异。实际上，并非如此，相反他们认为男性与女性的社会分层过程存在巨大的差异，不便于混在一起进行研究（Duncan etc.，1972：15；Duncan etc.，1979）。原因之一在于女性的社会劳动参与率较低，因而无法通过职业来测量她们的社会地位，更别说进行分层机制研究（Dworkin，1981）。

当然，后续研究确实促进了社会分层流动研究的发展并扩展了邓肯等人的发现。对于性别差异的进一步重视就增进了我们对男女职业流动差异的认识，女性社会流动水平更低、更容易向下流动，初职地位相对较高但后续职业与初职的关联度小，教育的影响在后续职业发展中作用更大，等等（Duncan etc.，1979）。

另外，部分研究者强调社会关系在社会流动中的重要性，并将社会关系提升到"社会资本"的概念水平，这也进一步拓展了邓肯等在上述著作中已经考虑的婚姻关系、同辈群体等关系性因素的影响（周怡，2009）。中国社会的实践也为地位获得模型的改进提供了多种理智资源：人情关系对于职业获得与社会流动的影响（Bian 等，2005）；政治忠诚与庇护性流动对于单一流动模式的挑战（Li & Walder，2001；Walder etc.，2000）；单位地位超越职业地位成为重要的社会地位指标（Lin & Bian，1991）。这里，我们特别关注第三个。

林南和边燕杰基于中国社会主义实践过程中城市单位性质对于资源分配的重要性，指出在研究中国的社会分层时，单位地位是比职业地位更为重要的社会地位（Lin & Bian，1991）。这一研究，至少在两个方面对本研究有着重要的影响。第一，支持了本研究将单位性质和户籍身份作为社会地位指标的做法。第二，这说明职业地位无法完美测量社会地位，上述地位获得模型没有考虑变量测量误差问题。在邓肯等人的路径分析模型中，他们假定各个变量的测量是完美的，并且的确测量了所需要的概念如社会地位。这一假定在高度市场化的工业化社会可能有较大合理性，但对从计划经济转型而来的社会主义市场经济而言，值得讨论。因为今天中国仍然并行着两套资源分配系统，其中的一套依托的正是邓肯等认为在现代美国社会很少存在的"成员资格"（Membership）。对于农民子女而言，这些资格影响重大，但并非生来就有，尽管有可能通过各种努力获得，但代价很大。总之，邓肯模型假定各个变量完美测量、职业地位可以替代社会地位的假定本身值得检验。

第二节　社会地位作为潜在变量

如何测量社会地位，历来存在争论。社会不平等、社会分层与社会流动研究传统中，最通常的做法是用职业位置作为社会地位的代理变量。除了前面职业流动研究中使用 EGP 方法将职业位置分为高低几个等级的做法外，有两种将职业位置操作化为连续变量的方法：职业声望法和社会经济地位指数法。两者的操作化方法以及异同已经在第一章中有所讨论。这两种操作化方法都遭到了不少批评，其中包括来自马克思主义的社会结构研究者的批评。后者从根本上就不认同职业位置能够代理社会位置。他们认为，如果不考虑社会位置间阶级关系（生产资料的占有，剥削与被剥削关系），不仅不能解释不平等的产生，也无法找到消除不平等的出路（埃里克·欧林·赖特，2006：34～36）。尽管本研究一定程度上认同马克思主义者关于社会不平等的论述，并同意其对于上述两种操作方法的批评，但必须承认，如果我们仍以一种等级观来理解社会结构，那么上述两种操作化努力仍然值得参考。本研究对上述两种操作方法的批评在于，它们都假定仅职位就足以测量社会地位。例如 Treiman 关于职业声望等级结构普遍一致性的研究并未对职业结构与社会等级之间的对应关系做出实质性的论证，而依赖于关于社会分工及其依据的理论分析（Treiman，1986：2－21）。邓肯的社会经济地位指数（SEI）同样如此。国内研究者对于这两种测量方法早已有所质疑（李春玲，2005：168）。当然，这并不意味着本研究试图在职业声望以及职业等级位置的测量上提出更好的做法。实际上，上述做法尽管有这样那样的不足，但早已成为职业分层与流动研究领域共识最高的测量方法。而作为测量工具，共识度是最为重要的属性。

这里提出的改进是，职业地位只是社会地位的一部分，它并不能完美代替社会地位进行分析，研究者应该在社会地位获得模型中考虑测量误差问题，并引入更多重要的地位指标。如果将社会地位理解为人们对可望资源的可及性差异的话（Berkman & Macintyre，1997），除了职业能够带来此种差异外，在中国情境下能够带来此种差异的至少还包括就业单位性质与城乡居民身份等结构性因素。在中国社会，一个人的职业、所处劳动力市场类型及户籍身份基本上决定了其可能获得的资源的质量与数量。因此，我们用 Duncan 的 SEI 指数测量人们的职业位置的高低，并将其作为外显指标之一与其他的指标一起作为抽象的潜在的"社会地位"概念的测量指标（图6－2）。这相当于将社会地位表达为 SEI、单位性质以及户籍身份的加权线性组合（或者主成分因子分析），类似于 SEI 指数本身为各类职业群体平均教育水平与收入水平的加权组合。在此，不追求将"社会地位"与某种组织性或认同性群体联系起来，而仅仅将其作为个体社会位置高低的测量。

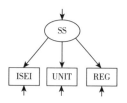

图6－2　社会地位的综合测量模型

说明：SS 表示社会地位，ISEI 表示职业地位，UNIT 表示单位属性，REG 表示户籍类型。

　　一旦将社会地位作为潜在变量并设定其测量结构，就面临着测量结构的恒定性与普适性问题。因为只有测量具有恒定性，才能对潜变量之间的作用进行比较（邱皓政、林碧芳，2009：310）。当研究者试图用上述测量结构反映不同历史时期的社会地位时，观察指标本身的准确性与相对重要性都有可能发生变化。用国际标准社会经济地位指数（ISEI）同样对待计划经济时期和市场经济时期的职业并不合理。操作工人，在计划经济时期是国家和企业的主人，而在市场经济时期是临时工和廉价劳动力。同样，单位性质和户籍身份的重要性在不同历史时期和不同地区也存在一定差异，表现为与潜变量之间的因子负载的相对大小的变化。不过，应该看到上述指标稳定与普适的一面。首先，已有关于职业声望的研究显示人们对于职业的评分在各类社会和人群中都具有高度的一致性和稳定性（Treiman，1986）。改革开放以来，各职业的相对地位及人们的评价确实有所变化（李强，2010），但已有研究表明，有两点是确定的：第一，不同时期的职业声望评价具有高度的相关性（李春玲，2005：177）；第二，不同人群对职业的评价具有高度一致性（李春玲，2005：178；李强，2010：43）。国际标准的社会经济地位指数是各个职业群体的平均受教育水平及平均收入水平的加权平均数标准化后的结果，这种汇总式指标建构方法确保了它的稳定性。其次，研究者也难以找到一个更好的不受时期与地区变化影响的替代性指标，以进行跨时期和跨地区的比较分析。再次，职业确实正在逐渐成为人们获取各类资源的主要途径，再分配系统根据身份和资格分配的资源所占分量相对下降。当然，完全忽视后者是更不可取的做法。总而言之，将社会地位处理为潜在变量尽管不能避免测量误差问题，但至少可以将测量误差本身纳入考虑范围之内，这比假定其不存在更为可取。

第三节　农民子女的社会地位获得

　　将上述测量模型与布劳－邓肯地位获得模型结合，本研究建立了农民子女的地位获得模型（见图6-3），这一模型不是将家庭背景区分为户主的文化水平及职业地位两个变量，而是设立了一个综合性的家庭社会地位外生潜在变量（FSS）①。在结构模型部分，家庭社会地位会对三个内生变量产生直接影响，它们分别为受访者的受教育水平（EDU）、受访者参加工作时的社会地位（SSL）以及受访者 2006 年接受调查时的社会地位（SSN）。除三个直接作用外，受访者的教育水平会对其初职工作产生影响，而初职社会地位又会进一步影响当前社会地位，但是教育水平并不对当前社会地位形成直接影响（这仅是假设之一，有待检验）。因此，家庭社会地位共有三种作用于当前社会地位的方式：第一是直接作用，第二是通过初职传递的间接影响，第三，通过教育水平 - 初职工作传递的间接作用。对变量间的作用进行分解正是路径分析及结构方程模型的独特之处。本研究通过比较这三种作用的相对大小，从而发现社会分层的主要机制及其变化。

在潜变量的测量方面，外生家庭社会地位变量有四个外显指标，它们分别是父亲的受教育年数（fedu）、母亲的受教育年数（medu）、18 岁时家庭的藏书量（culcap）以及 18 岁时父亲职业的国际化社会经济地位指数（fisei18）。这四个外显指标可以分别表达为共同的潜在变量以及各自误差项的函数。在内生变量的测量方面，本研究仅为教育水平设定了一个外在指标——受教育年数（eduyear），并且假定测量没有误差。而参加工作时的社会地位与 2006 年时的社会地位都由相应时点的三个指标进行测量，它们分别为当时职业的国际标准化的社会经济地位指数（isei01、isei）、就业单位性质（unit01、unit）以及户籍性质（reg01、reg0）。其中，就业单位性质采用定序整数赋分的方式分别将 6 至 1 六个整数赋给党政机关、事业单位、社会团体、企业单位、个体经营、农业家庭承包户六类性质的单位或组织；对不同户籍赋分，分别给农业户口、乡镇非农、县城非农、地级市非农、省会非农、直辖市非农户口赋分 1 至 6。这种定序赋分之所以可

---

① 本文原初设定中包含两个家庭背景变量，分别表示家庭的文化背景和家庭的社会经济背景，前者以父母的教育水平以及 18 岁时家庭的藏书量作为指标，后者以 18 岁时父亲的职业经济地位、父亲的户籍以及工作单位类型为指标。建立的模型发现，由于我们的研究对象是农民子女，父亲的户籍和单位性质变异较小，并且由于部分极端值的影响，建构而成的社会经济地位变量与受访者的教育水平之间呈现负相关。谨慎起见，笔者舍弃了 18 岁时父亲的单位性质与户口性质指标，将 18 岁时父亲的职业经济地位指数并入家庭背景变量。如此得到的潜变量尽管反映的更多是家庭文化背景，但的确能在一定程度上反映家庭的社会经济地位。Hauser 等人曾建议只用教育水平即可测量职业的社会经济地位（Hauser, Robert M. & John Robert Warren, 1997. "Socioeconomic Indexes for Occupations: A Review, Update, and Critique," *Sociological Methodology* 27: 177 - 298）。

行，是因为上述单位性质及户籍性质代表着获取社会保护和公共服务方面的质量和数量上的等级差异（假定了相邻等级间的间距相似）。上述潜变量的测量指标可能因为相同的测量方式、相近的定义方式而在误差项之间存在相关，如父母的受教育年数之间以及父亲教育水平与父亲社会经济地位指数之间；受访者的社会地位指标中相同测量项之间，如 isei01 与 isei 之间、unit01 与 unit 之间、reg01 与 reg 之间、isei 与 unit 之间也存在误差相关。具体设定如图 6 – 3：

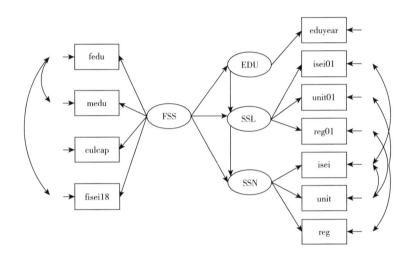

图 6 – 3　农民子女地位获得模型

一　整体模型

首先，对全部农民子女拟合了上述模型，以对农民子女的地位获得过程有个整体把握。所得结构模型结果如图 6 – 4，所有结构系数都在 0.001 水平上显著。可以看到，模型的整体拟合度相对合适，尽管从 WLS（Weighted least quares chi – quare）值来看，模型估计的方差协方差矩阵显著区别于观察到的方差协方差矩阵，但是 NNFI = 0.9821，CFI = 0.9889，GFI = 0.9823 等拟合指标都远远超过了 0.95 的标准；RMSEA = 0.052，接近 0.005，亦表明模型拟合良好。其次，从标准化的回归结果可以看到，家庭社会地位（FSS）可以解释掉教育水平因子（EDU）54%（= 1.00 – 0.46%）的变异，而教育水平和家庭社会地位能够解释掉受访者参加工作时的社会地位因素变异量的37%。当前的社会地位（SSN）的变异量被参加工作时的社会地位及家庭社会地位解释的分量更达到80%。教育水平对于当前社会地位的直接影响不显著。

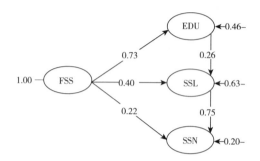

图6－4 农民子女地位获得模型（标准化回归系数）

家庭社会地位对各内生变量的直接作用与间接作用见表6－1。可以看到，家庭地位对受访者参加工作时的社会地位的总影响中大概有32%（0.1857/0.5842）为间接效应；而对于现在的社会地位的间接作用占总作用的2/3，其中通过教育水平传递的效应占到总效应的20%［（0.74×0.25×0.75）/0.6611］。上述结果表明，结构性因素之间确实存在很密切的关联，教育在传递家庭社会地位的过程中起到非常重要的作用，但是家庭地位的直接影响仍十分显著，这说明实际还存在其他重要的中介机制。

表6－1 农民子女地位获得模型结构模型的效应分解

自变量	因变量（内生变量）		
	教育水平	初职社会地位	现职社会地位
家庭社会地位			
直接作用	0.7345（23.60）	0.3967（9.56）	0.2234（11.77）
间接作用	—	0.1884（8.56）	0.4384（19.65）
总作用	0.7345（23.60）	0.5835（19.99）	0.6569（21.24）
教育水平			
直接作用		0.2564（7.96）	—
间接作用		—	0.1927（7.53）
总作用		0.2564（7.96）	0.1927（7.53）

自变量	因变量（内生变量）		
	教育水平	初职社会地位	现职社会地位
初职社会地位			
直接作用			0.7513（42.92）
间接作用			—
总作用			0.7513（42.92）

注：括号内为 t 值，所有效应都在 0.001 水平上显著（t 值大于 3.29）。

　　上述结构模型结果的意义取决于测量模型的精确性。也就是说，只有当上述抽象概念得到较好测量时，上述结论才更为可靠。因此，本研究将分别考察外生变量（FSS）与内生变量（EDU、SSL、SSN）的测量效果（见图 6-5、图 6-6）。

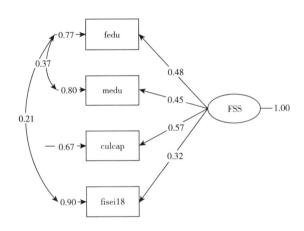

图 6-5　家庭社会地位的测量结果（标准化系数）

　　首先，从因子负载的显著性水平来看，除被设定 1（fedu，edeyear，isei0，isei）以确定对应潜变量变异尺度的路径系数无须统计检验外，其他指标的因子负载的 t 值都在 20 以上，远远大于 3.29（对应的显著性水平是 0.001），说明潜在变量与对应指标之间确实存在显著的相关性。其次，从测量效果来看，家庭社会地位的测量效果不如对参加工作时及当前的社会地位的测量。这主要反映为家庭社会地位各指标的因子负载相对较小且指标残差偏大。例如，家庭社会地位只能"解释"父亲教育水平变异的 23%，母亲教育水平变异的 20%，18 岁时家庭

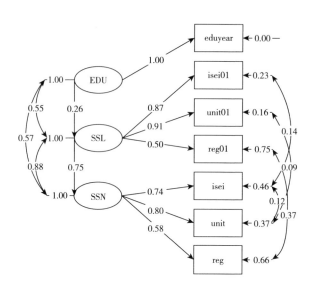

图 6 - 6　教育水平与社会地位测量结果（标准化系数）

藏书量的方差的 33% 。但参加工作时和现在的社会地位的指标中除了户籍类型外，其他指标被潜变量解释的比例都相对较大。如果仅用一个指标来代表社会地位的话，职业社会经济地位指数及单位性质的效果相对较好，因为在结构方程模型中，指标的因子负载可以被解释为效度（validity），而误差项可以被解释为信度（reliability）的反向指标（Heise，1969；Kluegel etc.，1977）。再次，从测量指标的残差相关来看，父母的教育水平之间，父亲的教育水平及其职业社会经济地位指数之间，以及不同阶段的社会地位的相同指标的残差项之间都存在一定的相关，这与我们的预期较为一致。最后，当前的职业社会经济地位指数与单位性质残差之间存在较大的相关，类似的相关同样存在于参加工作时社会地位变量对应的两个指标间，由于当前的模型拟合水平已足够好，为了避免过多的残差项造成后续分析的不稳定，本文没有添加这一相关。

　　总而言之，从上述关于农民子女社会地位的获得的分析结果来看，家庭的社会地位的测量仍然值得改进；在现有测量方式下，家庭社会地位对农民子女的教育水平有着重大影响，它能决定农民子女受教育年数方差的一半；通过教育这一变量的中介作用，家庭社会地位对于农民子女参加工作时的社会地位以及调查时的社会地位都有着较大的间接作用。不过，除了教育这一中介机制外，应该还存在其他的作用机制（如智力水平、成功动机、家庭社会网络资源等）能够传递家庭社会地位的影响，这在我们的模型中表现为家庭社会地位仍有相当分量的直接作用。后续的社会分层研究中可以收集其他中介变量信息以进行深入分析。

二 分组模型

前述农民子女地位获得模型没有"控制"一些基础变量，比如性别带来的社会地位获得过程的差异，也没有考虑不同队列的农民子女地位获得过程的差异。为了控制这些变量的影响，可以分别针对这些群体拟合地位获得过程，这是结构方程模型区别于一般多元分析控制相关变量的方式。例如，如果只对男性的社会地位获得过程进行分析，就相当于在分析过程中控制了性别变量（Duncan etc.，1972：15）。因此，后面将分别讨论不同性别，不同队列的农民子女地位获得过程的差异。基准模型仍然是前述地位获得模型，重点在于比较结构模型系数之间是否存在显著差异，测量模型是否存在显著差异。此种分析国内已有尝试，如郝大海等就比较了不同就业队列和性别的城市居民初职社会地位获得差异（郝大海、王卫东，2009）。不过，他们采用的仍是路径分析的方式，假定各个变量的测量完美无误。这里在具体测量模型基础上进行结构模型的比较。因此，需要说明在结构方程模型中进行多样本比较的基本方式。

多样本结构方程的测量模型与结构模型的公式如下：

$$x_g = \Lambda_{xg}\xi_g + \delta_g \tag{6-1}$$

$$y_g = \Lambda_{yg}\eta_g + \varepsilon_g \tag{6-2}$$

$$\eta_g = B_g\eta_g + \Gamma_g\xi_g + \zeta_g \tag{6-3}$$

其中 x_g 和 y_g 是第 g 个样本组的观察变量向量，Λ_{xg} 和 Λ_{yg} 分别是第 g 个样本对应观察变量的因素负荷矩阵，ξ_g 和 η_g 是潜变量向量，δ_g 和 ε_g 为测量残差向量，ζ_g 为内生潜变量的误差协方差矩阵。在各样本为独立样本，且来自正态总体时，第 g 个样本的对数概率函数（Log-likelihood function）为：

$$\log L_0(\Omega)_g = -\frac{n_g}{2}\log|\Sigma_g| + tr(S_g\Sigma_g) \tag{6-4}$$

其中 $L_0(\Omega)_g$ 为第 g 个样本的参数的概似函数（Likelihood），即个别观察值概率密度的乘积。将各个样本的对数概率函数相加得到：

$$\log L_0(\Omega) = \sum_{g=1}^{G} \log L_0(\Omega) \qquad 6-5$$

取上两个等式的最小化解，即得到最大似然估计法的拟合函数 F_{ML}（Maximum Likelihood fitting function），通过迭代过程可获得各参数的解（邱皓政、林碧芳，2009：61，306~307）。

结构方程模型跨样本比较的基本原理是检验假设模型（可能包括测量模型、结构模型）的参数是否在多个样本之间相等，操作中是通过对比嵌套模型（是否限制相应的参数相等）对于多样本观察数据的拟合程度来实现的。具体而言，跨样本的比较分为三个层次。第一，不同样本的方差协方差矩阵是否相等。如果方差协方差矩阵相等，那么无论怎样设定结构方程模型，所得结果都将相等，没有必要将样本区分开来对待。第二，如果方差协方差矩阵不相等，就可以问模型是否具有相同的测量结构，也就是样本之间是否具有因素恒等性。这主要是指测量模型部分的指标结构与因素负载、残差变异是否相等。第三，在因素恒等性成立的情况下，结构参数的恒等性是否存在（邱皓政、林碧芳，2009：302~310）。

样本方差协方差矩阵的跨样本恒等性的检验可以通过设定如下模型进行（图6-7）。在这一检验模型中，我们设定模型中所有的观察指标都被完美测量，也就是说，它们的残差都被设定为0。在对协方差恒等性进行检验时，将所有的测量路径系数设定为1，而让各个指标对应的潜变量具有自由估计的方差和协方差（在LISREL中将下图中间对应的向左直线箭头的路径系数都设定为1，向右的直线箭头都设定为0，右侧的曲线箭头及无箭头短线设定自由取值，对应的LISREL语句为：MO NX=11 NK=11 LX=ID PH=FU，FR TD=ZE）（Jöreskog & Sörbom，1999）。要对不同样本中的方差协方差矩阵是否相等进行检验，只需令各个样本中对应的PH参数相等，查看模型的统计检验即可实现（Sörbom & Jöreskog，1981）。例如，对不同性别的协方差矩阵的检验表明，在自由度为66（$11+C_{11}^2$）的情况下，模型卡方值为261.33，统计检验显著。也就是说不同性别的协方差矩阵存在差异。不过，这一限制性模型从其他拟合指标（如RMSEA、NNFI、GFI）来看，拟合得都不错。相对而言，1981年前后参加工作的两个队列的协方差观察矩阵之间的差异要大得多，在相同的自由度下，对应的卡方值为 839.4。

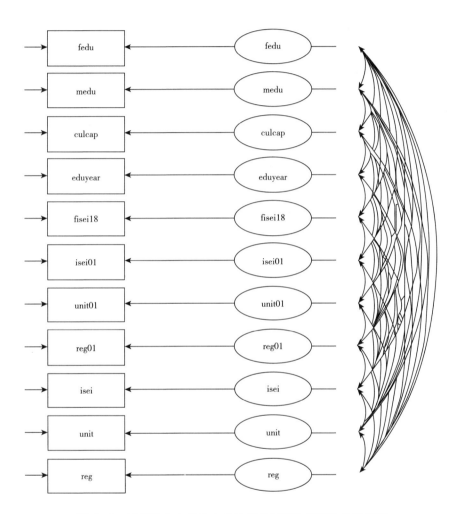

图 6 - 7 不同样本方差协方差及相关矩阵的相等性检验模型

如果需要对相关矩阵的相等性进行检验，则将图 6 - 7 模型中的各个潜变量的方差标准化（设定为 1），让因素负载自由变化，这样潜变量之间的协方差就等于相关系数。如果限定协方差在不同样本之间相等得到的模型拟合度较差，则说明不同样本中相关系数矩阵存在较大差异。本研究观察变量的相关系数矩阵的恒等性检验结果显示，在自由度为 55（C_{11}^{2}）的情况下，男女样本对应的卡方值为 226.06，1981 年前后参加工作的两个队列样本对应的卡方值为 763.03。同样表明，性别间的相对差异较小而队列间的相对差异较大。因此，可以初步认为不同性别的农民子女抽象的地位获得过程差异较小，而不同就业队列的地位获得过程差异较大。

下面将进行跨样本的结构方程模型比较分析，基准模型即为前面的整体模型，而涉及的嵌套模型包括：模型 1，各个样本中的参数自由估计，不限定任何参数具有恒等性；模型 2，设定外生变量各测量指标的负载在对应的样本中相等；模型 3，设定内生变量各测量指标负载在对应样本中相等；模型 4，设定内生变量和外生变量的测量指标负载在不同样本中都分别相等；模型 5，设定测量模型相等且内生变量间的路径系数相等；模型 6，设定测量模型相等且外生变量对内生变量的路径系数相等；模型 7，设定测量模型与结构模型的路径系数都分别相等；模型 8，设定测量模型、结构模型以及外生变量观察指标残差方差协方差矩阵在不同样本中分别相等；模型 9，设定测量模型、结构模型以及内外生变量观察指标残差方差协方差矩阵在不同样本中相等。

三　不同性别农民子女地位获得过程比较

首先来看不同性别的农民子女地位获得模型的拟合情况。从模型的整体拟合水平看，9 个模型的卡方统计量都高度显著，说明模型再生矩阵与观察矩阵之间存在一定差异。这主要由模型相对复杂，且样本规模较大造成，卡方统计量随两者的增大而增大。此外，模型中各观察指标残差之间的相关未充分设定也使得卡方值偏大。如果充分设定外生变量指标残差间相关，内生变量指标之间的残差相关，模型卡方值将减小到 158.3（自由度为 54，卡方检验仍然显著）。模型的其他拟合指标如 Non - Normed Fit Index（NNFI）、Comparative Fit Index（CFI）以及分样本的 Goodness of Fit Index（GFI）都已经超过了通常设定的 0.95 的标准。这意味着，在两个样本中，理论模型的再生矩阵相对于观察矩阵都相差不到 3%，而相对于没有任何共变关系的无关模型，理论模型能够解释掉 98% 以上的卡方量，也就是说模型的拟合度已经比较好。

表 6 – 2　不同性别的农民子女地位获得模型整体拟合水平

	DF	Chi – S	WLS Chi – S	RMSEA	NNFI	CFI	GFI – 男性	GFI – 女性
模型 1 – 独立估计	68	576.7	592.3	0.054	0.981	0.988	0.984	0.977
模型 2 – 同 Lx	71	589.1	605.9	0.053	0.982	0.988	0.983	0.977
模型 3 – 同 Ly	72	599.3	613.5	0.053	0.982	0.988	0.983	0.976
模型 4 – 同 Lxy	75	611.7	627.1	0.053	0.982	0.988	0.982	0.976
模型 5 – 同 LxyB	77	613.9	629.5	0.052	0.983	0.988	0.982	0.976
模型 6 – 同 LxyG	78	613.8	630.0	0.052	0.982	0.988	0.982	0.976
模型 7 – 同 LxyBG	80	614.8	631.2	0.051	0.983	0.988	0.982	0.976
模型 8 – 同 LxyBGD	86	629.3	645.0	0.049	0.984	0.988	0.982	0.975
模型 9 – 同 LxyBGDE	96	769.7	778.5	0.052	0.982	0.985	0.978	0.971

数据来源：CGSS 2006。

其次，利用模型之间的嵌套关系，通过模型卡方值之间的差异可检验额外增加的限定是否合理。模型 1 是限制最少的模型，自由度最小，它的卡方值也最小。后续的模型都是在此基础上限定某些对应的参数相等的结果。例如，模型 2 限定外生变量的测量模型的路径负载（Lambda x）在男女样本中相等。这节省了 3 个自由度，卡方值却增加了 12.4 个单位，统计检验显著，说明家庭社会地位测量模型在男性和女性中存在一定差异。对模型具体参数的比较和检验发现，主要因为家庭文化资本在农民儿子的家庭地位测量中相对影响更大，而农民女儿样本中父母的教育水平相对更为重要。同样，内生变量的测量在两个样本中也存在显著差异。这意味着相同的测量指标对于男女农民子女的意义并不完全相同。

测量结构的差异将妨碍对结构系数的比较（侯杰泰等，2004：99～102）。不过有研究者建议，在样本规模较大时可以不使用卡方统计量，而选择 RMSEA 之类的统计量（Kenny，2009）。而从其他拟合指标来看，上述各个模型的差异不大，限制模型 RMSEA 指标表现甚至更好。如果假定上述测量在男女样本中相同，对模型的结构参数进行比较，可以发现不同性别的模型中内生变量之间的作用（Beta）以及外生变量对内生变量的作用（Gamma）不存在显著差异，模型 7 与模型 4 的卡方差为 3.1，对应的自由度之差为 5，统计检验不显著。

表6-3 不同性别的农民子女地位获得模型的参数估计

	模型1-男		模型1-女		模型4-男		模型4-女	
	系数	标准误	系数	标准误	系数	标准误	系数	标准误
LambdaY								
unit01	1.028	0.020	1.044	0.021		1.037	(0.015)	
reg01	0.621	0.021	0.491	0.022		0.559	(0.015)	
unit	1.087	0.029	1.067	0.026		1.076	(0.019)	
reg	0.854	0.032	0.725	0.028		0.784	(0.021)	
LambdaX								
medu	0.890	0.048	0.986	0.040		0.946	(0.031)	
culcap	1.285	0.082	1.117	0.058		1.174	(0.047)	
fisei18	0.618	0.053	0.714	0.044		0.674	(0.034)	
Beta								
EDU-SSL	0.261	0.038	0.182	0.042	0.262	0.038	0.181	0.042
SSL-SSN	0.635	0.020	0.641	0.022	0.637	0.019	0.640	0.021
Gamma								
FSS-EDU	1.571	0.106	1.508	0.079	1.533	0.092	1.523	0.074
FSS-SSL	0.668	0.111	0.797	0.105	0.645	0.107	0.807	0.105
FSS-SSN	0.320	0.043	0.331	0.040	0.334	0.042	0.317	0.038
PHI								
FSS	0.201	0.021	0.258	0.022	0.212	0.018	0.253	0.019
PSI								
EDU	0.504	0.032	0.414	0.027	0.502	0.032	0.414	0.027
SSL	0.512	0.023	0.438	0.021	0.515	0.022	0.436	0.020
SSN	0.080	0.010	0.141	0.014	0.087	0.011	0.130	0.012
THETA-EPS								
isei01	0.218	0.013	0.249	0.014	0.219	0.012	0.249	0.012
unit01	0.177	0.013	0.188	0.014	0.173	0.012	0.192	0.012
reg01	0.690	0.020	0.814	0.022	0.700	0.020	0.810	0.022
isei01-isei	0.137	0.011	0.142	0.011	0.136	0.010	0.144	0.010
isei	0.505	0.020	0.409	0.020	0.494	0.019	0.424	0.018

续表

	模型 1 - 男		模型 1 - 女		模型 4 - 男		模型 4 - 女	
	系数	标准误	系数	标准误	系数	标准误	系数	标准误
unit-unit01	0.072	0.011	0.112	0.011	0.071	0.010	0.112	0.010
unit-isei	0.159	0.013	0.067	0.014	0.150	0.014	0.079	0.013
unit	0.411	0.019	0.328	0.020	0.404	0.019	0.337	0.018
reg-reg01	0.394	0.016	0.351	0.016	0.402	0.016	0.347	0.016
reg	0.613	0.020	0.670	0.020	0.624	0.020	0.661	0.020
THETA-DELTA								
fedu	0.784	0.025	0.737	0.023	0.781	0.024	0.738	0.022
fedu-medu	0.401	0.020	0.331	0.018	0.394	0.020	0.335	0.018
medu	0.841	0.026	0.749	0.023	0.829	0.026	0.758	0.023
culcap	0.668	0.027	0.679	0.023	0.687	0.025	0.670	0.023
fedu-fisei18	0.239	0.016	0.181	0.015	0.236	0.016	0.183	0.015
fisei18	0.923	0.027	0.869	0.025	0.917	0.027	0.874	0.025

数据来源：CGSS 2006。

从表 6 - 3 可以看到，在假定测量模型相等的情况下（模型 4），所得的结构参数与测量模型分别估计（模型 1）时参数差异很小。但模型 4 中，男性与女性农民子女地位获得模型的结构性参数（Beta 及 Gamma）的差异主要体现为教育对男性参加工作时的社会地位的作用较大，而女性在模型中家庭社会地位对初职社会地位的直接作用更大。模型整体检验显示，上述差异并不显著，就本研究设置的抽象模型而言，男女农民子女社会地位获得过程并不存在太大差异。

四　不同队列农民子女地位获得过程比较

不同队列的农民子女的地位获得过程是否存在差异呢？保险起见，本研究按照就业年份和出生年份两种方式划分队列，分别以 1981 年和 1966 年为界。相关年份的选择结合前面章节的分析，也便于与关键的历史时点联系起来。需要强调的是，改革是一个渐进的过程，以某些时点来进行分期只是一种简化策略，左右一点不会有实质性影响。模型估计结果如表 6 - 4 所示。

表6-4 不同队列的农民子女社会地位获得模型拟合情况

出生队列	WLS						GFI-1966年以前出生	GFI-1966年以后出生
	DF	Chi-S	Chi-S	RMSEA	NNFI	CFI		
模型1-独立估计	68	489.1	487.7	0.048	0.984	0.990	0.984	0.983
模型2-同Lx	71	493.2	492.3	0.047	0.985	0.990	0.984	0.983
模型3-同Ly	72	528.8	527.5	0.049	0.984	0.989	0.983	0.981
模型4-同Lxy	75	532.9	531.8	0.048	0.984	0.989	0.983	0.981
模型5-同LxyB	77	537.3	536.9	0.047	0.985	0.989	0.983	0.981
模型6-同LxyG	78	536.6	534.7	0.047	0.985	0.989	0.983	0.981
模型7-同LxyBG	80	564.6	558.3	0.047	0.984	0.989	0.982	0.981
模型8-同LxyBGD	86	586.3	580.8	0.046	0.985	0.988	0.981	0.980
模型9-同LxyBGDE	96	847.0	818.5	0.053	0.980	0.982	0.973	0.972

工作队列	WLS						GFI-1981年以前工作	GFI-1981年以后工作
	DF	Chi-S	Chi-S	RMSEA	NNFI	CFI		
模型1-独立估计	68	528.6	517.1	0.050	0.981	0.988	0.986	0.980
模型2-同Lx	71	538.7	526.6	0.049	0.981	0.988	0.985	0.979
模型3-同Ly	72	555.1	541.3	0.049	0.981	0.988	0.985	0.979
模型4-同Lxy	75	564.8	551.8	0.049	0.982	0.988	0.985	0.978
模型5-同LxyB	77	565.8	552.8	0.048	0.982	0.988	0.984	0.978
模型6-同LxyG	78	572.7	559.7	0.048	0.982	0.987	0.984	0.978
模型7-同LxyBG	80	589.1	573.5	0.048	0.982	0.987	0.983	0.978
模型8-同LxyBGD	86	598.0	579.4	0.046	0.983	0.987	0.983	0.978
模型9-同LxyBGDE	96	751.1	731.5	0.050	0.981	0.983	0.978	0.974

数据来源：CGSS 2006。

从模型的整体拟合水平来看，分队列模型的拟合程度与全体农民子女模型及分性别模型的拟合程度相当，RMSEA指标更好，但卡方统计量仍显示假设模型与观察数据之间存在显著差异。从嵌套模型间的差异来看，模型2和模型1之间卡方差异相对较小，也就是说，家庭社会地位的测量结构在不同队列中几乎可以被认为是相同的。不过，模型3和模型1的对比表明，不同队列（不管是出生队列还是就业队列）的社会地位测量结构都存在较大的差异。职业社会经济地位指数、单位性质以及户籍性质对个人社会地位的重要性在不同的队列中存在一定差异。从模型 1 和模型 2 中各社会地位的指标（单位性质及户口性质）的因素负载来看，出生较早或者参加工作较早的队列中单位性质的路径系数相对更大（无论是初始系数、组内标准化系数，还是共同尺度标准化系数）。也就是说，单位性质在年龄更大的队列中对于"社会地位"的作用更大（在结构方程模型中表达为社会地位对单位性质的解释作用更大）。

测量模型的不可比性给结构系数的比较造成了困难，不同队列中的潜变量具有不同的"尺度"将使结构系数的比较缺乏意义。因此，只好强制设定不同队列中的各个指标因子相同。这将迫使各个潜在因子具有共同的刻度，但会损害模型对数据的拟合程度。在此基础上再对结构系数的队列差异进行比较。模型 5、模型 6、模型 7 与模型 4 的拟合程度表明，如果单独比较外生潜变量与内生潜变量之间的作用（GAMMA）或者内生变量之间的作用（BETA），队列之间的差异并不显著，但若同时考虑 GAMMA 系数与 BETA 系数，队列之间的差异非常明显。控制观察指标残差方差协方差结构之后的结构系数比较同样显示结构系数之间存在显著差异。

从具体参数估计结果上看（见表 6-5），年轻队列外生变量对内生变量的作用系数相对较大，内生变量之间的作用相对较小。也就是说，家庭社会地位对年轻农民子女的教育水平、参加工作时以及现在社会地位的直接作用相对较大，教育的影响相对下降，但初职与现职之间的关联性也有所降低。

表 6-5 不同就业队列的农民子女地位获得模型参数估计

	模型 1 - 1981 年前		模型 1 - 1981 年后		模型 4 - 1981 年前		模型 4 - 1981 年后	
	系数	标准误	系数	标准误	系数	标准误	系数	标准误
LambdaY								
unit01	1.153	0.022	1.094	0.022			1.126	(0.015)
reg01	0.571	0.021	0.629	0.022			0.599	(0.015)
unit	1.268	0.031	1.091	0.029			1.187	(0.021)
reg	0.962	0.034	0.965	0.034			0.963	(0.024)
LambdaX								
medu	0.925	0.069	0.870	0.063			0.898	(0.047)

	模型 1－1981 年前		模型 1－1981 年后		模型 4－1981 年前		模型 4－1981 年后	
	系数	标准误	系数	标准误	系数	标准误	系数	标准误
culcap	1.490	0.126	1.493	0.111		1.490	(0.083)	
fisei18	0.744	0.073	1.039	0.074		0.908	(0.052)	
Beta								
EDU-SSL	0.193	0.028	0.196	0.047	0.197	0.028	0.192	0.048
SS1-SSN	0.573	0.018	0.570	0.023	0.585	0.017	0.560	0.021
Gamma								
FSS-EDU	1.630	0.142	2.122	0.160	1.672	0.128	2.103	0.141
FSS-SSL	0.584	0.113	1.098	0.181	0.629	0.117	1.041	0.174
FSS-SSN	0.510	0.058	0.640	0.069	0.556	0.058	0.594	0.060
PHI								
FSS	0.129	0.018	0.124	0.016	0.123	0.013	0.128	0.014
PSI								
EDU	0.656	0.032	0.442	0.032	0.657	0.031	0.434	0.033
SSL	0.596	0.024	0.419	0.023	0.607	0.022	0.414	0.021
SSN	0.129	0.011	0.017	0.009	0.133	0.011	0.017	0.008
THETA-EPS								
isei01	0.269	0.013	0.287	0.013	0.256	0.011	0.298	0.012
unit01	0.036	0.014	0.138	0.013	0.053	0.012	0.122	0.012
reg01	0.764	0.021	0.708	0.021	0.762	0.021	0.713	0.021
isei01-isei	0.149	0.010	0.156	0.011	0.138	0.009	0.168	0.011
isei	0.529	0.019	0.570	0.019	0.518	0.019	0.582	0.019
unit-unit01	－0.003	0.010	0.054	0.010	0.012	0.009	0.039	0.010
unit-isei	0.122	0.014	0.210	0.014	0.126	0.013	0.209	0.014
unit	0.246	0.019	0.480	0.019	0.274	0.017	0.464	0.019
reg-reg01	0.280	0.015	0.319	0.015	0.277	0.015	0.323	0.015
reg	0.553	0.018	0.577	0.019	0.545	0.018	0.582	0.018
THETA-DELTA								
fedu	0.855	0.025	0.853	0.025	0.859	0.025	0.851	0.025

续表

	模型 1 – 1981 年前		模型 1 – 1981 年后		模型 4 – 1981 年前		模型 4 – 1981 年后	
	系数	标准误	系数	标准误	系数	标准误	系数	标准误
fedu-medu	0.382	0.020	0.391	0.019	0.388	0.019	0.388	0.019
medu	0.889	0.027	0.906	0.026	0.894	0.026	0.904	0.026
culcap	0.713	0.029	0.724	0.025	0.722	0.027	0.722	0.025
fedu-fisei18	0.251	0.017	0.274	0.017	0.246	0.017	0.277	0.017
fisei18	0.928	0.027	0.866	0.026	0.916	0.027	0.877	0.026

数据来源：CGSS 2006。

为了更好呈现不同队列中家庭社会地位对受访者个人社会地位的直接影响及间接影响的差异，图 6 – 8 和图 6 – 9 呈现了控制测量结构（前者仅控制了指标负载，后者同时控制了指标负载以及指标残差方差协方差相等）后，不同队列的

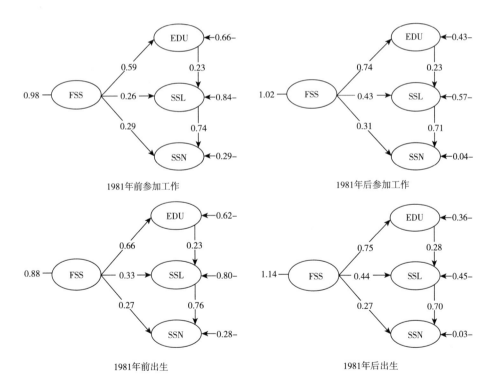

图 6 – 8　控制测量指标负载后不同队列结构模型标准化系数

数据来源：CGSS 2006。

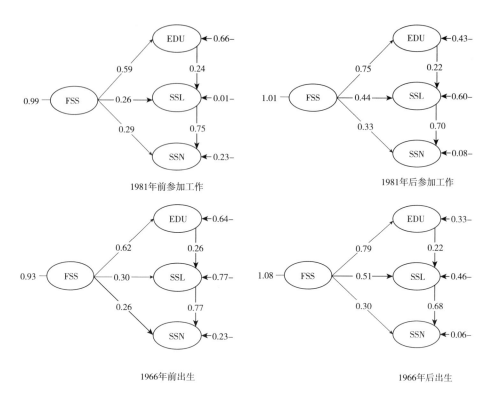

1981年前参加工作

1981年后参加工作

1966年前出生

1966年后出生

图 6 - 9　控制指标负载及残差方差协方差相等后不同队列结构模型标准化系数
数据来源：CGSS 2006。

农民子女地位获得模型结构模型部分的标准化系数解。这种情况下，标准化的直接作用与间接作用就等于相应路径系数乘积之和。例如，图 6 - 8 中家庭社会地位（FSS）对当前社会地位（SSN）的直接作用在 1981 年前参加工作的队列中为 $0.98 \times 0.29 = 0.2842$，间接作用 $0.98 \times 0.59 \times 0.23 \times 0.74 + 0.98 \times 0.26 \times 0.74 = 0.2870$；教育对当前社会地位的间接影响 $0.23 \times 0.74 = 0.172$。可以看到，由于内生潜变量之间的路径系数队列差异相对较小，而外生变量（FSS）与内生变量之间的效应差异相对较大，家庭社会地位的直接作用有所增强，它对内生变量的解释效果都有所提高（也体现为内生变量的结构性残差在年轻队列中相对较小）。这就是说，家庭社会地位对于年轻农民子女的社会地位有着更强的影响，尤其是通过影响子女教育水平与初职社会地位形成的影响。当然，也应该看到，年轻农民子女家庭社会地位的差异性在扩大，而教育对社会地位获得的中介影响在不同队列中保持相对稳定。

第四节　本章小结

本章试图扩展社会地位的测量方式，将职业地位与市民地位综合起来作为社会地位的指标，并通过结构方程模型对这种综合的社会地位的获得过程进行探索。分析结果表明，家庭社会地位在农民子女社会地位获得过程中有着重要的影响，教育在其中起到重要的中介作用，通过后者传递的影响占到前者总影响的20%~30%。除教育这一作用机制外，应该还存在其他的传递机制，因为模型中家庭社会地位仍具有很大的直接作用。而从社会地位的测量来看，父母教育水平、家庭藏书量以及18岁时父亲职业的社会经济地位指数对于家庭地位的测量效果还不够理想，后续研究可以选择更好的测量指标。职业的社会经济地位指数以及单位性质对个体社会地位的测量效果相对较好。

分性别与队列的地位获得模型分析表明，就本研究设定的抽象模型而言，男性和女性农民子女社会地位获得过程差异较小，这与已有研究存在较大差异。这可能与本研究设定的模型相对抽象有关，也可能是因为进入分析的女性样本本身具有选择性，因为没有工作信息的妇女没有办法获得职业地位指标，从而被作为信息缺失的案例排除在分析之外。而不同出生队列和不同就业队列的分析都表明，年轻队列中家庭社会地位的差异性更大，而且家庭背景对农民子女社会地位的影响（特别是直接作用）更大，能够解释更多内生变量的变异量。

第七章
结论与反思

第一节　研究发现

本书试图通过农民子女的社会分化和流动来反映中国社会的结构转型与不平等问题。本书首先论证了农民子女社会分化和流动对中国社会结构转型的重要性，探讨了渐进的非均衡改革对农民子女社会分化和流动的可能影响，提出了"职业非农化－身份市民化"这一农民子女社会分化流动的连续统，并以此作为透视中国社会不平等问题的视角。其次，分别从整体的职业流动水平与模式，农民子女职业非农化、身份市民化以及综合社会地位获得等方面对农民子女的社会分化流动的模式与机制进行了探讨。

第二章和第三章利用职业流动表和队列比较法反映了近年来我国职业流动水平和模式的变化。结果表明，尽管近年来我国社会总的流动水平及结构流动率迅速提高，但以相对流动或职业代际关联度测量的社会开放度在改革后相当长时间内并没有显著变化，1995 年及以后才有一定提高。当然，以职业代际关联为标准，我国社会开放程度在世界上的排位仍然非常靠前。在流动模式上，我国职业代际流动以及初职－现职流动在控制了对角线上的继承效应后具有较强的对称性。较高职业地位出身的人进入较低职业位置与较低职业地位出身的人进入较高职业位置一样难。这种流动模式在队列间的差异很小，流动模式不变而层面流动水平自由变化的对数乘积层面模型，甚至模式和水平皆不变的队列同质性模型都能较好地拟合不同队列的流动表。在此种流动模式中，农民是距离其他职业最远的职业。其继承性近年来大大下降，越来越多的农民子女不再继承父业；但其开放性没有显著变化，农民仍然绝大多数来自农民。与此同时，管理及专业技术人员、办事及服务人员等高端职业的继承性有所提高。以来源构成为标准，我国各个职业之间阶层性日益明显。

第四章深入分析了农民子女职业非农化及具体非农职业的获得情况。首先，研究发现，职业非农化具有明显的年龄模式，非农化集中在成年早期。从年代上看，职业非农化风险水平自 1980 年代以来有较大提高。不同队列的农民子女职业非农化水平存在明显差异，越年轻的队列职业非农化的水平越高。其次，在职业非农化的机制上，教育和从军经历等个体变量，父亲教育水平、职业类型、家庭文化资本等家庭背景变量有着显著的作用。从各变量影响的队列差异上看，个体教育、从军经历、父亲的职业类型的作用越来越小，而父亲教育水平的作用在控制了其他变量的情况下有所增强。再次，在具体非农职业的获得上，个体教育水平及除父亲教育水平以外的家庭背景变量对获得较好职业的作用更大，从军经历对获得较低社会位置的工人类职业的作用较大。在控制了其他变量之后，父亲教育水平仅对获得工人类职业的促进作用显著。最后，队列异质性模型的结果表明，多数自变量对获得具体非农职业的影响在各个队列间保持稳定。现职为非农职业的农民子女到底从事何种非农职业主要受个体的教育水平、从军经历、性别、年龄等变量影响，家庭背景作用较小。

第五章讨论了体制分割情况下农民子女的市民地位获得过程。主要对初职单位类型、现职单位类型、雇佣关系形式以及户籍登记性质进行了分析。相对于职业非农化，农民子女在市民化方面进展缓慢，分化机制更为稳定。已经实现职业非农化的农民子女主要集中在非正规劳动力市场和非正规经济中，获得非农户籍的比例不足五分之一。户籍非农化自 1960 年代以来始终处于较低水平，没有显著提高，农民子女中能平等享受城市市民待遇的为数不多。在分化机制方面，教育对获得较好的市民地位方面的作用很大，而且在年轻队列中作用有所增加。从军经历对进入国有或集体单位有一定促进作用，但影响越来越小。家庭背景变量对初职单位类型、雇佣关系形式等因变量影响相对稳定，它们对现职单位类型的影响在改革早期相对较大，它们对非农户籍获得的影响越来越弱。

第六章对布劳－邓肯地位获得模型的概念测量模型进行了改进，将职业社会经济地位、工作单位性质、户籍类型作为社会地位的测量指标以弥补路径分析忽视测量误差、以职业地位取代社会地位的不足。模型分析结果表明，在社会地位获得过程中，教育是传递家庭背景影响的重要机制，除此之外，还有其他机制发生作用，这在模型中表现为较强直接作用。上述社会地位获得机制在性别方面不存在显著差异，而在队列之间存在一定差异。在年轻队列中，教育的中介作用保持稳定，而家庭背景因素对子女的教育水平、参加工作时的社会地位、现职社会地位的直接影响更大。

总的来说，农民子女职业非农化和身份市民化之间存在着明显的水平断裂，但从职业代际关联度、职业流动模式以及农民子女的职业非农化与身份市民化的机制来看，我国的社会分化、流动机制保持了高度的稳定性。在职业分化方面，体制外机会的增长削弱了教育的作用，但阶层再生产机制进一步强化了父亲教育水平等家庭背景的作用。在较好的非农职业及市民地位的获得上，社会分化机制的稳定性更为明显，教育水平的作用越来越大。控制教育水平之后，从军经历以及家庭背景的独特作用相对减弱。教育成为越来越重要的社会再生产机制，也是农民子女跳出农门的主要依托。考虑到农民子女在教育方面的劣势，家庭背景对教育获得的影响越来越大等变化，教育在扮演农民子女上升流动渠道的同时，也一定程度上维持和扩大了城乡间的差距。在一个高速发展和转型的社会，这些不合节拍的不变化与稳定是造成断裂与不平等的重要原因。

第二节　贡献与不足

社会分层流动研究主要通过各类职业代际关联，以及个体社会地位的获得机制来反映社会系统的开放性。

首先，本研究抓住中国社会从农村社会走向城市社会的大方向，以农民子女获得非农职业和市民身份的水平与机制来反映过去几十年来中国社会系统的开放性。将身份市民化放在比职业非农化更为重要的位置上。过去几十年，农民的职业非农化是我国社会流动中最大的变化，接下来几十年甚至百年，解决城乡差异和体制分割，实现市民权利平等化是中国社会的重要挑战。这一分析框架对理解中国社会的结构变迁具有参考价值。

其次，选择农民子女作为研究对象，突破了以往研究单独依赖城市居民样本或农村居民样本时所面临的样本选择性问题。这一群体是弥合城乡分割、实现社会结构转型的关键所在。它本身的分化和变动可以透视整个社会的核心不平等与结构变迁。本研究之所以能对全国代表性群体进行分析，得益于我国社会科学调查专业机构的发展。随着更多质量更高、代表性更强的数据出现，社会分化与流动研究在今后还将不断扩展。

最后，本研究系统地分析和比较了不同就业队列的社会流动水平与模式；对农民子女职业非农化与身份市民化进行了系统的探索；完善了地位获得模型的测量。这些具体改进和发展对分层流动研究的深入具有一定积累价值。

当然，本书仍存在明显的不足。

首先，在研究设计和操作化方面仍有改进空间。因为过于依赖定量研究方法和既有二手数据，在缺乏改革以前、改革早期历史数据的情况下，本研究不得不基于截面数据，通过队列比较来窥探"时期"差异，无法分离出队列差异中年龄和队列效应的影响。而且看到的队列差异，实际融合了大量具体制度和变化，但又无法落实到具体制度和发展。已有一些研究以空间置换时间，利用不同地区或单位的不同步发展，基于多层模型来探索宏观结构与变迁的影响。本研究尚未将农民个体嵌入更为中观的社区、组织或制度，也就无法将具体制度和结构引入实证分析，更为细致地刻画分化、流动的实现过程与机制。

其次，本书虽然分析了影响农民子女职业非农化与身份市民化的各种因素与机制，但这些都被抽象成了变量之间的关联性，缺乏对非农化和市民化过程的深入剖析，包括质性分析。农民子女获得非农职业和非农户籍都经历了鲜活的社会过程，不管是考学、婚嫁，还是当兵、打工经商，都面临着具体的情景，付出的代价各异，最终获得的职业和市民身份不同，体验更会有所差异。对具体分化、流动过程的案例式深描或许可以填补本研究的枯燥乏味。

第三节　未来的研究

本书表明，在快速发展和急剧变革背后，可能是相对稳定的逻辑与机制。由此，可以预期未来相当长一段时间内人们所面临的结构与机会。对农民子女而言，城乡隔离与劳动力市场分割仍会在相当长时间内延续，这不仅与中央、地方政府的作为有关，更与我国资源结构、综合国力及在世界体系中的地位有关。

有研究认为，"降低城市失业率和吸纳更多数量的农民工，从而加快城市化进程，刺激投资和国内消费，维持中国产品的低成本优势从而增强中国产品在国际市场上的竞争力和实现较高经济增长率的目标""侧重发展低福利制和低失业率的城市完全竞争劳动力市场，施行'低福利制、低失业率'的就业政策……是现阶段中国应该采取的最优政策"（朱镜德，2001）。他们认为在中国目前资本还十分稀缺的情况下，就业与福利可能如同熊掌和鱼，两者难以兼得。而且"低福利可能是相当大的一部分劳动力在社会主义初级阶段为实现国民生产总值快速增加的目标所必须付出的代价""人们只要耐心等待，通过人均收入的迅速提高和工业化进程速度的加快，所有的人，包括城市完全竞争劳动力市场的劳动力最终都将受益""因为低福利可直接降低失业率，而较低的失业率又有助于较高经济增长率的目标的实现""任何不合时宜的高福利制的扩展，或在条件不成熟时人为地抬高全民福利水平都可能扼杀较高的经济增长率"（朱镜德，2001）。这种主张和观点有着强烈的功利主义和集体主义倾向，并不那么"民主"地将改革的成本加在了部分人身上，忽视了对权力的限制以及普通大众的"民生"对发展的重要性。上述主张至今仍有市场并极有可能道出了中国所处历史与国际环境的实况，以及普通民众需要面对的"必经过程"。在这一背景下，农民子女的社会分化与流动问题在相当长时间内仍然值得高度关注。基于本研究的发现与不足，下列议题未来值得关注。

一　城市化新举措对农民子女分化流动的影响

工业化极大地推动了农民子女过去30多年的职业非农化进程。城市经济成为继工业经济后推动农民职业非农化的重要依托。在地方政府的经营下，城市化的声浪甚至盖过工业化，城市规模越来越大。城乡流动人口增加的同时，越来越多的近郊农民实现了就地"城市化"。在"三个1亿人"的城镇化举措及发展与治理模式创新的激励下，一些地区开始开辟新的"市民化"渠道或统一城乡社会基本公共服务。更多城市仍然优先造城运动，实业发展环境和公共服务水平却改善有限。城市化成为政府和金融资本剥夺进城农民，维持自身利益的工具。在这种城市化模式下，住房成为阶层分化的重要标准以及获得市民资格的凭据。因此，房价的增长和地区不均对农民子女城市化的影响值得关注。

农民子女中谁更有可能获得城市住房,最终落脚在大城市、中小城市还是农村?城市房价的高涨会不会使部分农民子女被迫将有限的积累投向农村,从而自下而上地影响城市化的进程?获得城市住房的传统渠道是否仍发挥作用?以住房作为测量标准的社会分化在未来的研究中值得关注。

二 "农业革命"与农村社会分化

本研究从职业非农化和身份市民化角度关注了农民子女的分化,实际上,随着农村劳动力的转移,"隐形农业革命"的深化,商品农业的发展以及农业生产组织形式的变化,仍然从事农业生产的农民子女内部也已经出现很大的分化。这不仅体现在收入上,也反映在生产地位、生活方式上。随着新型农业经营主体的出现与成长,家庭承包户中已分化出规模农业经营者、农业服务提供者以及农业雇工等。原本互相独立的小农生产者之间已经有着合作或者雇佣关系。农民子女中,谁成了农业生产的主导者?什么决定了农村社会内部的分化?值得研究。

此外,近年来,政府对农村、农业发展的介入方式发生了较大变化。总体而言,从汲取型政府转变为给予型政府,从普惠式的补助到有选择地支持。政府的作为由早期推动乡镇企业发展,到汲取和无所作为,到新农村建设时期的公共产品供给和普惠式补助,再到新一轮的精准扶贫和新型农业经营主体培育与产业发展,不同阶段对农村社会分化的影响可能是不同的。最近一轮选择性的支持对农村社会分化影响可能尤为明显。另外,过去农村社会根本性的制度变化很少,但近年来农村相关的制度变革越来越多,特别是土地相关的政策的变化。土地流传规模的扩大,土地制度的修改,基层组织发展等具体的制度变革对农民子女经济财产状况、生产模式、教育获得与出路的分化的影响也值得关注。

三 教育不平等与农民子女受教育过程的研究

教育在农民子女职业非农化和身份市民化过程中作用巨大,但本研究并未对农民子女教育获得过程进行深入分析,未来可以加强这方面的研究。这不仅要对农民子女接受教育的过程有深入了解,也要对近年来教育领域的发展和结构变迁有所把握。除本书已提到的高校扩招外,还包括教育资源城乡分配不均的恶化,职业技术教育的发展，教育竞争向基础教育延伸，市场化教育培训机构的成长等结构性变化。

城乡迁移人口规模的持续扩大使流动儿童和留守儿童的规模双双扩大，迁移或留守已经成为新一代农民子女的重要属性。今天，同为农民子女，接受教育的场所和质量已经出现巨大分化，这些差异已经不是受教育年限变量能够简单测量的：有的在农村接受教育，有的在城市接受教育，有的教育质量很差，有的甚至上贵族学校。只有深入地考察才能发现其中的关键差异与后果。同样作为农民子女，普通儿童、留守儿童、流动儿童的成长环境与经历差异对农民子女发展预期、职业选择、身份市民化（包括市民身份认同和市民身份获得）的影响值得关注。

四　人口老龄化及其影响

如果说经济发展与市场化是过去三十年中国社会的最大变化，那么未来30年注定能够感受到的变化之一就是过去30年发生的人口转变的长远影响——人口老龄化。中国已进入劳动年龄人口、育龄人口、少儿人口快速下降的通道，60岁以上老年人口比例将很快达到30%以上。新的人口形势下，城市之间的分化将更加明显，农村的老龄化将更为严重。大量年轻、有能力的农民子女进入非农职业和城市后，职业非农化的速度将放缓，市民化进程值得关注。人口老龄化会对城乡发展格局、职业结构、劳动力市场产生影响，并进而影响农民子女的职业非农化和身份市民化的机会与进程。

人口老龄化之所以加剧，除老年人口预期寿命的延长外，少子化是最重要的原因。尽管全面二孩政策已经施行，农民子女的生育水平和意愿长期看仍将走低。少子化将导致生育观念和家庭教养方式的变化，父母更注重子女质量，女孩将得到更平等的对待，更多迁移家庭会将子女留在身边，家庭在子女养育和教育上的投入将更注重品质等。这些会导致年青一代的农民子女生活方式更接近市民子女，其职业预期和市民化愿望也会呈现结构性的变化。这对市民化及中国城市市民社会的形成的影响值得关注。

五　社会再组织化及其治理

尽管社会分层与流动研究不直接关心阶级行动和社会冲突问题，但他们对现有研究问题的关注无疑很大程度上与社会不平等的后果，包括社会认同与集体行动等有很大关联。中国社会的结构现状如何，未来如何发展，不仅要看统计意义上的阶层结构和微观个体的流动，更需要看各类社会群体的产生、发展，以及彼此间的关联和互动。

在农民子女社会分化流动的过程中，中国社会进入了一个再组织化的过程。"个人－社会－国家"的关系迎来了新的变化。除了强化家庭功能，对家庭内部资源进行策略性安排外，民众也越来越有意识地通过联合行动和社会组织（如乡亲组织、工人团体、同业商会等）来表达和追求共同利益。农民子女的市民化与和谐社会的达成不是一纸行政命令或倡议就能实现的，需要依赖普遍的民情基础和微观社会组织的共同努力。在自发城市化过程中，曾经被零散组织在人民公社和生产队中的农民子女，大多数无法进入有着相对完善的组织化利益表达渠道的体制内单位，而是散落在体制外经济实体及城市社区中。他们将保持一种原子化或准原子化的状态，在情绪感召下进行非组织化、非制度化的爆发式共同利益表达？还是凝结成一定的社会组织，如工人阶级或多元化的市民群体，通过正式的代议协商制度或法团主义框架进行利益表达？共同的出身与分化流动经历，以及在此基础上形成的价值体系与人伦秩序、身份认同、不公感、集体行动倾向值得关注。与此同时，这种组织化状态会给个体的分化和流动带来什么影响呢？既有关于浙江村、温州模式等地区性、群体性的发展故事可以为社会分层流动研究的深化提供灵感和支持。

这些都是中国社会发展和转型面临的实质性问题，社会分层与流动研究如何发挥自身的技术与理论优势，避免形式化，产生实质性见解和建议，值得探索。

参考文献

埃里克·欧林·赖特，2006，《阶级》，刘磊、吕梁山译，高等教育出版社。

白景明，2015，《我国并非财政供养人员占比偏高国家》，《经济研究参考》第12期。

鲍威斯·丹尼尔、谢宇，2009，《分类数据分析的统计方法》，社会科学文献出版社。

边燕杰等编，2002，《市场转型与社会分层——美国社会学者分析中国》，生活·读书·新知三联书店。

边燕杰、张展新，2002，《市场化与收入分配——对1988年和1995年城市住户收入调查的分析》，《中国社会科学》第5期。

边燕杰等编，2008，《社会分层与流动——国外学者对中国研究的新进展》，中国人民大学出版社。

布迪厄，2015，《区分：判断力的社会批判》，商务印书馆。

蔡昉，1998，《城市劳动力市场的分割与就业体制转换的难点》，《经济研究参考》第45期。

蔡昉，2000，《中国流动人口问题》，河南人民出版社。

蔡昉，2007a，《中国经济面临的转折及其对发展和改革的挑战》，《中国社会科学》第3期。

蔡昉，2007b，《中国劳动力市场发育与就业变化》，《经济研究》第7期。

蔡昉，2008，《劳动力市场转型和发育的中国经验》，《中国发展观察》第9期。

蔡昉，2010a，《促进劳动力市场发展改善收入分配制度》，《前线》第6期。

蔡昉，2010b，《劳动力市场新特点和展望》，《中国发展观察》第 11 期。

蔡昉，2010c，《刘易斯转折点与公共政策方向的转变——关于中国社会保护的若干特征性事实》，《中国社会科学》第 6 期。

蔡昉、都阳，2002，《迁移的双重动因及其政策含义——检验相对贫困假说》，《中国人口科学》第 4 期。

蔡昉、都阳，2005，《我们需要什么样的劳动力市场制度》，《吉林大学社会科学学报》第 5 期。

蔡昉、都阳、王美艳，2001，《户籍制度与劳动力市场保护》，《经济研究》第 12 期。

蔡昉、王德文，2002，《比较优势差异、变化及其对地区差距的影响》，《中国社会科学》第 5 期。

蔡禾、王进，2007，《"农民工"永久迁移意愿研究》，《社会学研究》第 6 期。

陈家冀编，1990，《中国农民的分化与流动》，农村读物出版社。

陈义媛，2013，《资本主义式家庭农场的兴起与农业经营主体分化的再思考——以水稻生产为例》，《开放时代》第 4 期。

陈婴婴，1995，《职业结构与流动》，东方出版社。

崔禄春，1999，《论"文化大革命"之前的知识青年上山下乡》，《北京党史》第 3 期。

戴维·格伦斯基编，2005，《社会分层》，华夏出版社。

丹尼尔·贝尔，1984，《后工业社会的来临——对社会预测的一项探索》，高铦等译，商务印书馆。

"当代中国社会结构变迁研究"课题组，2008，《2000—2005 年：我国职业结构和社会阶层结构变迁》，《统计研究》第 2 期。

都阳、蔡昉，2004，《中国制造业工资的地区趋同性与劳动力市场一体化》，《世界经济》第 8 期。

杜本峰，2008，《时间史分析及其应用》，经济科学出版社。

杜君健，2014，《人口逆淘汰与淘汰机制自我增强效应研究》，《生产力研究》第 1 期。

段成荣等，2008，《改革开放以来我国流动人口变动的九大趋势》，《人口研究》第 6 期。

冯仕政，2008，《重返阶级分析？——论中国社会不平等研究的范式转换》，《社会学研究》第 5 期。

高培勇，1997，《关于财政性教育经费支出占 GNP 比例问题的考虑》，《财贸经济》第 12 期。

高勇，2009，《社会樊篱的流动——对结构变迁背景下代际流动的考察》，《社会学研究》第 6 期。

辜胜阻、郑凌云，2002，《人口逆淘汰与城镇化制度安排》，《中国人口科学》第 5 期。

郭丛斌，2008，《教育与代际流动》，北京大学出版社。

郭志刚编，1999，《社会统计分析方法——SPSS 软件应用》，中国人民大学出版社。

郭志刚，2009，《近年生育率显著"回升"的由来——对 2006 年人口和计划生育调查的评价研究》，《中国人口科学》第 2 期。

郭志刚，2010a，《流动人口对当前生育水平的影响》，《人口研究》第 1 期。

郭志刚，2010b，《中国的低生育水平及相关人口研究问题》，《学海》第 1 期。

郭志刚、李丁，2010，《上海市近年人口发展状况分析》，《中国人口科学》第 6 期。

郝大海、王卫东，2009，《理性化、市场转型与就业机会差异——中国城镇居民工作获得的历时性分析（1949～2003）》，《中国社会科学》第 3 期。

何云峰，2007，《知识青年上山下乡运动研究述评》，载《国史研究中的重点难点问题研究述评：第七届国史学术年会论文集》，http：//www. hprc. org. cn/gsyj/yjjg/zggsyjxh_ 1/gsnhlw_ 1/qiguoshi/200906/t20090628_ 12589. html。

侯杰泰、温忠麟、成子娟，2004，《结构方程模型及其应用》，教育科学出版社。

胡德仁、刘亮、朱云飞，2015，《关于财政供养人员规模膨胀的实证分析和有效控制的政策建议——以河北省为例》，《预算管理与会计》第 4 期。

胡平、王红兵、甘露，2006，《我国城镇青年职业流动和继承效应的度量》，《人口与经济》第 4 期。

华尔德，1996，《共产主义社会的新传统主义——中国工业中的工作环境与权力结构》，龚小夏译，牛津大学出版社。

黄宗智，2002，《发展还是内卷？十八世纪英国与中国——评彭慕兰〈大分岔：

欧洲，中国及现代世界经济的发展〉》，《历史研究》第 4 期。

黄宗智，2005，《认识中国——走向从实践出发的社会科学》，《社会观察》第
3 期。

黄宗智，2009a，《改革中的国家体制：经济奇迹和社会危机的同一根源》，《开
放时代》第 4 期。

黄宗智，2009b，《中国被忽视的非正规经济：现实与理论》，《开放时代》第
2 期。

黄宗智，2009c，《〈中国改革往何处去：中西方学者对话（二）〉导言》，《开放
时代》第 7 期。

黄宗智，2010a，《中国的隐性农业革命》，法律出版社。

黄宗智，2010b，《中国发展经验的理论与实用含义——非正规经济实践》，《开
放时代》第 10 期。

黄宗智，2012，《小农户与大商业资本的不平等交易：中国现代农业的特色》，
《开放时代》第 3 期。

黄宗智、刘昶，2008，《〈中国国家的性质：中西方学者对话（一）〉导言》，
《开放时代》第 2 期。

卡尔·波兰尼，2007，《大转型：我们时代的政治与经济起源》，刘阳、冯刚译，
浙江人民出版社。

赖特·米尔斯，1987，《白领——美国的中产阶级》，杨小冬等译，浙江人民出
版社。

郎咸平，2004，《在"国退民进"盛筵中狂欢的格林柯尔》，新浪财经，http：//
finance. sina. com. cn/t/20040816/1202951523. shtml。

李春玲，1997，《中国城镇社会流动》，社会科学文献出版社。

李春玲，2005，《断裂与碎片——当代中国社会阶层分化实证分析》，社会科学
文献出版社。

李春玲，2010，《高等教育扩张与教育机会不平等——高校扩招的平等化效应考
查》，《社会学研究》第 3 期。

李春玲、李实，2008，《市场竞争还是性别歧视——收入性别差异扩大趋势及其
原因解释》，《社会学研究》第 2 期。

李建新，2010，《城乡社会"断裂"与"人口逆淘汰"再思考》，《人口学刊》

第 1 期。

李骏、顾燕峰，2011，《中国城市劳动力市场中的户籍分层》，《社会学研究》第 2 期。

李路路，2003，《制度转型与阶层化机制的变迁——从"间接再生产"到"间接与直接再生产"并存》，《社会学研究》第 5 期。

李路路，2006，《再生产与统治——社会流动机制的再思考》，《社会学研究》第 2 期。

李路路、苗大雷、王修晓，2009，《市场转型与"单位"变迁——再论"单位"研究》，《社会》第 4 期。

李培林编，1995，《中国新时期阶级阶层报告》，辽宁人民出版社。

李强，1993，《当代中国社会分层与流动》，中国经济出版社。

李强，1999，《中国大陆城市农民工的职业流动》，《社会学研究》第 3 期。

李强，2000，《社会分层与贫富差别》，鹭江出版社。

李强，2002a，《关注转型时期的农民工问题（之三）户籍分层与农民工的社会地位》，《中国党政干部论坛》第 8 期。

李强，2002b，《转型时期的中国社会分层结构》，黑龙江人民出版社。

李强，2004，《农民工与中国社会分层》，社会科学文献出版社。

李强，2008，《社会分层十讲》，社会科学文献出版社。

李强，2010，《当代中国社会分层：测量与分析》，北京师范大学出版社。

李实、马欣欣，2006，《中国城镇职工的性别工资差异与职业分割的经验分析》，《中国人口科学》第 5 期。

梁晨、张浩、李中清等，2013，《无声的革命——北京大学、苏州大学学生社会来源研究》，生活·读书·新知三联书店。

梁玉成，2007，《现代化转型与市场转型混合效应的分解——市场转型研究的年龄、时期和世代效应模型》，《社会学研究》第 4 期。

刘精明，2000，《教育不平等与教育扩张、现代化之关系初探》，《浙江学刊》第 4 期。

刘精明，2001，《向非农职业流动：农民生活史的一项研究》，《社会学研究》第 6 期。

刘精明，2006a，《高等教育扩展与入学机会差异：1978～2003》，《社会》第

3 期。

刘精明，2006b，《劳动力市场结构变迁与人力资本收益》，《社会学研究》第
6 期。

刘精明，2006c，《市场化与国家规制——转型期城镇劳动力市场中的收入分
配》，《中国社会科学》第 5 期。

刘世定，1999，《嵌入性与关系合同》，《社会学研究》第 4 期。

刘欣，2003，《阶级惯习与品味：布迪厄的阶级理论》，《社会学研究》第 6 期。

刘铮、邬沧萍、查瑞传编，1981，《人口统计学》，中国人民大学出版社。

卢福营，2000，《转型时期的大陆农民分化——以浙江四个村为典型案例分析》，
《中国社会科学季刊》（香港），春季卷。

陆学艺，1989，《社会学要重视当今农民问题》，《社会学研究》第 9 期。

陆学艺编，2002，《当代中国社会阶层研究报告》，社会科学文献出版社。

陆学艺，2003，《农民工问题的由来与解决之道》，世纪大讲堂，8 月 23 日，
http：//www. tudou. com/programs/view/oY9l8IHC3Ek/。

陆学艺编，2004，《当代中国社会流动》，社会科学文献出版社。

陆学艺编，2010，《当代中国社会结构》，社会科学文献出版社。

罗霞、王春光，2003，《新生代农村流动人口的外出动因与行动选择》，《浙江社
会科学》第 1 期。

吕思勉，2007，《中国社会史》，上海古籍出版社。

米歇尔·福柯，2003，《规训与惩罚》，刘北成、杨远婴译，生活·读书·新知
三联书店出版。

聂盛，2004，《我国经济转型期间的劳动力市场分割：从所有制分割到行业分
割》，《当代经济科学》第 6 期。

潘毅，1999，《开创一种抗争的次文体：工厂里一位女工的尖叫、梦魇和叛离》，
《社会学研究》第 5 期。

潘毅，2005，《阶级的失语与发声——中国打工妹研究的一种理论视角》，《开放
时代》第 2 期。

潘毅，2007，《打工者：阶级的归来或重生》，《南风窗》第 9 期。

潘毅、陈敬慈，2008，《阶级话语的消逝》，《开放时代》第 5 期。

潘毅、卢晖临、严海蓉等，2009，《农民工：未完成的无产阶级化》，《开放时

代》第 6 期。

潘毅、卢晖临、张慧鹏，2010，《阶级的形成：建筑工地上的劳动控制与建筑工人的集体抗争》，《开放时代》第 5 期。

潘毅、任焰，2008，《农民工的隐喻，无法完成的无产阶级化》，http://www.aisixiang.com/data/34827.html。

邱皓政、林碧芳，2009，《结构方程模型的原理与应用》，中国轻工业出版社。

任焰、潘毅，2006a，《跨国劳动过程的空间政治：全球化时代的宿舍劳动体制》，《社会学研究》第 4 期。

任焰、潘毅，2006b，《宿舍劳动体制：劳动控制与抗争的另类空间》，《开放时代》第 3 期。

任焰、潘毅，2008，《农民工劳动力再生产中的国家缺位——以宿舍劳动体制为例》，载于《和谐社会与社会建设——中国社会学会学术年会获奖论文集（2007·长沙）》，方向新主编，社会科学文献出版社。

沈原，2006，《社会转型与工人阶级的再形成》，《社会学研究》第 2 期。

沈原，2007，《市场、阶级与社会——转型社会学的关键议题》，社会科学文献出版社。

沈原、郭于华、卢晖临等，2009，《尘肺病人的死亡接力棒——以深圳爆破业建筑工人为例》，《南风窗》第 23 期。

盛来运，2008，《流动还是迁移——中国农村劳动力流动过程的经济学分析》，上海远东出版社。

苏黛瑞，2009，《在中国城市中争取公民权》，王春光、单丽卿译，浙江人民出版社。

孙凤，2006a，《列联表的对数线性模型》，《统计与决策》第 23 期。

孙凤，2006b，《职业代际流动的对数线性模型》，《统计研究》第 7 期。

孙立平，2003，《断裂——20 世纪 90 年代以来的中国社会》，社会科学文献出版社。

孙立平，2004，《90 年代中期以来中国社会结构演变的新趋势》，载郑杭生主编《中国社会结构变迁趋势研究》，中国人民大学出版社。

唐亚林，2004，《财政供养人员比例的真相》，《南风窗》第 9 期。

仝志辉、温铁军，2009，《资本和部门下乡与小农户经济的组织化道路——兼对专业合作社道路提出质疑》，《开放时代》第 4 期。

万向东，2008，《农民工非正式就业的进入条件与效果》，《管理世界》第 1 期。

万向东，2009，《农民工非正式就业研究的回顾与展望》，《中山大学学报》（社会科学版）第 1 期。

王爱云，2009，《试析中华人民共和国历史上的子女顶替就业制度》，《中共党史研究》第 6 期。

王春光，2000，《新生代的农村流动人口对基本公民权的渴求》，《民主与科学》第 1 期。

王春光，2001，《新生代农村流动人口的社会认同与城乡融合的关系》，《社会学研究》第 3 期。

王春光，2002，《新生代农村流动人口的外出动因与行为选择》，《中国党政干部论坛》第 7 期。

王春光，2005，《农民工：一个正在崛起的新工人阶层》，《学习与探索》第 1 期。

王春光，2006，《警惕农民工"底层化意识"加剧》，《中国党政干部论坛》第 5 期。

王济川、郭志刚主编，2001，《Logistic 回归模型》，高等教育出版社。

王磊，2002，《我国义务教育经费投入存在的主要问题》，《教育与经济》第 1 期。

王美艳、蔡昉，2008，《户籍制度改革的历程与展望》，《广东社会科学》第 6 期。

王天夫、赖扬恩、李博柏，2008，《城市性别收入差异及其演变：1995～2003》，《社会学研究》第 2 期。

王天夫、李博柏，2008，《平等主义国家理想与区隔主义官僚体系：一个社会分层结构的新模型》，《社会》第 5 期。

王伟光，2009，《运用马克思主义立场、观点和方法，科学认识美国金融危机的本质和原因——重读〈资本论〉和〈帝国主义论〉》，《马克思主义研究》第 2 期。

韦伯，2005，《阶级、地位与政党》，载于戴维·格伦斯基编《社会分层》，华夏出版社。

巫锡炜，2010，《中国步入低生育率，1980～2000》，社会科学文献出版社。

吴春霞，2007，《中国城乡义务教育经费差距演变与影响因素研究》，《教育科学》第 6 期。

吴唯实，2006，《湖北省财政供养人员和编制总量的控制及目标管理》，《统计与决策》第 21 期。

吴晓刚，2006，《"下海"：中国城乡劳动力市场转型中的自雇活动与社会分层（1978～1996）》，《社会学研究》第 6 期。

吴晓刚，2007，《中国的户籍制度与代际职业流动》，《社会学研究》第 6 期。

吴愈晓、吴晓刚，2008，《1982～2000：我国非农职业的性别隔离研究》，《社会》第 6 期。

吴愈晓、吴晓刚，2009，《城镇的职业性别隔离与收入分层》，《社会学研究》第 4 期。

吴忠民，2004，《评"效率优先，兼顾公平"》，载郑杭生主编《中国社会结构变化趋势研究》，中国人民大学出版社。

谢宇，2006，《社会学方法与定量研究》，社会科学文献出版社。

谢宇，2010a，《回归分析》，社会科学文献出版社。

谢宇，2010b，《认识中国的不平等》，《社会》第 3 期。

谢宇，2016，《非实证不能研究中国社会变迁》，载于钟杨主编《实证社会科学》，上海交通大学出版社。

谢宇、胡婧炜、张春泥，2014，《中国家庭追踪调查：理念与实践》，《社会》第 2 期。

熊剑峰，2014，《中国财政供养人员知多少》，《四川统一战线》第 3 期。

许欣欣，2000，《当代中国社会结构变迁与流动》，社会科学文献出版社。

雅科夫，2003，《教育产业化，丧钟为你而鸣》，http：//bbs. tianya. cn/post - news - 8451 - 1. shtml。

严海蓉、陈义媛，2015，《中国农业资本化的特征和方向：自下而上和自上而下的资本化动力》，《开放时代》第 5 期。

杨舸，2010，《农民工就业弱势的制度根源研究》，博士学位论文，中国人民大学。

尹银、邬沧萍，2013，《计划生育政策导致人口逆淘汰？——基于中国省级面板数据的分析》，《中国人民大学学报》第 1 期。

余东华，2006，《中国垄断性行业的市场化改革研究》，《经济研究参考》第16期。

余晓敏、潘毅，2008，《消费社会与"新生代打工妹"主体性再造》，《社会学研究》第3期。

袁连生，2009，《我国政府教育经费投入不足的原因与对策》，《北京师范大学学报》（社会科学版）第2期。

翟振武，2007，《"人口逆淘汰"是个伪命题》，《北京日报》（理论周刊版），4月23日。http：//news. xinhuanet. com/theory/2007－04/24/content_6018282. htm。

翟振武、侯佳伟，2007，《人口逆淘汰：一个没有事实根据的假说》，《中国人口科学》第1期。

翟振武、路磊等编，1989，《现代人口分析技术》，中国人民大学出版社。

张学兵，2008，《知青返城：所有制结构改革动因》，《瞭望》第52期。

张展新，2004，《劳动力市场的产业分割与劳动人口流动》，《中国人口科学》第2期。

郑杭生、李路路，2004，《当代中国城市社会结构》，中国人民大学出版社。

郑路，1999，《改革的阶段性效应与跨体制职业流动》，《社会学研究》第6期。

中共中央书记处研究室理论组编，1983，《当前我国工人阶级状况调查资料汇编（3）》，中共中央党校出版社。

中国人民大学中国调查与数据中心－中国综合社会调查（CGSS）项目，2008，《中国综合社会调查报告（2003～2008）》，中国社会出版社。

周雪光，2015，《国家与生活机遇——中国城市中的再分配与分层1949～1994》，中国人民大学出版社。

周怡，2009，《布劳－邓肯模型之后：改造抑或挑战》，《社会学研究》第6期。

朱镜德，1999，《中国三元劳动力市场格局下的两阶段乡－城迁移理论》，《中国人口科学》第1期。

朱镜德，2001，《现阶段中国劳动力流动模式、就业政策与经济发展》，《中国人口科学》第4期。

朱镜德，2005，《现阶段中国妇女就业方面的差别待遇问题研究》，《妇女研究论丛》第3期。

朱伟珏，2012，《权力与时尚再生产布迪厄文化消费理论再考察》，《社会》第

1 期。

Altham, Patricia M. E. 1970a. "The Measurement of Association in a Contingency Table: Three Extensions of the Cross – Ratios and Metrics Methods." *Journal of the Royal Statistical Society. Series B (Methodological)* 32: 395 – 407.

Altham, Patricia M. E. 1970b. "The Measurement of Association of Rows and Columns for an r × s Contingency Table." *Journal of the Royal Statistical Society. Series B (Methodological)* 32: 63 – 73.

Becker, Mark P. , Clifford C. Clogg. 1989. "Analysis of Sets of Two – Way Contingency Tables Using Association Models." *Journal of the American Statistical Association* 84: 142 – 151.

Berkman, L. F. , S. Macintyre. 1997. "The measurement of social class in health studies: old measures and new formulations." *IARC Sci Publ*: 51 – 64.

Bian, Yanjie, Ronald Breiger etc. . 2005. "Occupation, Class, Social Networks in Urban China." *Social Forces* 83: 1443 – 1468.

Bian, Yanjie, John R. Logan. 1996. "Market Transition and the Persistence of Power: The Changing Stratification System in Urban China." *American Sociological Review* 61: 739 – 758.

Blau, Peter M. , Otis Dudley Duncan. 1967. *The American Occupational Structure*: The Free Press.

Burawoy, Michael. 2000. "A Sociology for the Second Great Transformation?", *Annual Review of Sociology* 26: 693 – 695.

Davis, Deborah, Yanjie Bian etc. . 2005. "Material Rewards to Multiple Capitals under Market-Socialism." pp. 1 – 20 in *Social Transformations in Chinese Societies: the Official Annual of the Hong Kong Sociological Association*, Edited by Bian Yan-jie, Chan Kwok-bun etc. : Leiden, Netherlands : Brill Academic Pubs.

Duncan, Otis Dudley. 1966. "Methodological Issues in the Analysis of Social Mobility." pp. 51 – 97 in *Social Structure and Mobility in Economic Development*, Edited by N. J. Smelser and S. M. Lipset: Chicago: Aldine.

Duncan, Otis Dudley, David L. Featherman etc. . 1972. *Socioeconomic Background and Achievement*：Seminar Press.

Duncan，Otis Dudley，David L. Featherman etc..1979. "Sex Typing and Achievement in American Women. " *Bulletin of the American Academy of Arts and Sciences* 32：19 – 36.

Dworkin，Rosalind J. 1981. "Prestige ranking of the housewife occupation. " *Sex Roles* 7：59 – 63.

Erikson，Robert，John H. Goldthorp. 1992. *The Constant Flux-A Study of Class Mobility in Industrial Societies*：clarendon press oxford.

Featherman，David L. ，Robert M. Hauser. 1978. *Opportunity and Change*：Academic Press.

Featherman，David L. ，F. L. Jones etc..1975. "Assumptions of Social Mobility Research in the US：The Case of Occupational Status. " *Social Sciences Research* 4.

Florian Wickelmaier. 2003. "An Introduction to MDS. " Reports from the Sound Quality Research Unit（SQRU），No. 7.

Ganzeboom，Harry B. G. ，Donald J. Treiman. 2003. "Three Internationally Standardised Measures for Comparative Research on Occupational Status. " Pp. 159 – 193 in *Advances in Cross-National Comparison. A European Working Book for Demographic and Socio-Economic Variables*，Edited by Jürgen H. P. Hoffmeyer-Zlotnik and Christof Wolf：New York：Kluwer Academic Press.

Ganzeboom，Harry B. G. ，Donald J. Treiman. 2011. "International Stratification and Mobility File- > 149 Intergenerational Occupational Mobility Tables. " Website：http：//www. harryganzeboom. nl/ismf/glt149. sps.

Giddens，Anthony. 1973. *The Class Structure of the Advanced Society*：New York：Harper & Row，Publishers：99 – 138.

Goodman，Leo A. 1979. "Simple Models for the Analysis of Association in Cross-Classifications having Ordered Categories. " *Journal of the American Statistical Association* 74：537 – 552.

Goodman，Leo A. 1981. "Three Elementary Views of Log Linear Models for the

Analysis of Cross-Classifications Having Ordered Categories. " *Sociological Methodology* 12: 193 - 239.

Goodman, Leo A. 1986. "Some Useful Extensions of the Usual Correspondence Analysis Approach and the Usual Log-Linear Models Approach in the Analysis of Contingency Tables. " *International Statistical Review / Revue Internationale de Statistique* 54: 243 - 270.

Gray, Lincoln, John A. King. 1986. "The Use of Multidimensional Scaling to Determine Principal Resource Axes. " *The American Naturalist* 127: 577 - 592.

Grusky, David B. , Robert M. Hauser. 1984. "Comparative Social Mobility Revisited: Models of Convergence and Divergence in 16 Countries. " *American Sociological Review* 49: 19 - 38.

Guo, Shenyang. 2010. *Survival Analysis.* New York: Oxford University Press, Inc: 73 - 97.

Hauser, Robert M. 1978. "A Structural Model of the Mobility Table. " *Social Forces* 56: 919 - 953.

Hauser, Robert M. 1980. "Some Exploratory Methods for Modeling Mobility Tables and Other Cross-Classified Data. " *Sociological Methodology* 11: 413 - 458.

Hauser, Robert M. , Peter J. Dickinson etc. . 1975. "Structural Changes in Occupational Mobility Among Men in the United States. " *American Sociological Review* 40: 585 - 598.

Hauser, Robert M. , John Robert Warren. 1997. "Socioeconomic Indexes for Occupations: A Review, Update, Critique. " *Sociological Methodology* 27: 177 - 298.

Heise, D. R. 1969. "Separating Reliability and Stability in Test-Retest Correlation. " *American Sociological Review* 34: 93 - 101.

Hout, Michael. 1988. "More Universalism, Less Structural Mobility: The American Occupational Structure in the 1980s. " *The American Journal of Sociology* 93: 1358 - 1400.

Jöreskog, K. G. , D. Sörbom. 1999. *LISREL* 8: *User's Reference Guide:* Lincolnwood, IL: Scientific Software International.

Kenny, David A. 2009. "Multiple Group Models." Website: http: //davidakenny. net/cm/mgroups. htm.

Kluegel, James R. , Royce Jr. Singleton etc. . 1977. "Subjective Class Identification: A Multiple Indicator Approach. " *American Sociological Review* 42: 599 − 611.

Li, Bobai, Andrew G Walder. 2001. "Career Advancement as Party Patronage: Sponsored Mobility into the Chinese Administrative Elite, 1949 − 1996. " *The American Journal of Sociology* 106: 1371 − 1408.

Lin, Nan, Yanjie Bian. 1991. "Getting Ahead in Urban China. " *The American Journal of Sociology* 97: 657 − 688.

Lipset, S. M. , R. Bendix etc. . 1959. "Social mobility in Industrial Society. " in*Social mobility in Industrial Society*, Edited by S. M. Lipset and R. Bendix: University of California Press.

Long, Jason, Joseph Ferrie. 2007. "The Path to Convergence: Intergenerational Occupational Mobility in Britain and the US in Three Eras. " *The Economic Journal* 117: C61 − C71.

Nee, Victor. 1989. "A Theory of Market Transition: From Redistribution to Markets in State Socialism. " *American Sociological Review* 54: 663 − 681.

Nee, Victor. 1991. "Social Inequalities in Reforming State Socialism: Between Redistribution and Markets in China. " *American Sociological Review* 56: 267 − 282.

Nee, Victor, Yang Cao. 1999. "Path Dependent Societal Transformation: Stratification in Hybrid Mixed Economies. " *Theory and Society* 28: 799 − 834.

Parkin, Frank. 1969. "Class Stratification in Social Societies. " *British Journal of Sociology* 20.

Rona-Tas, Akos. 1994. "The First Shall be Last?" , *American Journal of Sociology* 100: 40 − 59.

Sörbom, Dag, Karl G. Jöreskog. 1981. "The Use of LISREL in Sociological Model Building. " in *Factor Analysis and Measurement in Sociological Research: A Multidimensional Perspective*, Edited by D. J. Jackson and E. F. Borgatta:

Beverly Hills：Sage.

Sobel，Michael E. 1983. "Structural Mobility，Circulation Mobility and the Analysis of Occupational Mobility：A Conceptual Mismatch. " *American Sociological Review* 48：721 – 727.

Sobel，Michael E. ，Michael Hout etc. . 1985. "Exchange，Structure，Symmetry in Occupational Mobility. " *The American Journal of Sociology* 91：359 – 372.

Szelenyi，Ivan，Donald J. Treiman. 1993. " Social Stratification and Mobility in Eastern Europe After 1989：General Population Survey（APPENDIX A）. "

Torgerson，Warren. 1952. " Multidimensional scaling：I. Theory and method. " *Psychometrika* 17：401 – 419.

Torgerson，Warren. 1965. "Multidimensional scaling of similarity. " *Psychometrika* 30：379 – 393.

Treiman，Donald J. 1970. "Industrialization and Social Stratification. " in *Social Stratification：Research and Theory for the 1970s*，Edited by Edward O. Laumann. Indianapolis：Bobbs-Merrill.

Treiman，Donald J. 1976. " A Standard Occupational Prestige Scale for Use with Historical Data. " *Journal of Interdisciplinary History* 7：283 – 304.

Treiman，Donald J. 1986. *Occupational Prestige in Comparative Perspective.* Acadamic Press.

Treiman，Donald J. 1998. "Life Histories and Social Change in Contemporary China：Provisional Codebook. " Los Angeles ：UCLA Institute for Social Science Research.

Treiman，Donald J. ，Ivan Szelenyi. 1993. "Social Stratification in Eastern Europe after 1989. " in *Transformation Processes in Eastern Europe （Proceedings of a Workshop held at the Dutch National Science Foundation ［NWO］，3 – 4 December* 1992）：The Hague：NWO.

Treiman，Donald J. ，Andrew G. Walder. 1996. "Life Histories and Social Change in Contemporary China. " UCLA Social Science Data Archive. Websit：https：// www. library. ucla. edu/social-science-data-archives/life-histories-social-change-china.

Walder, A. G. 1995. " Career Mobility and the Communist Political Order. " *American Sociological Review* 60: 309 – 328.

Walder, Andrew G. , Bobai Li etc. . 2000. " Politics and Life Chances in a State Socialist Regime: Dual Career Paths into the Urban Chinese Elite, 1949 to 1996. " *American Sociological Review* 65: 191 – 209.

Wu, Xiaogang, Donald J. Treiman. 2004. " The Household Registration System and Social Stratification in China: 1955 – 1996. " *Demography* 41: 363 – 384.

Wu, Xiaogang, Yu Xie. 2003. " Does the Market Pay off? Earnings Returns to Education in Urban China. " *American Sociological Review* 68: 425 – 442.

Xie, Yu. 1992. " The Log-Multiplicative Layer Effect Model for Comparing Mobility Tables. " *American Sociological Review* 57: 380 – 395.

Xie, Yu. 1998. " Comment: The Essential Tension between Parsimony and Accuracy. " *Sociological Methodology* 28: 231 – 236.

Xie, Yu, Emily Hannum. 1996. " Regional Variation in Earnings Inequality in Reform-Era Urban China. " *The American Journal of Sociology* 101: 950 – 992.

Xie, Yu, Alexandra Killewald. 2010. " Historical Trends in Social Mobility: Data, Methods, Farming. " Population Studies Center University of Michigan Institute for Social Research.

Yang, Yang, Wenjiang J. Fu etc. . 2004. " A Methodological Comparison of Age-Period-Cohort Models: The Intrinsic Estimator and Conventional Generalized Linear Models. " *Sociological Methodology* 34: 75 – 110.

Yang, Yang, Kenneth C. Land. 2006. " A Mixed Models Approach to the Age-Period-Cohort Analysis of Repeated Cross-Section Surveys, with an Application to Data on Trends in Verbal Test Scores. " *Sociological Methodology* 36: 75 – 97.

Zhou, Xueguang. 2000. " Economic Transformation and Income Inequality in Urban China: Evidence from Panel Data. " *The American Journal of Sociology* 105: 1135 – 1174.

附　录

附录 A　多个国家和地区的代际流动水平及与中国的比较（Altham 指数）

国家或地区（调查）	相对于队列模型	相对于 CGSS 2006
001 AUS65　Broom & Jones 1976	46. 78	23. 33
002 AUS67　Aitkin Kahan & Stokes 1967	35. 24	25. 17
003 AUS67l　Aitkin Kahan & Stokes 1967 inlaws	42. 87	27. 39
004 AUS73　Jones & Davis 1986	48. 79	34. 24
005 AUS87　McAllister & Mughan 1987	35. 07	29. 66
006 AUT69n　Verba Nie & Kim 1966 – 1971	59. 82	35. 95
007 AUT74p　Barnes & Kaase 1973 – 1976	52. 26	31. 46
008 AUT78　Haller 1982 minicensus imputed N	51. 51	29. 82
009 BEL71e　Inglehart & Rabier 1971	60. 22	36. 45
010 BEL75　Reszohazy 1975 French speaking Belgians	64. 7	47. 69
011 BEL76　Reszohazy 1976 French speaking Belgians	62. 69	37. 32
012 BRA73　IBGE 1973 10% sample	46. 93	24. 02
013 CAN73　Boyd et al 1973 outside Quebec	36. 34	17. 39
014 CAN82w　Wright 1981 – 1983 outside Quebec	36. 13	20. 84
015 CAN64　Lambert et al 1984 outside Quebec	43. 7	30. 24
016 CSK67　Jungman 1972	35. 84	24. 33
017 DEN71　Borre et al 1971	46. 13	31. 94
018 DEN72l　Allardt & Uusitalo 1972 inlaws	40. 19	27. 83

国家或地区（调查）	相对于队列模型	相对于 CGSS 2006
019 DEN72s Allardt & Uusitalo 1972	53. 11	32. 61
020 ENG51 Benjamin 1958 birth records	53. 28	29. 39
021 ENG63 Butler & Stokes 1963	47. 82	28. 41
022 ENG67t Ornauer 1967 – 1969 < 40 years	33. 2	17. 40
023 ENG69 Butler & Stokes 1969 – 1970	47. 16	24. 36
024 ENG72 Hauser 1984	43. 67	19. 39
025 ENG74 Crewe Saerlvik & Alt 1974	42. 53	20. 24
026 ENG74p Barnes & Kaase 1973 – 1976	45. 2	31. 25
027 ENG83 Heath et al 1983	43. 29	22. 74
028 ENG86 Heath 1986	41. 01	23. 64
029 FIN67t Ornauer 1967 – 1969 adults < 40	33. 39	21. 87
030 FIN72l Allardt & Uusitalo 1972 inlaws	48. 64	34. 29
031 FIN72s Allardt & Uusitalo 1972	38. 28	29. 47
032 FIN75p Barnes & Kaase 1973 – 1977	33. 95	22. 79
033 FIN80 Pinen Alestalo & Uusitalo 1984	41. 46	27. 86
034 FIN82w Wright 1981 – 1983	40. 56	31. 08
035 FRA58 Dupeux 1958	47. 66	28. 62
036 FRA64 Garnier & Hazelrigg 1976 imp N < 46	58. 21	31. 94
037 FRA67 Converse & Pierce 1967	47. 5	30. 51
038 FRA70 Hauser 1984	45. 09	23. 22
039 FRA71e Inglehart & Rabier 1971	56. 41	34. 87
040 GER59 Daheim 1959	50. 8	30. 17
041 GER69 Klingemann & Pappi 1969	48. 58	23. 29
042 GER69k Kleining 1969	60. 89	33. 76
043 GER75p Barnes & Kaase 1973 – 1977	44	22. 70
044 GER76z ZUMA 1976 – 1980 Zumabus 1	51. 17	35. 38
045 GER77z ZUMA 1976 – 1980 Zumabus 2	34. 86	20. 59
046 GER78 ZUMA 1976 – 1980 Politik BRD 1978	41. 19	32. 23
047 GER78x ZUMA 1976 – 1980 Wohlfahrtssurvey	35. 81	22. 78

国家或地区（调查）	相对于队列模型	相对于 CGSS 2006
048 GER78z ZUMA 1976 – 1980 ［1979］Zumabus 3	46. 1	27. 89
049 GER79z ZUMA 1976 – 1980 Zumabus 4	44. 64	30. 00
050 GER80p Allerbeck Kaase & Klingemann 1980	47. 29	32. 96
051 GER80 ZUMA 1976 – 1980 Politik BRD 1980	52. 73	32. 30
052 GER80z ZUMA 1976 – 1980 Zumabus 5	45. 22	26. 44
053 GER80a ZUMA 1976 – 1980 Allbus 1	46. 05	33. 47
054 GER82a ZUMA 1980 – 1984 Allbus 2	41. 45	27. 34
055 GER84a ZUMA 1980 – 1984 Allbus 3	45. 03	24. 63
056 HKG67 Mitchell 1967 married men	27. 04	27. 45
057 HUN62 Andorka 1982	53. 86	35. 15
058 HUN73 Andorka 1973	44. 1	24. 06
059 HUN73l Andorka 1973 inlaws	45. 87	26. 68
060 HUN82 Kolosi 1982	35. 27	21. 54
061 HUN83 Kulszar & Harcsa1983	34. 07	23. 92
062 HUN86 Kolosi 1986	30. 36	30. 84
063 IND62c Cantril 1957 – 1963 four states	67. 56	54. 34
064 IND63a Public Opinion 1963 urban oversample	69. 23	47. 44
065 IND63c Cantril 1957 – 1963 four states	74. 69	54. 13
066 IND71n Verba Nie & Kim 1966 – 1971 four states	58	40. 25
067 IRE74 Hout 1986	49. 17	28. 28
068 ISR62c Cantril 1957 – 1963	41. 35	41. 80
069 ISR74 Matras Weintraub & Kraus 1974	27. 83	19. 51
070 ITA63 Lopreato 1963 – 1964	57. 33	39. 07
071 ITA68 Barnes 1968	51. 59	34. 50
072 ITA72 Barnes 1972	49. 97	34. 58
073 ITA74 Heath 1986	76. 36	60. 28
074 ITA75p Barnes & Kaase 1973 – 1976	45. 94	28. 99
075 JAP55 Odaka & Fukutake 1955	43. 95	28. 72
076 JAP65 Yasuda 1965	33. 68	17. 21

国家或地区（调查）	相对于队列模型	相对于 CGSS 2006
077 JAP67　Ward & Kubota 1969	49.5	31.70
078 JAP69t　Ornauer 1967 – 1969	48.3	39.55
079 JAP71n　Verba Nie & Kim 1966 – 1971	43.12	29.38
080 JAP75　Tominaga 1975	34.86	19.15
081 MAL67　Dep Statistics 1966 – 67 married men	39.05	20.42
082 NET58　Gadourek 1958	58	36.34
083 NET67t　Ornauer 1967 – 1969 married < 40	52.28	30.36
084 NET70　Heunks Jennings et al 1970 – 1973	55.99	34.01
085 NET71　Mokken & Roschar 1971	42.95	24.79
086 NET71e　Inglehart & Rabier 1971	65.61	40.55
087 NET74p　Barnes & Kaase 1973 – 1976	47.39	27.01
088 NET76　Hermkens & Van Wijngaarden 1976	53.6	28.43
089 NET77　Werkgroep Nationaal Kiezersonderzoek 1977	41.5	25.62
090 NET77x　CBS 1977	49.86	28.63
091 NET79p　Heunks et al 1979	49.61	35.72
092 NET82　Heinen & Maas 1982	46.35	25.13
093 NET82u　Ultee & Sixma 1982	37.39	18.13
094 NET85　OSA 1985	37.23	18.89
095 NIG71n　Verba Nie & Kim 1966 – 1971	41.02	33.74
096 NIR68　Rose 1968	45.28	24.35
097 NIR73　Hout 1986	45.9	19.81
098 NOR57　Rokkan 1957	40.22	32.59
099 NOR65　Valen 1975	39.01	21.77
100 NOR67t　Ornauer 1967 – 1969 < 40	35.97	28.45
101 NOR72l　Allardt & Uusitalo 1972 inlaws	37.58	17.49
102 NOR72s　Allardt & Uusitalo 1972	36.3	34.80
103 NOR73　Norwegian Quality of Life Survey 1973	38.54	22.52
104 NOR82w　Wright 1981 – 1983	30.73	22.47
105 NZE76　Jones & Davis 1986	33.67	17.89

续表

国家或地区（调查）		相对于队列模型	相对于 CGSS 2006
106 PHI68	Bacol 1971 married men	47.59	28.58
107 PHI73	Population Institute 1973 married men	41.32	23.71
108 POL72	Zagorski 1972	39.64	24.89
109 POL82	Beskid 1982	41.03	27.32
110 POL87	Slomczynski 1987	38.37	20.91
111 PUE54	Miller 1960	35.51	25.66
112 QUE60	Pinard Breton & Breton 1960	57.92	43.22
113 QUE73	Boyd et al 1973	43.4	18.24
114 QUE78	Cote 1977	36.35	17.90
115 SCO74	Crewe Saerlvik & Alt 1974	42.53	24.29
116 SCO75	Moore & Payne 1974 – 1975	44.1	21.79
117 SPA60	FOESSA 1970	47.07	31.72
118 SPA67t	Ornauer 1967 – 1969 < 40 years	56.72	44.75
119 SPA68	INE 1976	54.79	30.94
120 SWE50	Carlsson 1958 birth records	50.76	37.10
121 SWE60	Saerlvik 1960	60.77	45.76
122 SWE72l	Allardt & Uusitalo 1972 inlaws	37.08	30.42
123 SWE72s	Allardt & Uusitalo 1972	45.81	31.72
124 SWE73	Hauser 1984	36.45	24.28
125 SWE83w	Wright 1981 – 1983	37.08	31.02
126 SWI76p	Barnes & Kaase 1973 – 1976	47.64	24.46
127 TAI70	Grichting 1970	52.52	40.9
128 TAI70l	Grichting 1970 inlaws	41.96	32.16
129 USA47	NORC 1947	43.17	25.31
130 USA47l	NORC 1947 inlaws	39.04	27.98
131 USA59c	Cantril 1957 – 1963	43.98	25.26
132 USA62o	Featherman & Hauser 1962 – 1973	36.45	18.38
133 USA72g	Davis & Smith 1972 – 1986	43.18	22.4
134 USA73g	Davis & Smith 1972 – 1986	44.65	38.31

国家或地区（调查）		相对于队列模型	相对于 CGSS 2006
135 USA73o	Featherman & Hauser 1962 – 1973	33.94	15.83
136 USA74g	Davis & Smith 1972 – 1986	35.74	24.25
137 USA74p	Barnes & Kaase 1973 – 1976	37.17	39.30
138 USA75g	Davis & Smith 1972 – 1986	33.62	25.74
139 USA76g	Davis & Smith 1972 – 1986	38.92	18.82
140 USA77g	Davis & Smith 1972 – 1986	42.91	31.47
141 USA78g	Davis & Smith 1972 – 1986	29.67	27.94
142 USA80g	Davis & Smith 1972 – 1986	33.42	23.94
143 USA81w	Wright 1981 – 1983	31.07	20.85
144 USA82g	Davis & Smith 1972 – 1986	29.99	25.89
145 USA83g	Davis & Smith 1972 – 1986	39.2	28.4
146 USA84g	Davis & Smith 1972 – 1986	40.24	30.42
147 USA85g	Davis & Smith 1972 – 1986	38.26	33.57
148 USA86g	Davis & Smith 1972 – 1986	39.5	25.06
149 YUG67t	Ornauer 1967 – 1969 ＜ 40 year Slovenia	36.87	38.9
150 China1996 18 – 69		32.79	19.47
151 China2006 18 – 69		35.58	0.00

附录 B　父职 – 现职，父职 – 初职代际流动表

表 B – 1　父职 – 现职代际流动表（CGSS 2006，全国）

父亲 子女	管理及专业人员	办事人员	个体户	技术工人	非技术工人	农民
管理及专业人员	204	82	23	118	77	400
办事人员	151	136	57	139	112	395
个体户	79	58	62	61	46	535
技术工人	98	74	19	192	107	495

续表

父亲 子女	管理及专业 人员	办事人员	个体户	技术工人	非技术工人	农民
非技术工人	54	54	26	85	132	473
农民	120	25	22	63	55	3833
人数	706	429	209	658	529	6131

数据来源：CGSS 2006 加权数据。

表 B－2　父职－现职代际流动表（CGSS 2006，1970 年前参加工作）

父亲 子女	管理及专业 人员	办事人员	个体户	技术工人	非技术工人	农民
管理及专业人员	19	16	4	21	13	105
办事人员	16	15	7	18	13	89
个体户	6	1	6	5	4	65
技术工人	11	17	1	24	16	93
非技术工人	2	6	3	11	21	79
农民	36	6	4	10	7	1189
人数	90	61	25	89	74	1620

数据来源：CGSS 2006 加权数据。

表 B－3　父职－现职代际流动表（CGSS 2006，1970~1981 年参加工作）

父亲 子女	管理及专业 人员	办事人员	个体户	技术工人	非技术工人	农民
管理及专业人员	51	13	1	30	22	93
办事人员	29	47	6	44	33	73
个体户	16	13	10	19	13	135
技术工人	26	21	4	62	40	84
非技术工人	21	19	5	33	43	126
农民	42	9	4	23	15	1189
人数	185	122	30	211	166	1700

数据来源：CGSS 2006 加权数据。

表 B－4　父职－现职代际流动表（CGSS 2006，1982~1994 年参加工作）

子女＼父亲	管理及专业人员	办事人员	个体户	技术工人	非技术工人	农民
管理及专业人员	67	24	4	28	16	98
办事人员	61	35	6	33	35	97
个体户	36	38	14	22	17	189
技术工人	35	20	3	64	30	144
非技术工人	27	20	4	26	44	153
农民	30	4	4	16	21	1057
人数	256	141	35	189	163	1738

数据来源：CGSS 2006 加权数据。

表 B－5　父职－现职代际流动表（CGSS 2006，1995 年及以后参加工作）

子女＼父亲	管理及专业人员	办事人员	个体户	技术工人	非技术工人	农民
管理及专业人员	67	28	14	40	26	104
办事人员	44	38	38	44	29	134
个体户	21	6	31	15	12	146
技术工人	26	16	11	42	21	174
非技术工人	4	8	13	16	24	114
农民	12	6	10	13	11	385
人数	174	102	117	170	123	1057

数据来源：CGSS 2006 加权数据。

表 B－6　父职－初职代际流动表（CGSS 2006，全国）

子女＼父亲	管理及专业人员	办事人员	个体户	技术工人	非技术工人	农民
管理及专业人员	186	73	19	95	66	380
办事人员	136	138	52	109	96	303
个体户	20	9	44	11	21	156
技术工人	120	92	39	246	124	490

续表

子女＼父亲	管理及专业人员	办事人员	个体户	技术工人	非技术工人	农民
非技术工人	60	47	28	101	146	365
农民	182	67	29	100	75	4432
人数	704	426	211	662	528	6126

数据来源：CGSS 2006 加权数据。

表 B‐7　父职‐初职代际流动表（CGSS 2006，1970 年前参加工作）

子女＼父亲	管理及专业人员	办事人员	个体户	技术工人	非技术工人	农民
管理及专业人员	15	12	2	11	9	111
办事人员	6	10	3	13	7	36
个体户	0	0	6	0	1	3
技术工人	14	20	4	32	16	74
非技术工人	3	6	3	12	22	51
农民	50	11	8	21	19	1348
人数	88	59	26	89	74	1623

数据来源：CGSS 2006 加权数据。

表 B‐8　父职‐初职代际流动表（CGSS 2006，1970～1981 年参加工作）

子女＼父亲	管理及专业人员	办事人员	个体户	技术工人	非技术工人	农民
管理及专业人员	36	18	1	21	17	91
办事人员	23	35	1	23	25	38
个体户	3	2	6	4	4	9
技术工人	31	21	10	78	44	65
非技术工人	21	15	5	39	50	79
农民	72	31	7	48	25	1419
人数	186	122	30	213	165	1701

数据来源：CGSS 2006 加权数据。

表 B－9　父职－初职代际流动表（CGSS 2006，1982～1994 年参加工作）

父亲＼子女	管理及专业人员	办事人员	个体户	技术工人	非技术工人	农民
管理及专业人员	68	17	2	30	15	74
办事人员	61	49	8	24	27	89
个体户	8	5	7	2	8	59
技术工人	46	38	5	83	38	150
非技术工人	28	17	9	35	54	131
农民	46	17	7	14	23	1233
人数	257	143	38	188	165	1736

数据来源：CGSS 2006 加权数据。

表 B－10　父职－初职代际流动表（CGSS 2006，1995 年及以后参加工作）

父亲＼子女	管理及专业人员	办事人员	个体户	技术工人	非技术工人	农民
管理及专业人员	67	26	15	32	25	104
办事人员	45	43	39	48	36	139
个体户	9	2	24	5	8	85
技术工人	29	14	21	52	26	200
非技术工人	9	8	11	16	20	104
农民	14	8	7	16	8	427
人数	173	101	117	169	123	1059

数据来源：CGSS 2006 加权数据。

表 B－11　父职－现职代际流动表（LHSCCCH1996，全国）

父亲＼子女	管理及专业人员	办事人员	个体户	技术工人	非技术工人	农民
管理及专业人员	142	76	10	65	24	274
办事人员	96	84	8	76	48	293
个体户	14	6	7	15	12	73
技术工人	92	57	8	133	63	343

续表

子女 ＼ 父亲	管理及专业人员	办事人员	个体户	技术工人	非技术工人	农民
非技术工人	34	29	6	43	61	204
农民	101	45	20	83	54	2994
合计	479	297	59	415	262	4181

数据来源：LHSCCH1996 加权数据。

表 B－12　父职－现职代际流动表（LHSCCCH，1970 年参加工作）

子女 ＼ 父亲	管理及专业人员	办事人员	个体户	技术工人	非技术工人	农民
管理及专业人员	47	49	9	23	14	169
办事人员	19	27	5	26	25	131
个体户	2	0	2	5	2	26
技术工人	17	23	7	31	12	133
非技术工人	8	12	3	10	24	109
农民	43	18	12	44	19	1708
合计	136	129	38	139	96	2276

数据来源：LHSCCH1996 加权数据。

表 B－13　父职－现职代际流动表（LHSCCCH，1971～1979 年参加工作）

子女 ＼ 父亲	管理及专业人员	办事人员	个体户	技术工人	非技术工人	农民
管理及专业人员	31	14	0	16	6	57
办事人员	22	25	1	14	10	61
个体户	5	3	2	2	2	15
技术工人	17	10	1	40	26	65
非技术工人	7	9	1	15	16	33
农民	33	11	5	18	16	646
合计	115	72	10	105	76	877

数据来源：LHSCCH1996 加权数据。

表 B – 14　父职 – 现职代际流动表（LHSCCCH，1980～1996 年参加工作）

子女＼父亲	管理及专业人员	办事人员	个体户	技术工人	非技术工人	农民
管理及专业人员	64	14	1	26	4	48
办事人员	56	33	2	36	13	101
个体户	8	2	3	8	8	32
技术工人	58	24	0	61	24	146
非技术工人	20	8	2	19	21	62
农民	25	16	3	21	19	640
人数	231	97	11	171	89	1029

数据来源：LHSCCH1996 加权数据。

图书在版编目（CIP）数据

跳出农门：农民子女的职业非农化与身份市民化 /
李丁著. -- 北京：社会科学文献出版社，2017.5
　（21 世纪人口学研究系列）
　ISBN 978 - 7 - 5201 - 0513 - 2

　Ⅰ.①跳…　Ⅱ.①李…　Ⅲ.①农民 - 城市化 - 研究 -
中国　Ⅳ.①D422.64

　中国版本图书馆 CIP 数据核字（2017）第 056649 号

·21 世纪人口学研究系列·

跳出农门：农民子女的职业非农化与身份市民化

著　　者 / 李　丁

出 版 人 / 谢寿光
项目统筹 / 谢蕊芬
责任编辑 / 肖　锐

出　　版 / 社会科学文献出版社·社会学编辑部（010）59367159
　　　　　地址：北京市北三环中路甲 29 号院华龙大厦　邮编：100029
　　　　　网址：www. ssap. com. cn
发　　行 / 市场营销中心（010）59367081　59367018
印　　装 / 北京季蜂印刷有限公司

规　　格 / 开　本：787mm × 1092mm　1/16
　　　　　印　张：15　字　数：253 千字
版　　次 / 2017 年 5 月第 1 版　2017 年 5 月第 1 次印刷
书　　号 / ISBN 978 - 7 - 5201 - 0513 - 2
定　　价 / 69.00 元

本书如有印装质量问题，请与读者服务中心（010 - 59367028）联系